MANUEL

DES

FONDATEURS ET DES DIRECTEURS

DES

PREMIÈRES ÉCOLES DE L'ENFANCE,

CONNUES SOUS LE NOM

DE SALLES D'ASILE.

Imprimerie de Madame HUZARD (née VALLAT LA CHAPELLE),
rue de l'Éperon, n° 7.

MANUEL

DES

FONDATEURS ET DES DIRECTEURS

DES

PREMIÈRES ÉCOLES DE L'ENFANCE,

CONNUES SOUS LE NOM

DE SALLES D'ASILE;

PAR M. COCHIN,

FONDATEUR DE LA PREMIÈRE SALLE D'ASILE-MODÈLE, A PARIS.

> C'est pour suppléer aux soins, aux impressions, aux enseignemens que chaque enfant devrait recevoir de la présence, de l'exemple et des paroles de sa mère, qu'il a paru nécessaire d'ouvrir des salles d'hospitalité et d'éducation en faveur du premier âge.
>
> *Manuel des Salles d'Asile, n. 1.*

DEUXIÈME ÉDITION.

PARIS,

LIBRAIRIE CLASSIQUE ET ÉLÉMENTAIRE DE L. HACHETTE,
ANCIEN ÉLÈVE DE L'ÉCOLE NORMALE,
RUE PIERRE-SARRAZIN, N° 12.

1834.

DÉDIÉ

AUX PETITS ENFANS,

A LEURS MÈRES,

AUX AUTORITÉS PUBLIQUES CHARGÉES DE LES PROTÉGER.

INTRODUCTION.

L'Assemblée constituante avait promis de fonder en France une instruction primaire accessible à tous les Français.

Le Gouvernement consulaire a promulgué sur cette matière quelques principes essentiels.

L'Empire a créé l'Université, mais il a fait peu de chose pour l'enseignement élémentaire.

La Restauration a chargé le clergé et l'Université d'administrer l'éducation primaire, mais elle ne leur a donné ni la volonté ni les moyens de la faire prospérer.

La Monarchie constitutionnelle de 1830 a été appelée, sur ce point, comme sur beaucoup d'autres, à réaliser ce que les Gouvernemens précédens avaient fait espérer (1).

------

(1) Les Lois et Ordonnances les plus notables, antérieurement au 28 juin 1833, étaient :

Loi du 22 décembre 1789, sur l'organisation municipale, section III;

14 septembre 1791, Constitution française, titre Ier;

27 brumaire an III (17 novembre 1794), Loi relative aux Écoles primaires;

11 floréal an X (1er mai 1802), Loi sur l'instruction publique, § Ier;

10 mai 1806 et 17 mars 1808, Organisation de l'Université;

29 février 1816, Ordonnance royale sur l'instruction primaire;

21 avril 1828, autre Ordonnance royale sur le même objet.

Une Loi vient d'être promulguée (1); elle pose des principes féconds en résultats, qui vont être rapidement énumérés :

Extension de l'enseignement à toutes les sciences usuelles;

Liberté des Ecoles privées, sous l'inspection de Comités ayant le droit de suspendre les Instituteurs, et sous la garantie du pouvoir judiciaire, qui seul peut prononcer l'interdiction temporaire ou perpétuelle de l'exercice de leur profession;

Nécessité d'établir dans chaque commune au moins une Ecole, et par département au moins une Ecole normale;

Moyens de recouvrement introduits pour le prix d'écolage; appel des ressources départementales et même nationales pour couvrir l'insuffisance des recettes légalement autorisées en faveur des communes;

Précautions prises pour assurer l'existence et la dignité des Instituteurs;

Création, dans chaque département, d'une Commission nommée par le Ministre de l'Instruction publique, pour examiner les personnes qui sollicitent des brevets d'Instituteurs, et pour vérifier leur instruction et leur méthode d'enseignement;

Organisation, dans chaque commune et dans chaque arrondissement, de Comités chargés d'exercer sur les Instituteurs une discipline salutaire, et de provoquer auprès des communes, des départemens et du Gouver-

---

(1) Le texte de cette Loi et de l'Ordonnance royale publiée pour son exécution se trouve à la fin du présent *Manuel*.

nement toutes les améliorations et toutes les réformes nécessaires.

Cette analyse suffit pour faire pressentir les bienfaits de la Loi nouvelle. Complète dans ses bases autant que généreuse dans son esprit, elle fait de l'éducation populaire une dette de l'État; elle donne au Gouvernement les moyens de répandre l'instruction dans toutes les localités, et de l'étendre à tous les citoyens.

Pour que cette législation vraiment libérale produise tous ses effets, deux conditions sont désormais indispensables : une bonne direction de la part de l'Autorité, un concours sincère, spontané, universel, éclairé de la part du pays.

Tout annonce la réalisation de ces circonstances favorables.

D'abord, de la part des populations, il est certain que, depuis plusieurs années, un mouvement général s'est prononcé, dans toute l'étendue de la France, en faveur de l'instruction primaire. La résistance du Gouvernement de la restauration, à cet égard, était devenue un grief irritant : la Loi de 1833 était impatiemment attendue; depuis qu'elle existe, tous les Conseils municipaux ont exprimé non seulement l'intention d'exécuter, mais celle de dépasser la limite des dépenses ordinaires pour réaliser sans délai tous les avantages que cette Loi fait espérer. Nulle part les sacrifices n'ont arrêté l'essor; des ressources ont été rapidement préparées, et si quelques motifs de retard subsistent encore, ils n'ont d'autres causes que les difficultés inséparables du défaut d'expérience dans une matière si neuve et si inconnue jusqu'à présent dans la majeure partie des communes de France.

De la part du Gouvernement, les intentions ne laissent rien à désirer; des circulaires nombreuses, rédigées par des hommes habiles, ont propagé l'esprit dans lequel la Loi doit être exécutée. De bons livres se composent : ils vont se répandre, et bientôt, il n'en faut pas douter, tous les partisans de l'instruction populaire, tous les protecteurs généreux de l'enfance auront reçu les renseignemens nécessaires pour concourir à cette vaste création de tous les moyens d'éducation, dont les résultats sont si intimement liés à la prospérité de la France et au maintien des libertés publiques.

Une première circulaire publiée par le Ministre de l'Instruction, le 2 juillet 1833 (quatre jours après la promulgation de la Loi), a fait connaître d'une manière succincte, mais précise, la série des établissemens nécessaires pour répandre l'instruction élémentaire sur tous les âges. Il faut d'abord des Salles d'Asile pour la première enfance; il faut ensuite des Écoles élémentaires et supérieures pour l'adolescence; viennent après les Écoles d'adultes pour les personnes qui n'auraient pas été pourvues d'éducation dans les premières années de leur existence; enfin les Écoles spéciales destinées à perfectionner les diverses branches d'instruction qui auront été ébauchées dans les Écoles élémentaires et supérieures.

Les Salles d'Asile, qui forment le premier anneau de cet enchaînement d'Écoles, selon l'expression du Ministre (1), méritent, comme création nouvelle, une

---

(1) Voici quelques passages de la Circulaire ministérielle du 2 juillet :

« Je veux, dès aujourd'hui, appeler votre attention sur le but

attention particulière. Elles sont à la fois Maisons d'hospitalité et d'éducation; elles concourent au bien-être et à l'instruction de l'enfance; elles préparent tous les autres genres d'instruction, et par conséquent elles appartiennent à tout le système de l'éducation publique.

Ces petites Écoles avaient été, depuis plusieurs années, l'objet d'expériences intéressantes. Les Administrations municipales de Paris, Lyon, Strasbourg, et de quelques autres villes de France, avaient considéré ces fondations comme étant d'utilité publique; mais n'ayant été jusqu'à présent fondées qu'à titre de bienfaisance, leur existence était précaire, comme l'aumône sur laquelle leur dotation était assise. Classées aujourd'hui parmi les Etablissemens d'instruction primaire, appelées à participer des avantages des autres Écoles,

---

» général et sur la portée de cette Loi. Les besoins sociaux
» auxquels elle se propose de satisfaire sont non seulement *très*
» *nombreux,* mais encore *très variés,* et pour les atteindre tous,
» *pour accomplir réellement le vœu du pays et la pensée du légis-*
» *lateur, des Écoles de genres divers doivent se combiner, s'en-*
» *chaîner les unes aux autres et se prêter un mutuel appui.* »

« *En première ligne* (ajoute la même Circulaire), se présentent
» les Ecoles les plus élémentaires de toutes, celles qui sont connues sous le nom de *Salles d'Asile,* et où sont reçus les petits
» enfans de l'âge de deux à six ou sept ans, trop jeunes encore
» pour fréquenter les Écoles primaires proprement dites, et que
» leurs parens pauvres ou occupés ne savent comment garder
» chez eux.

» Après les Salles d'Asile viennent les Écoles élémentaires ou
» supérieures, qui sont l'objet spécial et explicite de la Loi. »

leur prospérité , leur propagation ; leur perpétuité sont désormais assurées, et dès lors il faut s'empresser de les faire connaître , d'énumérer leurs avantages , d'indiquer les moyens de les fonder et de les diriger.

Il n'existait pas jusqu'à présent d'ouvrage dans lequel on se fût occupé à la fois du régime extérieur et intérieur des Etablissemens d'éducation d'un degré quelconque. Il est cependant nécessaire à tout membre de Conseil municipal ou départemental de connaître à la fois quel est le but, quelle est l'utilité de l'Etablissement dont la fondation lui est demandée, et quelles sont les Lois et Ordonnances à suivre, les formalités à remplir pour arriver à une fondation régulière. Il est également utile à tout Directeur d'École de connaître les Lois qui régissent l'Etablissement confié à ses soins, en même temps que d'apprécier les droits qui appartiennent à sa position sociale, les devoirs quotidiens de sa profession.

Pour réunir tous ces renseignemens dans un même recueil sans tomber dans l'inconvénient de composer un livre beaucoup trop long pour devenir usuel, on s'est borné, dans le *Manuel des Salles d'Asile,* à énoncer les principes les plus utiles, sans leur donner d'autre développement que celui qui était nécessaire pour les faire comprendre et apprécier.

On a divisé cet ouvrage en deux parties. Dans l'une, intitulée *Manuel des Fondateurs,* on a d'abord fait connaître la nature et l'utilité des Salles d'Asile, l'influence qu'elles doivent avoir sur la moralité des populations, sur l'aisance des familles, sur l'administration des Secours publics, et sur les Écoles primaires de tous les degrés. On a ensuite indiqué toutes les choses nécessaires à leur organisation, à leur entretien et à la surveillance qui doit s'exercer à leur égard.

Dans la seconde partie, intitulée *Manuel des Directeurs*, on a énoncé toutes les considérations les plus propres à inspirer aux Maîtres des petites Écoles le dévouement nécessaire à leur profession, et on leur a fait connaître les méthodes à suivre pour le développement physique, moral et intellectuel des enfans du premier âge.

Ce livre peut être considéré comme un commentaire exact de la Loi du 28 juin 1833 ; toutes les dispositions de cette Loi y sont rappelées et mises dans un ordre convenable pour rendre leur application usuelle aux Salles d'Asile ; mais il est surtout et avant tout le commentaire de l'esprit généreux qui a dicté cette législation. La Loi de 1833, telle qu'elle est, doit suffire à une Administration habile pour fonder une éducation nationale digne de notre patrie ; mais cet heureux résultat sera d'autant plus promptement atteint que les divers degrés de cette éducation auront été mieux compris et complétement adoptés par l'opinion publique.

Le *Manuel des Salles d'Asile* n'aurait pas complétement rempli son but s'il n'avait fait considérer ces Etablissemens que comme des petites Écoles fondées dans l'intention de faire pratiquer des exercices puérils ou d'exercer une bienveillance trop recherchée envers les classes pauvres : il devait surtout les présenter comme étant de nature à faire prospérer l'élément moral et social de l'instruction primaire, et comme pouvant avoir même une influence considérable sur l'instruction publique de tous les degrés. De même que l'éducation de l'enfance a toujours été reconnue comme la portion la plus importante de l'éducation des hommes, de même la Salle d'Asile peut être considérée comme l'un des degrés les plus intéressans dans la série des Etablissemens d'instruction. La collection des préceptes nécessaires pour leur bonne organisation peut être comparée à une première circonférence tracée autour du centre de l'instruction primaire : les directions tracées par la Loi et par l'expérience traversent cette circonférence avant de se prolonger dans les cercles plus étendus.

Indépendamment de cette connexité des principes qui unit tous les Etablissemens d'éducation, les Salles d'Asile présentent des caractères spéciaux qui méritent également l'attention; elles sont principalement destinées à suppléer l'éducation des mères auprès des enfans de deux à sept ans; elles doivent être presque toutes dirigées par des femmes. L'inspection de ces Écoles, la délivrance des brevets des Directeurs et Directrices, doivent également se faire avec l'assistance de Commissions mixtes dans lesquelles le sexe féminin devra être admis; elles fournissent donc naturellement l'occasion d'examiner jusqu'à quel point l'intervention des femmes peut être utile et nécessaire dans l'administration des Etablissemens d'éducation primaire.

Cette question, de la plus haute gravité, n'a encore été soulevée ni par l'Autorité publique, ni par aucune réclamation locale. Elle trouvait naturellement quelque place dans le *Manuel des Ecoles de la première enfance;* elle y a été abordée sans prétention systématique et dans la seule vue de provoquer une solution conforme aux intérêts des Etablissemens d'éducation.

L'avenir de ces Etablissemens repose sur trois conditions essentielles :

Direction et surveillance de la part de l'Autorité ;

Perfectionnement des méthodes ;

Amélioration dans la condition des Instituteurs.

Sous le rapport de la surveillance, personne ne peut douter que celle des Ecoles ne devienne plus assidue, plus exacte, plus complète lorsque les Comités d'arrondissement, usant de la faculté qui leur a été donnée de s'entourer de délégués de leur choix, en nombre illimité (*art.* 22 *de la Loi*), voudront invoquer le concours de quelques unes de ces femmes admirables qui semblent avoir été créées pour maintenir la tradition des exemples de la plus haute vertu (1).

-----

(1) Pour fournir la preuve de cette assertion, il suffirait de dire jusqu'à quel point a été utile, pour les Asiles de Paris, le concours des Dames qui composent le Comité d'administration de ces Établissemens. Quand on a été, comme l'auteur du Manuel, témoin de leur zèle, de leurs efforts, de leur inépuisable charité, on voudrait que la même influence pût s'exercer dans toute la France, parce que partout elle produirait les mêmes bienfaits.

Une brochure pleine d'intérêt, intitulée : *Instruction sur la formation et la tenue des Salles d'Asile,* a été récemment publiée par l'une de ces Dames. Lorsque l'on a lu cet écrit, dont l'esprit et le cœur ont dicté toutes les pages, il n'est plus permis de révoquer en doute l'utilité de l'intervention des femmes dans l'éducation du premier âge.

Qui mieux que les femmes, d'ailleurs, pourrait guider les Instituteurs et les Institutrices dans les soins nombreux à donner aux petits enfans, dans la manière de parler à leurs jeunes cœurs, de développer leur intelligence, et de diriger leurs premiers penchans? Il existe à cet égard, dans le cœur d'une bonne mère, un instinct de nature, une sûreté de tact qu'aucune méthode ne pourrait apprendre, qu'aucune instruction ne pourrait suppléer.

L'esprit de l'éducation moderne n'est pas d'assurer le progrès par la contrainte, ni l'amélioration par le châtiment. Donner des habitudes, instruire par l'exemple, inspirer l'émulation, faire régner la douceur et la cordialité, sont des moyens infiniment préférables; or ces diverses conditions d'une éducation toute maternelle ne seront jamais plus convenablement accomplies que par des femmes vertueuses et éclairées, si l'Administration supérieure se décide, avec l'appui de la Loi de 1833, à leur ménager accès dans les Écoles de l'enfance.

Sous le rapport du perfectionnement des méthodes :

On aurait peine à concevoir comment, sous une Loi qui veut que l'instruction primaire comprenne nécessairement l'instruction morale et religieuse, il serait possible de former le cœur et de fonder le culte intérieur qui unit l'homme à la divinité sans avoir recours au sexe qui reçut en partage le don incomparable de l'amour maternel et de ce dévouement parfait qui trouve le bonheur dans le sacrifice, dans la vertu, dans la charité, c'est à dire dans l'exercice des actions morales et religieuses par excellence.

Les Salles d'Asile devant être toujours dirigées par des femmes, et seulement fortifiées par la présence d'un Directeur, dans les classes de grande population, fourniront au Ministre de l'Instruction publique une occasion d'expérience précieuse sur la question de savoir jusqu'à quel point l'intervention des femmes peut être utile dans l'instruction de l'enfance. Peut-être arrivera-t-on à décider que les Écoles des communes rurales, qui seront presque toutes peuplées par des enfans des deux sexes, pourront être avec avantage placées sous la direction des femmes ; on peut dès à présent présumer que l'influence morale et l'exactitude de l'exécution des méthodes produiraient dans leurs mains des résultats satisfaisans.

Enfin sous le rapport de l'amélioration dans le sort des Maîtres :

Il est certain que la création des Salles d'Asile va donner un rang, une place, un emploi à la majeure partie des femmes de Maîtres d'École : cette circonstance intéressera chaque Instituteur à se donner une compagne capable de partager avec lui les soins de l'éducation. Deux émolumens se cumuleront dans un même ménage; ils trouveront dans cette double récompense un dédommagement suffisant des privations et des sacrifices de tout genre qu'exige l'exercice de leur profession.

Cette dernière considération, qui pourrait paraître secondaire, ne sera pas sans influence sur le caractère général de bienveillance et de tendre sollicitude qui devra régner désormais dans les Établissemens d'éducation primaire. En effet, si deux époux dirigent chacun une classe, les localités seront habituellement réunies ou très voisines.

Ce rapprochement sera conforme non seulement aux intérêts des Maîtres, comme on vient de le voir, mais encore à ceux de la commune, des élèves et de leurs parens.

De la commune, en ce que les dépenses de constructions, réparations et émolumens seront moindres pour des locaux rapprochés et pour un seul ménage professant dans le même lieu;

Des élèves, en ce qu'ils seront assurés d'y trouver, outre l'instruction qu'on va puiser dans les Écoles, les soins maternels qu'on n'obtient d'ordinaire que dans les familles;

Des parens, enfin, en ce que les enfans des divers âges, ainsi réunis, pourront se donner des soins d'assistance mutuelle, et se trouveront placés sous la double surveillance de deux époux solidairement intéressés à mériter l'estime générale.

Il aurait été à désirer, pour la perfection du *Manuel,* qu'il eût été composé avec plus de loisir. Quatre mois seulement se sont écoulés depuis la promulgation de la Loi du 28 juin 1833, et il n'était pas sans difficulté d'appliquer une législation toute nouvelle à des Etablissemens également nouveaux. L'auteur n'a eu pour se guider ni précédens ni jurisprudence, et cependant il a essayé d'aborder toutes les questions principales de philosophie, de religion, de politique, de morale, d'hygiène, qui naissent à tout moment de ce sujet. Il a été placé dans la position délicate de précurseur, obligé, par conséquent, de prendre sur lui-même la solution de questions embarrassantes, et de hasarder quelques aperçus sans attendre les avertissemens de l'expérience.

Cette circonstance peut expliquer, sinon justifier, les nombreuses imperfections de l'ouvrage, et lui mériter quelque indulgence. Si, malgré ces défauts, il recevait du public un accueil favorable, et s'il était adopté dans les Écoles, l'auteur s'empresserait, dans les éditions ultérieures, d'y apporter les modifications, d'y ajouter les développemens que l'expérience et l'exécution de la Loi auraient rendus nécessaires.

Tel qu'il est, ce *Manuel* peut être utile à plusieurs classes de lecteurs.

Il offrira aux pères, mères et Maîtres d'Ecole, des conseils pour l'éducation des jeunes enfans.

Il contiendra, pour toutes les classes de personnes aisées, de vives provocations à la bienfaisance.

Il donnera aux ouvriers et à toutes les personnes peu fortunées des consolations, des règles de conduite, des motifs d'espoir et de reconnaissance.

Il réunira, pour les dépositaires de l'Autorité municipale, des renseignemens nombreux, et leur fournira une occasion d'étude sur une portion importante de leurs attributions.

Il présentera au Gouvernement et aux Pouvoirs législatifs des sujets de méditation en matière de secours publics et d'éducation populaire.

Enfin, il appellera tous les esprits sérieux et tous les cœurs bienveillans à l'œuvre de la régénération des Ecoles primaires, jusqu'à ce qu'il ait été fondé en

France une éducation nationale, digne d'être proposée pour modèle à tous les amis de l'humanité.

Puissent les effets du livre répondre aux intentions
de son auteur!

MANUEL DES FONDATEURS.

PREMIÈRE PARTIE.

MANUEL DES FONDATEURS.

CHAPITRE PREMIER.

1. L'éducation des hommes comporte plusieurs degrés, selon l'âge des individus, l'accroissement de leurs forces physiques, et le développement de leurs facultés intellectuelles : la distinction de ces divers degrés mérite l'attention des Gouvernemens, des municipalités et des familles.

2. Des personnes bienfaisantes, dans plusieurs parties de la Grande-Bretagne, se sont occupées de suppléer à l'éducation donnée par les Nourrices, et de diriger des *nourriceries (nurseries)* d'après les règles de l'hygiène et d'une maternelle bienveillance. Ce genre d'Etablissement, s'il était jamais propagé en France, serait du domaine de la police municipale et de celui de la bienfaisance. L'instruction primaire commence dès qu'il s'agit de développe-

ment intellectuel; on ne peut la restreindre à l'éducation purement physique, ni la séparer de celle du cœur et de l'esprit.

3. L'instruction des Écoles primaires est préparée pour les enfans de sept ans et au dessus : elle s'adresse à des intelligences déjà développées par les soins maternels; elle procure aux élèves des notions utiles qui ne peuvent être convenablement enseignées que par des personnes exercées dans l'art d'expliquer les élémens de la langue française, du calcul, des autres sciences usuelles, et dans celui non moins difficile de faire comprendre aux enfans les récitations morales, religieuses et élémentaires dont on est obligé d'occuper leur attention.

4. Mais, entre la Nourrice et le Maître d'Ecole primaire, intervalle qui circonscrit précisément l'étendue de l'éducation des Salles d'Asile, on doit trouver une série d'enseignemens et de soins, à l'effet de soutenir encore à la lisière les premiers essais de toute l'organisation physique et morale. Dans tous les pays, l'enfant de deux à sept ans doit être laissé à sa mère, ou élevé dans un Etablissement public, si une cause quelconque s'oppose à ce que l'assistance maternelle lui soit convenablement donnée. Cette première éducation doit se composer d'inspirations morales, d'impressions religieuses, d'instructions intéressantes; elle doit être administrée de manière à communiquer aux enfans cette foule de renseignemens dont ils sont avides, et dont ils ne peuvent être privés sans éprouver un retard préjudiciable à l'éducation du second âge.

5. Le génie de la Salle d'Asile se trouve dans le cœur

des bonnes mères par les inspirations intimes de la nature : on peut l'imiter en l'étudiant, mais on ne peut le communiquer par des préceptes fixes et formulés comme ceux de l'enseignement primaire. Nulle part, dans la Salle d'Asile, on ne doit rencontrer le pédagogue ni le docteur ; partout, au contraire, il faut trouver une saine et philosophique instruction, jointe à l'affection, au dévouement et à l'héroïsme qui caractérisent l'amour maternel.

6. Un très petit nombre de mères sont assez éclairées pour élever leurs enfans selon les lois les plus favorables de l'éducation.

Un nombre plus restreint encore possède la liberté nécessaire pour se livrer à l'étude et à l'application de ces mêmes lois.

Les cités les plus populeuses et les plus riches sont même celles qui offrent, à cet égard, un plus grand nombre d'inconvéniens et d'obstacles.

En effet, plus un pays devient riche et peuplé, plus aussi les intérêts et les devoirs des particuliers se subdivisent et se multiplient.

Les femmes ne sont pas exemptes de l'influence de cette complication des devoirs. Destinées qu'elles étaient par la nature à l'éducation des plus jeunes enfans, elles se trouvent appelées à partager les travaux industriels de leurs maris. Si elles jouissent d'une certaine aisance, elles se font suppléer dans les soins maternels ; si, au contraire, elles sont forcées à un travail de tous les jours pour soutenir l'existence de leur famille, leurs enfans restent abandonnés à tous les hasards du vagabondage ou de l'isolement.

7. C'EST POUR SUPPLÉER AUX SOINS, AUX IMPRESSIONS, AUX ENSEIGNEMENS QUE CHAQUE ENFANT DEVRAIT RECEVOIR DE LA PRÉSENCE, DE L'EXEMPLE ET DES PAROLES DE SA MÈRE, QU'IL A PARU NÉCESSAIRE D'OUVRIR DES SALLES D'HOSPITALITÉ ET D'ÉDUCATION EN FAVEUR DU PREMIER AGE.

8. Dès qu'ils ont atteint deux ans ou même dix-huit mois, les enfans sont capables de comprendre, d'obéir, de discerner et de vouloir. Leur mémoire, et leur facilité instinctive pour apprécier la valeur des mots, autorisent à commencer, dès le berceau, la culture de leur intelligence.

9. La faculté d'imitation qu'on remarque en eux, dès qu'ils font l'essai de leurs forces, permet de les placer dans la direction de louables habitudes, et de les attacher, de foi et de conviction, aux doctrines les plus sociales, par des impressions d'autant plus profondes qu'elles seront plus anciennes.

10. Le développement physique des petits enfans mérite, à lui seul, une attention aussi soutenue qu'éclairée. Il faut, à leur âge, non pas seulement entretenir, mais CRÉER des organes sains : une grande quantité d'air, un mouvement presque continuel sont nécessaires à la culture d'une organisation qui périrait par la contrainte ou par l'inaction.

11. Le développement moral n'est pas moins important à favoriser, car les habitudes devant se former par la répétition des mêmes procédés, on doit concevoir combien de combats sont évités lorsque les premières actions ont été ce qu'elles doivent être pendant toute la durée de la vie.

12. Quant au développement de l'intelligence, il doit se faire graduellement, en jouant, et sans application soutenue, jusqu'à ce que l'âge permette de prolonger l'attention des élèves.

13. Les Salles destinées à recevoir les jeunes enfans se multiplient depuis quinze ans en Angleterre sous le nom d'*Infant's Schools* (Écoles de petits enfans). Elles sont universellement répandues en Écosse; elles se propagent en Allemagne et dans plusieurs autres contrées de l'Europe; elles ont été encouragées et recommandées en France et en Suisse sous le nom de *Salles d'Asile*.

14. Ce nom leur convient en ce que l'asile (l'hospitalité) est, sans contredit, le plus précieux des bienfaits qu'on y peut recevoir; mais il ne présente pas assez nettement l'idée de l'éducation préparatoire qu'on y reçoit, accessoirement à l'hospitalité, et qui mérite cependant de fixer l'attention des magistrats et des familles.

15. Toutefois ce nom est consacré aujourd'hui par l'usage, et ce qu'il exprime de bienveillant peut faire oublier ce qu'il a d'incomplet.

16. Le caractère de bienfaisance indiqué par cette dénomination n'a pas été d'ailleurs sans influence sur leur destinée; les premières Salles d'Asile de Paris furent ouvertes avec les deniers consacrés aux pauvres; elles furent accueillies du Gouvernement, sur la recommandation du Conseil général des Hospices, qui les a constamment propagées à titre d'Écoles gratuites.

17. Il dépend des fondateurs de Salles d'Asile que cette

dénomination devienne promptement inséparable de l'idée d'un grand bienfait national ; la protection qu'elles offrent doit aider à former pour la patrie un nombre considérable d'hommes vigoureux, probes, éclairés : car la population, au lieu de dépérir, pendant ses premières années, sous le poids de malheurs accablans ou dans l'ivresse d'une prospérité dangereuse, pourra être désormais protégée, soutenue et cultivée dans des lieux d'hospitalité où se trouveront réunis tous les élémens les plus convenables à la première éducation.

Les familles pauvres ne tarderont pas à ressentir une amélioration notable dans leur position, lorsque des asiles gratuits recevront leurs enfans, et les leur rendront, chaque jour, mieux formés, mieux instruits, sans leur imposer aucune charge, et en leur permettant, au contraire, de se livrer au travail avec plus de liberté.

Les familles riches comprendront aussi qu'au lieu d'abandonner leurs enfans à l'influence des domestiques, elles pourront avec avantage les déposer pendant plusieurs heures, chaque jour, dans des lieux où tout sera préparé pour favoriser leur bien-être sous la tutelle d'une personne éprouvée dans l'art de diriger les premiers pas de l'enfance.

Il sera donc bien entendu par le seul mot *Salles d'Asile,* qu'il s'agit d'un établissement destiné à donner aux jeunes enfans de toute condition un moyen de refuge et d'éducation publique auquel, jusqu'à nos jours, il n'avait pas été pourvu, et qui doit prospérer désormais sous la surveillance des mères de famille, avec la protection immédiate de l'Autorité municipale, et celle plus éloignée, mais non moins précieuse, de l'Autorité publique confiée au Ministère de l'Instruction.

CHAPITRE II.

DES DIVERSES ESPÈCES DE SALLES D'ASILE.

18. La Loi du 28 juin divise les Ecoles en deux catégories : *Ecoles primaires privées, Ecoles primaires publiques.*

Les Ecoles privées sont celles que toutes personnes autorisées à professer ouvrent à leurs risques et périls, dans l'intention, soit de tirer un profit de leurs leçons, soit de propager librement tels ou tels genres d'enseignement (*art.* 4, 7 *et* 22).

Les Ecoles publiques sont celles *qu'entretiennent en tout ou en partie* les communes, les départemens ou l'État (*art.* 8).

La même distinction s'applique aux Salles d'Asile : elles sont Ecoles publiques dès que leur entretien est supporté en tout ou en partie par les communes, les départemens ou l'État ; cependant, pour éviter le défaut de précision qui pourrait résulter de l'expression *Écoles publiques*, en ce sens que toutes les Ecoles ouvertes au public pourraient être ainsi qualifiées, elles seront appelées, dans le cours de ce *Manuel*, Écoles *communales*, *départementales* ou *nationales*, selon l'intention et les circonstances de leur fondation.

Quant aux *Salles d'Asile privées*, il est nécessaire aussi pour plus de clarté de les distinguer en *Salles d'Asile particulières* et *Salles d'Asile-Pension.*

Il y a lieu de croire, et l'expérience le démontre déjà, que des particuliers ou des associations de particuliers se feront un devoir de fonder et d'entretenir entièrement à leurs frais des Salles d'Asile soit pour l'enfance indigente, soit pour l'utilité de leurs propres familles : or, comme il est impossible de traiter absolument de la même manière les Ecoles payantes qui s'offrent à la confiance du public, et les Ecoles gratuites qui sont surveillées par des bienfaiteurs, il devient nécessaire de conserver le nom de *Salles d'Asile particulières* à celles qui se soutiennent d'elles-mêmes par fondations, et de nommer Salles d'Asile-Pension celles qui se fondent principalement en vue de recueillir et percevoir un prix d'écolage; elles pourront être aussi habituellement désignées par le mot *Externats*.

C'est dans ce sens que seront employées, dans ce *Manuel*, les expressions

Salles d'Asile communales,

————— particulières,

————— Pension.

On va dire quelle est l'influence de ces diverses origines sur la création, le régime et les conséquences des diverses espèces de Salles d'Asile.

Fondation de la Salle d'Asile communale.

19. Lorsqu'un Maire a conçu le louable projet d'organiser une Salle d'Asile communale, il doit se rendre compte des moyens d'exécution ; il faut qu'il examine s'il y a nécessité de construire un local, s'il peut se borner à la location d'une salle à titre de bail, ou si la commune possède des localités convenables pour cette destination. Dans ces divers cas, il doit faire estimer, par avance, la dépense du mobilier, l'émolument du Direc-

teur, et toutes les autres charges inséparables de l'entretien et du service d'une Salle d'Asile.

Lorsqu'il a résumé le calcul des dépenses à faire , il doit présenter les plans , les devis (s'il y a lieu de construire) et tout l'ensemble de son projet au Conseil municipal , ou au Bureau de bienfaisance, et leur indiquer, dans un rapport, ses moyens d'exécution.

Il doit s'adresser , soit au Conseil municipal, soit au Bureau de bienfaisance, selon que les fonds sur lesquels doit se faire la dépense appartiennent à la municipalité proprement dite , ou à la dotation spéciale des secours publics administrés par les Commissions administratives d'hospices (*Loi du 16 vendémiaire an 5*), ou par les Bureaux de bienfaisance (*Ordonnances royales des 2 juillet* 1816, 31 *octobre* 1821 *et* 29 *avril* 1831).

Lorsque l'Administration s'est adressée en premier ordre au Bureau de bienfaisance , soit parce qu'il y a lieu de disposer d'un local dans sa dépendance , soit parce qu'il convient de demander des crédits sur les fonds mis à sa disposition , le Maire doit, après l'approbation de ce Bureau, communiquer en outre au Conseil municipal les plans de son projet. Cette communication a pour objet, ou d'obtenir des supplémens de secours, ou de mettre le Conseil municipal à portée de discerner s'il doit, directement ou indirectement, résulter des dépenses à la charge de la commune, ou des recettes à son profit, du projet dont on lui communique l'ensemble et les principaux détails. Les municipalités pouvant être souvent appelées à subvenir à l'insuffisance des fonds de secours, il est naturel et légal de leur soumettre tout ce qui peut avoir influence sur la délibération des budgets annuels.

Lorsque le Maire est appuyé de l'assentiment du Bureau de bienfaisance et du Conseil municipal , et lorsque cet assentiment lui est démontré par le vote des crédits demandés, c'est à lui, comme Administrateur en chef de la commune, ou comme Président du Bureau de bienfaisance et de la Commission administrative des hospices, qu'appartient toute l'exécution.

Il loue, achète, bâtit suivant les convenances et selon les projets et crédits votés par les Conseils qu'il a consultés, à la seule condition par lui de se conformer à toute la législation administrative en matière de locations, de ventes, de constructions faites par les Administrations municipales; il inspecte la Salle d'Asile, et détermine, par des réglemens, le régime quotidien de l'Établissement, en ce qui tient à la salubrité intérieure ainsi qu'à la sûreté des enfans pendant le trajet de l'École au domicile paternel; enfin il doit demander, chaque année, les allocations suffisantes pour les dépenses d'entretien, soit au Conseil municipal, soit aux autres sections de la commune qui ont voté le premier établissement de ces Salles d'Asile.

Fondation des Salles d'Asile particulières.

20. Les manufacturiers qui entretiennent des ateliers considérables dans les villes populeuses possèdent des moyens admirables pour fonder une Salle d'Asile dans l'intérieur de leurs Etablissemens. Pouvant ordinairement disposer de vastes locaux, il leur est facile de convertir des hangars en classes pour les enfans de leurs ouvriers. Parmi leurs commis et les personnes qui dépendent de leur maison ou de leur patronage, ils doivent trouver, plus aisément que d'autres, des Directeurs et Directrices de ce genre d'institution.

Les moyens de chauffage et d'éclairage de leurs ateliers serviront le plus souvent, sans augmentation de frais, aux mêmes usages pour les Salles d'éducation.

Une retenue sur le salaire des ouvriers peut assurer la dépense applicable au personnel des Ecoles.

Une subvention généreuse de leur part peut compléter, en un moment, toutes les ressources nécessaires pour répandre, sur une population dont le travail leur appartient, les plus abondans et les plus incontestables bienfaits.

C'est à New-Lanark, en Écosse, dans la manufacture de M. Owen, qu'ils trouveront le plus ancien et le plus honorable des exemples (1).

21. Il en est de même d'un riche propriétaire ou d'un citoyen généreux qui veut, sur sa fortune privée, distraire une valeur suffisante pour assurer, soit temporairement, soit perpétuellement, par donation ou testament, le service d'Établissemens analogues à ceux que nous venons d'indiquer. Il n'aura pas toujours, comme le manufacturier, des locaux pouvant servir à d'autres usages, des moyens de chauffage et d'éclairage préparés d'avance, une retenue de salaire à exercer ; mais il pourra, en louant un local, en assurant le paiement des Maîtres, en subvenant aux dépenses d'entretien, ouvrir une Salle d'Asile, et même selon l'importance de ses sacrifices, perpétuer ce bienfait, pour les générations à venir.

22. Enfin, c'est encore dans cette catégorie qu'il fau-

____

(1) Deux ou trois manufacturiers voisins les uns des autres, qui établiraient, l'un la Salle d'Asile, l'autre l'Ecole des filles, un autre celle des garçons, et qui feraient pratiquer l'Ecole industrielle, l'Ecole du dimanche et les Ecoles d'adultes dans les mêmes locaux, à d'autres heures que les Ecoles quotidiennes de l'enfance et de l'adolescence, réuniraient à peu de frais tout ce qui peut composer le cours complet de l'instruction élémentaire, et deviendraient ainsi les bienfaiteurs de toute une contrée.

drait placer une Salle d'Asile ouverte par le dépositaire d'une souscription, ou par des communautés autorisées par le Gouvernement. Ces communautés, quoiqu'elles soient des êtres collectifs, peuvent agir comme personnes privées en se conformant aux lois.

Fondation des Asiles-Pensions.

23. Après les fondations communales et particulières, viennent les Asiles-Pensions offerts au public par des Maîtres qui font profession de cette industrie.

Un local proportionné au nombre d'élèves qu'ils espèrent, local assuré en leur possession par un bail passé à leurs risques et périls, ou par un titre, s'ils en sont propriétaires, la confiance du public, l'étude de la méthode que nous exposerons dans la deuxième partie de ce *Manuel*, tels sont les moyens d'organisation de la Salle d'Asile-Pension.

Fondations d'origine mixte.

24. Ces trois origines sont les seules d'où puisse dériver l'organisation des Salles d'Asile; néanmoins, il faut admettre que très souvent elles seront d'origine mixte, c'est à dire qu'elles seront fondées par des Maîtres, comme Pensions, et soutenues par des subventions de particuliers et de communes, ou fondées par des particuliers et subventionnées par la commune, ou fondées par la commune et subventionnées par des particuliers.

Ces diverses combinaisons vont être exposées dans le paragraphe suivant.

*Avantages et inconvéniens de ces diverses origines; —
Conciliation de plusieurs avantages par voie d'abonnement.*

25. Les Salles d'Asile exclusivement communales sont
complétement en la puissance de l'Autorité publique ;
elles seront surveillées par un Comité local et par un Comité d'arrondissement, dont l'organisation sera ci-après indiquée, conformément à la Loi, avec les modifications nécessaires à la spécialité des Salles d'Asile (*art. 17 et suivans
de la Loi du 28 juin*).

Les Salles d'Asile exclusivement particulières seront
gouvernées selon les intentions des personnes qui feront
les frais de leur fondation. Ces personnes auront le choix
des Directeurs, à la seule condition de les prendre parmi les
Maîtres autorisés à exercer, et elles auront en outre, de
droit, l'administration économique et la responsabilité
entière de la Salle d'Asile qui leur appartient.

Les Salles d'Asile exclusivement Pensions s'organiseront
d'elles-mêmes par des Maîtres autorisés qui s'offriront à la
confiance du public, comme pour toute autre profession
industrielle.

Chacun de ces trois moyens d'organisation, pris isolément et exclusivement, présente des inconvéniens qu'on
peut éviter ou adoucir, et des avantages dont on peut plus
ou moins largement profiter, en faisant alliage de plusieurs
de ces origines par des concessions de subventions à tels
ou tels Établissemens.

Étudions ces diverses situations :

26. Les Salles d'Asile communales présentent une espérance de durée que les Établissemens particuliers ne

peuvent offrir, même par une fondation dont le capital est toujours sujet à périr.

Mais, à côté de cet avantage sous le rapport essentiel de la perpétuité, se trouve l'inconvénient de la mobilité des Administrations communales, et de l'indolence des Maîtres, qui ne comptent que trop souvent sur l'indulgence des fonctionnaires par lesquels ils ont été choisis.

Tel Maître a été désigné par tel Magistrat, ou par tel Conseil municipal ; il est, au contraire, vu de mauvais œil par les fonctionnaires qu'amène l'élection subséquente : un remplacement est provoqué, était-il nécessaire ?

Ou bien le Maître se repose sur l'appui de ceux qui l'ont choisi et qui doivent aussi l'inspecter ; il fera tout juste ce qu'il faut pour n'être pas congédié, mais rien de ce qu'il faudrait pour devenir l'ami des enfans, l'homme de confiance des parens, la providence de la commune.

Le *Manuel* doit signaler ces inconvéniens pour qu'on les évite ; ils seront neutralisés si les Comités communaux et d'arrondissement, en exerçant une surveillance réelle et assidue, veulent défendre ces Établissemens des abus de l'Autorité locale, ou de l'indolence et de l'insuffisance des Directeurs.

27. Les Salles d'Asile particulières présenteront les avantages et les inconvéniens inverses : l'activité du Maître sera soutenue par le zèle du fondateur, mais l'existence de l'Établissement sera précaire et dépendra d'une seule volonté. Le plus souvent, ces Établissemens, fondés par des personnes riches et généreuses, seront administrés de la manière la plus convenable, dirigés par des Maîtres de choix et soutenus avec générosité ; mais il faudra profiter de cette bienfaisance avec d'autant plus

d'empressement, qu'elle sera plus susceptible de cesser subitement et d'échapper sans retour.

28. Les Salles d'Asile-Pension auront aussi leur utilité,
notamment celles qui recevront les enfans des familles aisées. Quant à celles qui n'auront pas le moyen de se soutenir par le prix d'écolage, leur existence sera continuellement menacée, à moins qu'elles ne soient adoptées par un
particulier ou par une commune : dans ce dernier cas,
elles deviendront communales, et perdront le titre et le
caractère d'Écoles privées.

29. Lorsqu'une Salle d'Asile se sera fait connaître sous
des rapports avantageux, les communes et les bienfaiteurs
pourront consolider son existence en y faisant admettre un
certain nombre d'enfans pour un certain prix, ou, ce qui
revient au même, en faisant, avec le Directeur, une convention ou contrat d'abonnement annuel.

Lorsque cet abonnement est fait par un particulier, il
peut se procurer la satisfaction de donner l'éducation à des
enfans indigens, sans être obligé de prendre la charge et la
direction d'un Établissement public. Lorsque la subvention est fournie par une commune, l'Instituteur privé,
devenant communal, devra être confirmé à ce titre par le
Comité d'arrondissement, et l'acte des conventions consenties entre le Maire et le Maître d'École devra être revêtu
de l'approbation du Conseil municipal, du Préfet et du
Ministre.

Les subventions concédées à titre d'abonnement devront
toujours être de brève durée, afin que les habitans puissent posséder un moyen d'émulation envers le Maître, en
lui faisant comprendre que la concession de secours qui lu

est faite n'a lieu que sous certaines conditions, et qu'elle peut échapper chaque année si les conditions n'ont pas été ponctuellement remplies.

On ne peut trop appeler l'attention des Fondateurs et des Administrations sur l'utilité des subventions données à propos. Telle École communale qui languirait peut être, vivifiée tout à coup par l'accomplissement de telle ou telle condition imposée par un particulier. « Je donne tant, si vous voulez faire telle chose, ou vous conduire de telle manière, » est une stipulation qui peut motiver un effort généreux de la part d'un honorable citoyen. Telle autre fois, une École qui se serait fermée si elle avait conservé le caractère d'École privée, pourra se soutenir avec l'appui d'une modique subvention. C'est une des attributions éminentes des Conseils municipaux que celle de décider s'il convient de recevoir ou d'accorder des libéralités qui doivent avoir influence sur les moyens d'instruction primaire dans chaque commune.

Perpétuer une Salle d'Asile-Pension par une subvention annuelle ;

Empêcher la clôture d'une Salle d'Asile particulière par un secours donné à propos ;

Accepter une libéralité faite avec condition influente sur le régime de tel ou tel Établissement communal ;

Représenter envers l'Autorité supérieure les intérêts de l'enseignement dans une commune ; faire valoir auprès des Comités d'arrondissement, du Recteur et du Préfet tout ce qui peut motiver la concession d'une subvention, ou l'acceptation d'une libéralité ;

C'est assurément s'occuper des plus précieux intérêts d'une commune.

Tout abonnement qui doit avoir pour effet de convertir une École privée en École publique, et un Instituteur privé en un Instituteur communal, doit être précédé non seulement d'une délibération du Conseil municipal, mais encore d'un avis du Comité de surveillance locale, d'une nomination du Comité d'arrondissement, d'une approbation du Préfet, et d'une décision définitive du Ministre de l'Instruction publique.

Cette nécessité est fondée sur ce que cet abonnement comprend à la fois une dépense communale et une investiture du titre d'Instituteur communal, et que d'après les principes de droit qui seront expliqués dans le cours du *Manuel* les dépenses communales ne peuvent se faire sans approbation du Préfet, ni les investitures d'Instituteurs communaux sans décision de Ministre.

Ces formalités préalables sont encore plus nécessaires lorsque la subvention est prélevée sur les ressources départementales ou nationales, les Ministres étant seuls régulateurs, en définitive, des budgets départementaux et nationaux.

L'art. 9 de la Loi du 28 juin réserve au Ministre le pouvoir de rendre communales, par une simple décision, les Ecoles plus spécialement affectées à tel ou tel culte; à plus forte raison cette décision est-elle nécessaire lorsqu'il s'agit d'apprécier des dépenses et des ressources d'un ordre purement temporel.

L'Instituteur privé devenu communal par suite d'abonnement doit jouir de tous les avantages attachés à la qualité d'Instituteur communal, à l'exception de ceux auxquels il peut avoir renoncé dans la convention d'abonnement.

Le droit d'accorder des subventions communales est donc très important; il appartient aux Conseils municipaux de décider la quotité et la direction de ces subventions, sauf le concours des Administrations supérieures en cas d'insuffisance des ressources locales. En tel lieu, l'Asile-Pension ne pourrait faire vivre son Directeur : force serait de recourir à d'autres moyens ; en tel autre lieu, l'Asile communal et l'Asile-Pension pourraient soutenir une utile rivalité. Les Autorités communales décideront, selon les circonstances, s'il convient de fonder un Établissement à titre perpétuel, ou d'encourager une Salle d'Asile-Pension en assurant l'accès des enfans pauvres par une subvention prélevée sur les deniers de la bienfaisance publique. Dans les grandes villes, il sera souvent nécessaire d'employer tous les moyens à la fois, c'est à dire de fonder une Salle d'Asile gratuite dans un quartier, et de se borner, dans d'autres, à donner des subventions pour tenir lieu du prix de pension, soit d'une portion, soit de la totalité des élèves. Ce sont là des déterminations à prendre par les Autorités locales, après avoir étudié les besoins des populations placées sous leur administration.

On retrouvera ces idées, capitales pour le succès de l'enseignement, appuyées de nouvelles preuves et de nouveaux développemens dans plusieurs des chapitres du *Manuel des Fondateurs de Salles d'Asile.*

CHAPITRE III.

DE L'INFLUENCE DES SALLES D'ASILE SUR LE BIEN-ÊTRE DES FAMILLES.

50. Les diverses espèces de Salles d'Asile, dont les caractères ont été indiqués dans le chapitre précédent, produisent les mêmes effets sur la population qui les entoure, lorsqu'un facile accès se trouve préparé aux enfans de la classe pauvre par des subventions communales, et aux enfans des classes plus aisées par le paiement d'un prix modéré de pension. Elles ont toutes également pour effet de procurer gratuitement ou à peu de frais des facilités considérables pour le bien-être de la population, en ce qu'elles diminuent les charges de chaque ménage et augmentent les ressources des chefs de famille, soit sous le rapport de la liberté du travail, soit en permettant de diminuer le nombre des personnes attachées à la surveillance des enfans.

C'est principalement dans les cités populeuses que se fait sentir le bienfait de cette création. Il suffit, pour s'en convaincre, d'étudier successivement le sort des enfans pauvres dans les grandes villes et dans le voisinage des manufactures, et de réfléchir même sur celui des enfans qui s'élèvent dans la maison paternelle, entourés de soins plus affectueux qu'éclairés.

Entrons d'abord dans la demeure du pauvre, et recherchons quelle est la situation de ses enfans.

De leur influence sur les familles pauvres.

51. Pendant que les enfans d'un ouvrier sont enfermés dans une chambre étroite et malsaine, ou abandonnés dans les rues au milieu de tous les hasards, que fait leur père ? Il est parti dès le matin pour se livrer à un travail dont le salaire peut à peine donner du pain à sa famille. Que fait leur mère ? Elle nourrit un enfant à la mamelle, et trouve difficilement le temps, soit dans le jour, soit dans la nuit, de confectionner et d'entretenir les vêtemens de sa nombreuse famille.

Une maladie survient, une saison de chômage se déclare dans les travaux qui occupaient le chef du ménage, lui-même se dérange dans sa conduite ; autrefois économe et laborieux, il a contracté des goûts de dépense et d'oisiveté : que vont devenir les enfans dans cette inévitable détresse ?

Considérés dans le ménage comme une cause continuelle de dépense, le pain qu'ils mangent leur sera reproché ; la moindre faute, échappée à la légèreté de leur âge, sera punie avec brutalité ; tantôt on les menacera de les abandonner à la charité publique, tantôt on les délaissera dans les rues et dans les carrefours, on les enverra mendier, on les fera vivre dans un état de bassesse et de terreur ; on laissera leur esprit sans culture, leur corps sans nourriture et sans vêtemens, leur cœur sans affection et sans consolation.

Qu'une Salle d'Asile soit ouverte gratuitement dans le lieu qui présentait ce spectacle de détresse et d'immoralité, bientôt tous les malheurs se trouveront adoucis : les enfans sortiront, dès le matin, du domicile paternel ; ils seront reçus avec bienveillance dans un lieu où toutes choses sont préparées pour leur bien-être ; ils seront placés

sous la direction d'une personne douce, patiente, ver-
tueuse, intelligente. Propreté, subordination, secours,
application, récompense, encouragement, telles seront
les lois de ce séjour de bonheur. L'enfant du pauvre s'y trouvera transporté comme dans un monde nouveau; il n'y sera plus délaissé, battu, gourmandé, flétri,
repoussé; son cœur pourra s'ouvrir à l'espérance, son esprit au travail, son corps se fortifier par l'exercice de toutes
ses facultés; il aura reçu le bienfait d'une seconde création, plus heureuse que la première.

Métamorphose plus surprenante encore! la maison paternelle n'aura plus pour cet enfant les inconvéniens qu'il
y trouvait naguère : absent pendant toute la journée, il
ne sera plus vicié par les mauvais exemples qu'il avait sous
les yeux; ses parens, déchargés du soin de le surveiller,
se seront employés chaque jour plus assiduement au travail; ils auront recouvré une aisance dont ils se croyaient
à jamais déshérités. Avertis par les bonnes habitudes qu'ils
verront contracter à leurs enfans, ils seront amenés progressivement à se réformer eux-mêmes; ils finiront par
concevoir qu'une bonne éducation est le plus précieux
trésor dont ils puissent doter leur famille; ils iront souvent
à la Salle d'Asile; ils y recevront d'utiles avis sur la conduite
à tenir envers ces jeunes élèves, et bientôt cette Salle
d'éducation et de bienfaisance sera devenue le moyen d'a-
mélioration pour la population de tout un pays.

De leur influence sur les familles qui vivent dans l'aisance.

32. A l'inverse de ce qui se passe dans la cabane du
pauvre, les enfans du riche peuvent aussi trouver la mort
ou la maladie sous le poids des prévenances dont ils sont
l'objet. Retenus dans des appartemens encombrés de meubles, auxquels on leur défend de toucher; accablés par le

poids des vêtemens dont ils sont couverts ; affaiblis par une transpiration excessive ; rarement exposés à l'influence de l'air extérieur, qui devient pour eux un ennemi; gorgés d'une nourriture dont leur estomac ne peut analyser toute la valeur ; entourés de personnes qui les dispensent de la nécessité de se mouvoir; pervertis au moral par l'adulation, gâtés par la récompense sans mérite ou par la punition sans objet ; endormis dans la paresse, excusés dans la colère, excités au mensonge, boursouflés de vanité : c'est à travers tous ces périls qu'un jeune élève sera trop souvent conduit à l'âge d'entrer au collége ; heureux encore s'il n'y arrive point trop tard pour se guérir de tous les maux qu'il aura contractés au milieu des dangers et des séductions d'une position qu'on est convenu de qualifier du mot de prospérité !

Les Asiles-Pensions peuvent, dès le premier âge, opérer une puissante diversion à cette position critique, et donner aux parens, comme aux enfans, d'utiles avertissemens.

Il suffit d'avoir fréquenté une Salle d'Asile pour savoir que les élèves s'y trouvent entraînés par un mouvement commun imprimé à toute la classe, sans qu'il soit permis à aucun de ceux qui la composent d'élever une discussion ou d'opposer une résistance. Les enfans y suivent, sans le savoir, la droite voie sur laquelle on les place ; l'habitude se prend, et les détails de l'éducation s'effacent sans qu'il soit besoin de les approfondir, tandis qu'au contraire la raison des enfans se trouve exposée à de nombreuses atteintes dans les discussions interminables de tous les avis qui leur sont adressés individuellement lorsqu'ils sont élevés au milieu des complaisances et des faiblesses dont la maison paternelle présente si souvent de désolans exemples.

Loin de nous la pensée de soustraire les enfans à l'affec-

tion des auteurs de leurs jours ! Sans doute, le premier
âge demande des soins minutieux dont l'amour maternel
peut seul convenablement s'acquitter ; mais on voudra bien
observer que l'Asile-Pension prend l'enfant chaque matin
des mains de ses parens, et le restitue chaque soir à leur
tendresse : il s'agit donc d'examiner si, dans le milieu du
jour, il ne convient pas à presque toutes les familles de se
livrer à la surveillance de leurs intérêts de toute nature, et
de déléguer le soin de leurs enfans à des personnes exercées dans ce genre de tutelle. Peut-être les doutes à cet
égard seront-ils changés en certitude si l'on veut bien lire
et méditer jusqu'à la fin le *Manuel* qui nous occupe en ce
moment.

De leur influence sur les habitans des communes rurales.

33. Une influence non moins salutaire sera l'effet des
Salles d'Asile sur les enfans des campagnes, bourgs et villages ; examinons aussi quel est leur sort actuel.

L'aspect de la misère n'a point, dans les communes rurales, des caractères hideux et repoussans comme ceux qui,
dans les villes, affligent la moins délicate sensibilité. Le
travail et la charité vont au devant de tous les maux ; on se
connaît, on s'apprécie, on s'assiste mutuellement. Les pa-
resseux, les hommes vicieux, placés trop près des témoins
de leur honte, fuient vers les villes, où ils vivent plus igno-
rés et plus libres de persévérer dans leur dépravation. Cependant les enfans des ouvriers, et surtout des ouvriers les
plus pauvres, appellent encore la sollicitude municipale,
et la Salle d'Asile peut leur être d'un grand secours.

Souvent les parens, obligés d'aller chercher du travail
à de grandes distances, les abandonnent dans la rue jusqu'au soir, ou les enferment dans leur chambre, ou les

confient à la surveillance douteuse d'une autre mère de famille.

Souvent une mère malade est obligée de laisser plusieurs enfans autour de son lit; sa guérison en devient plus difficile ou impossible, forcée qu'elle est de s'oublier elle-même pour assister toute cette jeune famille, qui la sollicite continuellement pour mille causes renaissantes. Huit ou dix individus, affamés du besoin d'air et de mouvement, peu nourris, peu vêtus, sont entassés dans une cabane visitée par les maladies, et chacun subit chaque jour la chance défavorable du méphitisme de l'air en séjournant près d'une mère dont ils augmentent les souffrances.

Telle maison est incendiée par un enfant qu'on y avait abandonné sans surveillance : lui-même a péri dans les flammes; tel autre a été écrasé dans les rues; tel autre a contracté des blessures et des infirmités dans la solitude où il avait été laissé; tel autre a trouvé l'aliénation mentale ou l'épilepsie dans un événement que ne pouvaient prévenir la faiblesse et l'imprévoyance de son âge.

La Salle d'Asile doit faire disparaître tous ces périls, les remplacer par des soins affectueux et par une préparation progressive aux devoirs d'un âge plus avancé.

De leur influence sous le rapport de l'aisance des familles.

34. La Salle d'Asile gratuite ou non gratuite produit, pour effet principal, une diminution de dépense dans tous les ménages qui réclament son assistance. Elle permet aux personnes riches d'avoir pour leurs enfans un moins grand nombre de précepteurs ou de domestiques; elle fournit aux personnes pauvres le moyen de se livrer plus librement au travail, et, sous ce dernier rapport, elle produit des résultats démontrés par le plus simple calcul.

En effet, la majeure partie des familles pauvres ne possède, pour toutes ressources, que le salaire des *journées*, et ces journées se composent *de temps :* si cinquante familles emploient une heure de temps chacune au soin des enfans, cinquante heures se prélèvent chaque jour en perte sur le salaire des journaliers ; la Salle d'Asile ; en les remplaçant dans cette assistance, répand donc tous les jours, sur la commune qu'ils habitent, un secours équivalent au salaire de cinquante heures de travail, et la quotité de ce secours doit se multiplier en proportion du nombre des familles qui habitent la commune, et en sens inverse de tout le temps qui était employé à donner des soins aux petits enfans.

Tous ces résultats de la Salle d'Asile doivent faire reconnaître en elle les caractères d'un Établissement de bienfaisance ; c'est un principe sur les conséquences duquel nous reviendrons plusieurs fois.

CHAPITRE IV.

DE L'INFLUENCE DES SALLES D'ASILE SUR L'ADMINISTRATION DES SECOURS PUBLICS.

35. Sans doute, il faut dans chaque commune encourager et aider la bienfaisance individuelle.

Mais on ne saurait trop s'élever contre le danger qui résulte de la facilité avec laquelle on inscrit, au rôle des indigens, des populations entières, et de la complicité non moins blâmable avec laquelle on accueille les enfans trouvés, sans faire aucune recherche pour leur restituer leur famille.

Il nous paraît nécessaire de signaler les abus de ces deux genres de secours, en parlant de fondations qui pourraient remédier, en grande partie, au danger qui en résulte pour la société.

Abus du rôle des indigens.

36. Lorsqu'une municipalité ouvre un rôle d'indigens, elle fait savoir que tous ceux qui ont soixante ans d'âge, des infirmités ou plusieurs enfans, peuvent se présenter pour recevoir un secours hebdomadaire ou mensuel.

A peine ce ban est-il publié, que la population entière se précipite vers le Bureau de distribution : on veut être inscrit ; on menace le commissaire des pauvres ; on l'accuse de partialité, d'injustice, d'inhumanité ; chacun veut être plus malheureux que son voisin : c'est une enchère d'indigence et de calamité. On se fait pauvre pour être assisté ;

on dissimule ses ressources; on les dissipe ; on ment effron-
tément : on veut vivre aux dépens de la municipalité. Le
trésor s'épuise ; les malheurs de la population sont augmen-
tés par l'habitude que chacun prend de ne plus se suffire
à soi-même ; les citoyens, au lieu de vivre par le travail et
de payer l'impôt, s'accoutument à vivre de l'impôt et à menacer la tranquillité de ceux qui le paient ; l'aumône, im-
plorée d'abord avec supplication, est exigée plus tard avec
insolence, menaces et voies de fait ; les demandes se multiplient, les exigences s'accroissent, et les Administrateurs
eux-mêmes deviennent bientôt l'écho de clameurs irréflé-
chies, lorsqu'ils devraient songer que toute cause inutile
de dépense, tout abus de l'impôt est un attentat commis
envers l'ordre social.

Les dépositaires de l'Autorité devraient savoir que ,
lorsqu'on se mêle d'influer sur le sort des hommes en
créant des secours publics, il faut agir gravement pour ne
rien compromettre, et se tenir en garde contre l'entraînement des émotions les plus respectables dans leur principe.
La morale et l'économie politique sont souvent également
offensées par la rédaction du rôle des indigens. L'Administration augmente les maux du solliciteur de secours en
cherchant à le protéger ; nous allons voir que, pour éviter
l'infanticide, elle favorise le délaissement des enfans et
l'abjuration des devoirs les plus sacrés.

*Abus résultant de l'hospitalité illimitée accordée aux
enfans abandonnés.*

37. Il est rare qu'un homme de vingt à soixante ans ait
besoin de recourir à la charité publique.

S'il est célibataire, sans charge de famille, et s'il n'a
aucune infirmité de nature à empécher son travail, il
doit et peut suffire à ses besoins.

Fût-il marié, sans enfans, sa position ne serait pas aggravée; le travail de sa femme et le sien doivent produire un état d'aisance suffisant.

Ont-ils un ou deux enfans, ces petites créatures vivront du pain de leurs parens; la fin de l'année produira les ressources nécessaires pour que l'avenir soit considéré, non pas sans inquiétude, mais au moins sans terreur.

Le nombre des enfans augmente-t-il, le désespoir entre dans la maison; la santé de la femme s'altère; mère et nourrice, elle ne peut suffire à d'autres devoirs qu'à ceux de la maternité; le mari ne peut plus gagner, chaque jour, la subsistance de cinq personnes; il s'épuise par le travail ou s'abandonne à l'égoïsme et à l'indifférence. Ses malheurs sont si grands, ses privations sont si cruelles, qu'il détourne la vue de son ménage; il fuit sa propre maison, il cherche à oublier ses chagrins dans l'ivrognerie et le désordre; enfin chaque jour augmente une détresse dont le crime et la mort sont souvent le dernier terme.

Voilà donc un ménage réduit au désespoir! Le nombre des enfans, qui serait l'honneur et la joie d'une autre famille, devient pour celle-ci la cause de la douleur et des larmes: chaque jour voit consumer les derniers débris de ce qui composait leur mobilier; le courage les abandonne; la dignité, l'honneur, la vertu, vont disparaître devant une affreuse nécessité; d'horribles tentations les dévorent!

L'un de ces malheureux apprend qu'il existe un lieu où les enfans abandonnés sont reçus sans informations; on lui dit qu'une Administration publique se charge de les élever, de les instruire, de les défendre, et de leur prêter un appui qu'il ne pourrait jamais procurer par lui-même à ceux auxquels il a donné le jour; l'enfant sera plus heureux que chez son père; l'abandonner sera lui assurer un avenir plus prospère que celui pour lequel il était né; la résolution est prise: tout ou partie des enfans qui surchargeaient

le ménage vont être abandonnés ; le crime sera consommé ;
l'hospice se remplira chaque année de plusieurs milliers
d'enfans, dans le cœur desquels le titre de père et le doux
nom de mère viendront se confondre avec les idées d'injustice et de lâcheté.

Examinons quel est le tableau de progression de ces dépenses dans le département de la Seine, afin de donner un
utile avertissement aux autres départemens.

*Progression de la dépense des enfans trouvés et de celle
du rôle des indigens, dans le département de la Seine.*

58. Depuis l'année 1640, époque de la fondation de
Saint-Vincent de Paule en faveur des enfans trouvés, la
proportion a toujours été croissante. On peut consulter sur
ce point le *Traité des Secours publics*, publié par M. Du-
pin, conseiller à la Cour des comptes. Le tableau qu'il
publie s'arrête à 1820 ; nous allons le continuer de 1820
à 1830, pour prouver que cette progression n'a pas
cessé d'être ascendante, quant au nombre des enfans, et
surtout quant aux dépenses dont ils ont été l'objet.

		fr.	c.
En 1820 on a exposé 5,494 enfans qui ont coûté à l'Admin.	1,303,500	»
1821............5,283......................	1,400,500	»
1822............5,274......................	1,402,000	»
1823............5,574......................	1,466,000	»
1824............5,506......................	1,616,000	»
1825............5,526......................	1,585,000	»
1826............5,720......................	1,617,100	»
1827............5,782......................	1,689,000	»
1828............5,697......................	1,703,200	»
1829............5,320......................	1,661,000	»
1830............5,560......................	1,817,800	»

39. La progression de la dépense n'a pas été moins active en ce qui concerne les distributions de secours répartis d'après le rôle des indigens.

Lorsqu'en 1802 les secours à domicile furent placés sous l'administration du Conseil général des Hospices, il avait été décidé qu'un million par an serait distribué, à titre d'aumônes, par des Bureaux de bienfaisance chargés d'inspecter les pauvres et de vérifier leur état de misère.

Il fut effectivement dépensé :

		fr.	c.
En	1803	1,033,832	35
	1804	1,228,143	02
	1805	1,272,892	55
	1806	1,689,136	02
	1807	1,149,043	19
	1808	1,147,585	16
	1809	1,181,851	21
	1810	1,207,443	85
	1811	1,552,788	11
	1812	1,372,715	57
	1813	1,540,892	79
	1814	1,253,317	79
	1815	1,319,506	87
	1816	1,511,505	10
	1817	1,874,782	46
	1818	1,747,754	72
	1819	1,514,677	90
	1820	1,674,694	31
	1821	1,550,742	22
	1822	1,437,468	91
	1823	1,518,745	41
	1824	1,603,452	80
	1825	1,855,998	65
	1826	1,888,802	45

		fr.	c.
En 1827	....	2,041,221	27
1828	....	2,014,642	47
1829	....	2,165,185	08
1830	....	2,284,888	97

Deux millions pour les enfans trouvés, deux millions pour le rôle d'indigens, composent une dépense de 4 millions.

Assurément, il n'est aucune ville dont le crédit ne puisse être menacé par des charges démesurées et indéfinies, comme celles que nous signalons à l'attention : occupons-nous d'en réduire l'étendue.

Nécessité et moyens d'une réforme.

40. L'exercice de la bienfaisance appartient à la fois à la religion, à la morale et à l'ordre social. Les personnes qui n'envisagent les pauvres que sous le point de vue borné de leur compassion personnelle s'exposent à contrarier les lois générales de la société, qui ne veulent nulle part d'émolument sans travail : donner sans réfléchir, c'est le plus souvent corrompre. Il faut considérer la pauvreté comme un accident temporaire, que le nombre d'enfans et l'insuffisance de travail ou de salaire ont pu momentanément occasioner ; il faut diriger les secours de manière à guérir la pauvreté comme on guérit une maladie, et non pas à l'entretenir comme un état permanent par une alimentation périodique et imprudemment accordée. La lèpre de la pauvreté s'adoucit de diverses manières et ne se guérit que par un seul remède : elle s'adoucit par un sentiment de dignité qui fait considérer l'aumône comme un prêt auquel il est permis de recourir dans des cas extrêmes et d'exception ; elle s'adoucit par un sentiment de louable fierté, qui ne permet pas qu'on s'abandonne lâchement à la bassesse et au désespoir ; elle s'adoucit encore par une pieuse confiance aux lois générales de la Providence divine, qui soutient le courage, ranime l'espoir de l'avenir, et fait persévérer dans la vertu par des motifs supérieurs à l'entraînement de tous les intérêts visibles ; elle se guérit enfin par le travail, l'épargne et la prévoyance. L'aumône des Bureaux de bienfaisance irrite, au contraire, tous les maux de la pauvreté. Supplier, mentir, recevoir sans avoir travaillé, maudire les bienfaiteurs qui ne comblent pas la mesure de la générosité, abuser de tout ce que peut accorder une trop indulgente charité, telle est la corruption des aumônes sacerdotales d'Espagne et d'Italie, imitées par la France dans une proportion moins odieuse, mais à l'égard de laquelle on ne peut trop tôt s'armer de résistance et de précautions.

L'Autorité municipale doit favoriser et encourager la bienfaisance des particuliers ; elle doit, par des institutions publiques, préparer les moyens de soulagement, de répression et d'extinction de toutes les misères qui se manifestent et qui s'opposent au travail, ou qui résultent de l'insuffisance des salaires ; mais ces institutions doivent être conformes aux lois de l'économie sociale, et il faut reconnaître que les distributions d'aumônes, sans condition de travail, sont, de tous les secours, le plus corrupteur, le plus dangereux pour la morale et pour la paix publiques ; et dès lors il faut arriver, le plus promptement possible, à réformer ce mode d'assistance et à le remplacer par de plus utiles instrumens de charité.

Les Salles d'Asile peuvent procurer, à cet égard, plusieurs notables réformes ; arrêtons-nous un moment pour les indiquer.

Déjà nous avons dit comment elles offrent aux enfans des moyens d'assistance et d'éducation, comment elles offrent aux parens secours matériel et influence salutaire dans l'ordre moral. Nous avons dit encore comment, en prenant les enfans dès le bas âge, elles permettent de leur inspirer d'honorables sentimens; comment, en allant les prendre dans les bras de leurs mères, on peut porter aux auteurs de leurs jours les plus puissantes consolations; comment, en soulageant ceux-ci du fardeau de leurs enfans, on peut leur procurer le temps de se livrer au travail, et de se guérir de l'état de pauvreté, par les moyens que nous avons indiqués. Il nous reste à développer quelques unes de nos pensées, afin d'apprécier par des calculs l'influence réformatrice que les Salles d'Asile doivent exercer sur le mode employé jusqu'à présent dans la distribution des secours publics.

La Salle d'Asile procurant un secours journalier, il y aurait double emploi à comprendre au rôle des indigens les mêmes familles dont les enfans sont assistés; elles sont connues à la Salle d'Asile, et s'y trouvent enregistrées de fait, puisque leurs enfans le sont et demeurent avec eux. Les enfans étant admis à passer la journée, s'il y a des secours à distribuer, ils recoivent une application bien plus directe et bien plus satisfaisante dans la Salle d'Asile que par la voie indirecte et quelquefois très infidèle de leurs parens. La misère des enfans appelle l'attention sur celle des parens, et, d'après les indications du Directeur de la Salle d'Asile, ils peuvent être assistés, et le sont d'autant plus utilement que le secours était plus imprévu. Ce secours alors peut être proportionné au besoin temporaire, accidentel, mais véritable; tandis que, lorsque toute une population est inscrite d'avance, pour recevoir, avec ou sans nécessité, une contribution ou dividende sur toutes les masses d'aumônes qui peuvent échoir à telle ou telle municipalité, la portion applicable à chacun est souvent d'une modicité dérisoire.

Ce mode d'assistance ne détruit pas la nécessité des Bureaux de bienfaisance ; mais nous disons seulement que les familles chargées d'enfans peuvent être secourues autrement et plus efficacement que par la répartition périodique des secours distribués par ces Bureaux, et que, dans tous les lieux où existera la Salle d'Asile, le Bureau de bienfaisance connaîtra mieux la situation des familles chargées d'enfans, et pourra leur porter de plus utiles secours, en dépensant moins d'argent qu'on n'en dépense dans les communes où la bienfaisance s'exerce par simple répartition.

41. Enfin, et sous le rapport administratif, ces Établissemens doivent avoir une influence notable sur la quotité des sommes à distribuer en secours publics, et c'est à cet égard qu'il convient encore de les étudier.

Nous ferons un calcul frappant, dont l'Administration de la ville de Paris nous fournira les élémens.

Cette capitale inscrit sur ses rôles d'indigens trente mille ménages, qui forment une population de soixante-dix à quatre-vingt mille individus de tout âge.

Les enfans de deux à huit ans composent tout au plus le dixième de cette population : on peut donc en compter sept à huit mille.

Une Salle d'Asile peut contenir deux cent cinquante à trois cents enfans ; à ce compte, il faudrait vingt-huit Salles pour recevoir toute la population indigente de cet âge, et l'Administration des Hospices a fixé à vingt-deux, dans une de ses délibérations, le nombre de Salles d'Asile qu'elle a l'intention de fonder pour l'utilité de la population indigente de Paris.

Les dépenses de chacun de ces Asiles peuvent s'élever à

3 ou 4,000 francs par an (valeur moyenne), savoir :

Loyer. . . . .   1,800 f. » c.
Maîtres.   1,200   »
Chauffage et autres frais. . .   500   »

                                  —————————

                                  3,500 fr. » c.

                                  =========

Et calculant sur vingt-quatre Asiles à 4,000 francs, la dépense s'éleverait à 96,000 francs. L'Administration de Paris pense qu'avec 20,000 francs de moins, c'est à dire avec 75,000 francs environ, elle acquittera cette charge.

Supposons, au lieu de cette dépense, une distribution de pain. La valeur de cette denrée, calculée valeur moyenne à Paris, s'élève ordinairement à 80 centimes les 2 kilo-grammes. Donnez un pain à chacun de vos trente mille ménages, vous ferez une dépense de 24,000 francs ; donnez quatre ou cinq pains dans une année, vous n'aurez rien fait pour soulager la misère de ces ménages, et pour la même somme, vous aurez fourni l'hospitalité, l'assistance et l'éducation à la totalité des enfans pauvres de la capitale, de l'âge de deux à huit ans.

Ce serait un regret bien mal fondé que celui qui s'ap-pliquerait à cette quantité de quatre ou cinq pains dont les familles indigentes auraient été privées, car pour peu qu'on réfléchisse, on s'apercevra qu'elles auront reçu le plus ample dédommagement et une compensation qui ex-cède de beaucoup l'avantage dont elles auront été pri-vées.

La valeur de ces cinq pains s'élève à 4 francs : or, quelle comparaison peut-on faire entre la privation d'une somme de 4 francs, en une année, et l'acquisition d'une liberté, d'une sécurité entière pour se livrer au travail, sans aucun soin, sans aucune inquiétude, aussi long-temps que dure la journée ? Nous avons connu des mères qui donnaient

jusqu'à 50 et 75 centimes par jour pour faire garder leurs
enfans par des gardeuses de profession, afin de pouvoir
s'éloigner de leur domicile et rechercher au dehors des
journées de travail. Lorsque cette dépense ne sera plus
nécessaire, le prix de la journée pourra tourner tout entier au profit de la famille. Un centime par jour (4 francs
par an), pris sur le denier de la charité publique, suffit à
la dépense de la Salle d'Asile. Le ménage chargé d'enfans
ne s'aperçoit plus de ce fardeau ; le prix du travail du père
et de la mère accroît chaque jour leurs ressources, et
un léger prélèvement sur les fonds destinés à payer le pain
du pauvre aura produit ce bienfait immense de donner à
ce pauvre la liberté de son industrie, la possibilité de l'é-
pargne et l'occasion de recueillir, pour lui, de salutaires
avis, et pour ses enfans, de bonnes habitudes, l'absence
de tout danger et la direction vers une bonne éducation.

Il reste à expliquer comment les Salles d'Asile pourront
faire réduire la quotité des distributions de secours, et
diminuer le nombre des expositions d'enfans.

Le rapprochement que nous venons de faire entre la
dépense de ces Établissemens et les avantages qu'ils procurent conduit à une réflexion naturelle sur la possibilité
de diminuer la dépense des secours publics.

Si, en donnant 4 francs par an et par individu à chaque
Salle d'Asile, l'Administration municipale de Paris peut
faire plus de bien qu'elle n'en aurait fait en continuant de
donner 10, 15 et 20 francs aux parens inscrits sur les rôles,
il est évident qu'il y a lieu de fonder la Salle d'Asile et de
diminuer le fonds de secours annuel d'une portion de ce
qui était accordé aux familles chargées d'enfans, sauf à le
reporter sur un autre chapitre de bienfaisance, ou à en
faire épargne pour d'autres destinations.

Si la Salle d'Asile a pour effet de donner aux mères
plus de temps pour travailler, elle augmente les moyens

d'existence de la famille, car le prix du travail est l'élément universel de la production de toutes espèces de salaires; le salaire amène l'épargne, l'épargne produit le capital, le capital s'accroît et produit le bien-être et la richesse.

Mais si l'aisance du ménage le permet, il peut être rayé du rôle des indigens, ou assisté pécuniairement dans une moindre proportion : la dépense du rôle, au lieu de s'accroître indéfiniment, peut donc diminuer.

42. Autre conséquence : si les enfans ne surchargent plus la maison par leur présence ; s'ils sont heureux toute la journée sans que la famille leur donne autre chose qu'un morceau de pain ; si même ils sont soutenus par la Maison d'Asile dans les momens les plus difficiles et de plus âpre détresse ; s'ils ne rentrent que le soir et pour prendre du repos ; s'ils reviennent à la maison paternelle plus instruits, mieux portans, mieux élevés, disparaît tout à fait la tentation de les abandonner ; surgit, au contraire, un intérêt positif à les conserver et à ménager en eux au moins une ressource d'avenir. Nul doute, à notre avis, que ce changement de condition ne doive diminuer le nombre des expositions, et par conséquent la dépense des Hospices d'Enfans trouvés.

43. En résumé, la fondation des Salles d'Asile peut être considérée comme la plus puissante, la plus réelle, la plus efficace, la plus féconde des institutions en matière de secours publics :

Elle diminue les dépenses municipales ;

Elle porte aux pauvres un abondant secours ; elle leur procure, sinon les occasions, du moins la liberté du travail ;

Elle leur rend l'existence plus facile, plus douce, plus honorable;

Elle donne à la patrie un puissant moyen d'éducation envers les enfans, de bienfaisance envers les parens;

Elle enrichit l'avenir, cultive et fait fructifier la portion la plus sacrée, la plus gracieuse, la plus innocente de l'humanité;

Elle est un foyer perpétuel d'attention et d'études, la source inépuisable d'une bienfaisance qui se répète chaque jour, à chaque instant, et qui adoucit notablement, non seulement la condition présente d'un grand nombre de citoyens, mais encore le sort futur des enfans qui doivent leur succéder.

44. Terminons cette énumération par une réflexion digne d'attention.

Est-il une ame noble et compatissante qui n'ait été fréquemment navrée de douleur en apercevant sur les grands chemins et dans les cités populeuses des enfans devenus instrumens d'une lâche et vile mendicité?

Peut-on concevoir que, dans un pays où la protection de l'enfance est devenue le mot de ralliement de tous ceux qui aspirent à la popularité, il n'ait pas encore été fait de pétitions aux Chambres pour appeler l'attention des Ministres sur la nécessité d'empêcher en tout lieu le vagabondage et la mendicité des enfans, et de prohiber bien plus sévèrement encore le trafic dont ils sont l'objet de la part des mendians adultes?

Si les lois étaient muettes pour la répression de ce genre de crime, il ne faudrait pas se borner à des pétitions, il faudrait demander, solliciter, obtenir des mesures législatives. Mais il n'en est pas ainsi; nos lois sont positives et sévères. *La mendicité est un délit (art. 274, Code pénal)*;

les crimes, attentats ou simples dommages envers les enfans
sont punis de peines correctionnelles , et quelquefois de
peines infamantes (351 *et* 352 *du Code pénal*). Il ne faudrait donc, pour faire disparaître les enfans mendians de la
voie publique, qu'un réglement de police et une Salle
d'Asile temporaire pour les recevoir.

Nous disons une Salle d'Asile, parce qu'au lieu d'en-
tasser les enfans dans des prisons, comme cela n'est arrivé
que trop souvent, il faudrait introduire dans ces lieux de
dépôt des procédés analogues à ceux des Ecoles préparatoires qui font l'objet de ce *Manuel*, afin de mettre à
profit pour leur instruction et pour leur amendement le
temps de leur incarcération.

Les prisons de l'enfance doivent être des lieux de protection et non de punition. Les Salles d'Asile dont on
propose en ce moment la création seraient l'application à
un dépôt de police des principes et des formes d'éducation
de l'enfance telles qu'elles sont décrites dans le présent
Manuel; il faudrait seulement pouvoir y ajouter quelques
cellules ou dortoirs pour loger un certain nombre d'enfans
pendant le temps nécessaire aux informations à prendre sur
la position de leur famille, et sur les causes de l'abandon
et des sévices exercés à leur égard : ce serait pour eux,
selon l'essence de la Salle d'Asile, une salle de bienfaisance, de police et d'éducation, en un mot une section de
la Maison de refuge telle que nous avons essayé de la dé-
peindre dans d'autres écrits.

La *Maison de refuge !* espérons que cette idée fonda-
mentale de la saine théorie des secours publics sera reprise
un jour par l'Administration du département de la Seine.
Très mal avisés ou très superficiels, à notre avis, ont été
les Administrateurs qui, négligeant d'employer les ressources mises à leur disposition, en 1829, par les habitans de
Paris, et en 1831 et 1832 par le Conseil général du dépar-

tement de la Seine, ont laissé ainsi ajourner la solution d'une question importante, et compromis peut-être l'adoption des meilleurs moyens d'introduire la vigilance, l'étude et l'examen dans le mode d'admission aux hospices et aux distributions des secours publics !

Nos lecteurs nous pardonneront cette digression, que nous abrégeons à regret. Retournons aux Salles d'Asile proprement dites, c'est à dire aux Salles d'hospitalité et d'éducation préparatoire, qui ne séparent pas les enfans du domicile paternel, et qui répandent le bien-être et l'instruction dans toutes les familles qui réclament leur assistance.

CHAPITRE V.

INFLUENCE DES SALLES D'ASILE SUR LES AUTRES ÉCOLES PRIMAIRES.

45. La Loi de 1833 convoque les Conseils municipaux dans un délai très rapproché et *les oblige tous* à délibérer sur les moyens de fonder *une école au moins* dans chaque commune ou réunion de communes voisines (*art. 9 et 13*). Il est donc nécessaire d'indiquer comment se tiennent et s'enchaînent tous les Établissemens consacrés à l'éducation de l'enfance, en commençant par les Salles d'Asile qui en sont le premier degré.

46. L'un des principaux effets de ces Écoles préparatoires sera de faire sortir des Écoles du second âge (huit à quatorze ans) les jeunes enfans du premier âge (cinq à huit ans) qui, dans l'état actuel des choses, sont mal à propos mêlés aux élèves d'un âge plus avancé, et qui nuisent à leurs progrès en divisant l'attention du Maître, tandis que dans la Salle d'Asile ils s'occuperaient utilement en s'instruisant eux-mêmes, et en instruisant des enfans plus jeunes qu'eux.

La Salle d'Asile est l'enseignement mutuel poussé à sa dernière limite : elle donne du mouvement et de l'instruction, par moniteurs et par subdivision de degrés, à cette arrière-garde des Écoles qu'on ne savait jusqu'à nos jours comment rallier, et qui souffrait mille préjudices en ne recevant pas d'éducation ou qui portait le trouble dans les classes lorsqu'elle y était introduite.

Il faut, pour bien comprendre la position de cette jeune fraction d'élèves, indiquer dans quels rapports elle doit se trouver avec la population des autres Écoles, d'après l'organisation de ces dernières.

47. Deux méthodes paraissent devoir se partager les Écoles primaires élémentaires ou supérieures de la France : la méthode simultanée et la méthode lancastrienne ou d'enseignement mutuel.

La méthode simultanée consiste à diviser les enfans en plusieurs classes formées d'après l'avancement de chacun : les élèves ainsi classés sont échelonnés le long d'une ou de plusieurs tables ; le Maître passe en revue toutes les classes successivement, et donne à chacune, l'une après l'autre, mais *simultanément à tous ceux qui la composent,* les enseignemens qui lui paraissent nécessaires d'après le degré d'avancement de ses auditeurs.

48. Les Salles d'Asile auront à se mettre en relation avec des Écoles de ce genre dans toutes les communes qui ne sont pas assez peuplées pour donner l'instruction primaire à plus de soixante enfans à la fois : la méthode simultanée convient à cette proportion, parce qu'elle permet de répandre l'enseignement sur un, ou deux, ou dix enfans aussi bien que sur quarante ou même soixante (garçons et filles) ; mais un Maître seul ne peut pas diriger convenablement plus de soixante élèves, et par ce motif cette méthode convient moins aux grandes communes, parce qu'il faudrait installer et rémunérer autant de Maîtres qu'il y aurait de soixantaines d'élèves à faire instruire.

49. La méthode mutuelle ou lancastrienne consiste à séparer les enfans en autant de divisions et sous-divisions qu'il y a de forces ou degrés d'avancement, et à les répartir dans huit classes pour lesquelles des tableaux d'enseignement sont préparés. Un élève-moniteur est préposé en tête de chaque classe ou sous-division de classe. Plus chaque classe peut être sous-divisée, plus on est certain que chaque élève se trouve avec des émules d'une force pareille à la sienne. Chaque sous-division a son moniteur, en sorte que tous les élèves se trouvent continuellement en présence de difficultés de lecture, écriture, calcul, proportionnées à leur degré d'avancement, sous l'incitation et la surveillance immédiates d'un élève un peu plus avancé, qui pourvoit à ce qu'ils apprennent, chaque jour ou chaque semaine, ce qu'il a appris lui-même dans les jours précédens, sauf à se trouver à son tour, et *mutuellement,* quelques jours et souvent quelques heures après, sous la direction d'autres condisciples. Ces rouages étant ainsi organisés, le Maître, assisté d'un moniteur général, se borne à commander les évolutions nécessaires pour la transition d'un exercice à un autre, et à parcourir constamment la salle des classes, pour s'assurer que chaque élève suit, dans le degré où il a été placé, le mouvement général, perpétuel et progressif, qui est le résultat de l'habile combinaison inventée par Lancaster et perfectionnée par ses successeurs en France et en Angleterre.

50. Les Salles d'Asile rencontreront les Ecoles mutuelles dans les grandes communes, et les Ecoles simultanées dans les communes moins considérables. Ce classement se fera de lui-même par les motifs qui vont être expliqués.

Les livres ou tableaux faits pour la méthode lancastrienne sont composés de huit sections graduées selon l'avancement des études entre la connaissance de l'alphabet et la lecture courante, entre le tracé des premiers traits et l'écriture régulière. Ces huit sections peuvent être sous-divisées par le Maître selon le nombre et la force des élèves, parce que chacune d'elles présente quelque latitude dans le degré d'avancement. Or, si l'on prend dans chacune de ces divisions un moniteur, et un suppléant en cas d'inexactitude du moniteur le plus exercé, voilà huit ou seize moniteurs. Si chacune des classes se partage en deux ou trois sous-divisions, voilà trente-deux ou quarante-huit moniteurs qu'il faut habituellement trouver. Et à qui feront-ils la classe ? à deux ou trois enfans au moins pour chaque sous-division, car sans ce nombre l'émulation ne pourrait se produire, et il y aurait fatigue incessante pour celui qui se trouverait seul sous la main du moniteur. Il faut donc soixante élèves au moins pour qu'il y ait de quinze à vingt moniteurs, et trente à quarante écoliers : la classe ne peut marcher sans ce nombre ; elle ne commence à être intéressante que lorsqu'elle réunit cent vingt élèves ; elle n'est riche en sujets qu'après le nombre de deux cents. Or ces conditions ne peuvent se réunir que dans les communes de grande population (1).

51. Que l'une ou l'autre de ces méthodes soit adoptée, les Salles d'Asile sont toujours nécessaires pour recueillir les enfans du premier âge. Ces jeunes enfans ont jusqu'à présent encombré les classes sans utilité pour leur instruction ; ils y causent du bruit, des distractions, sans qu'on puisse appeler ni soutenir leur attention. Il suffit d'avoir visité les Ecoles primaires des villes et des villages pour savoir que le cours d'instruction, lecture, écriture,

---

(1) Il existe à Paris plusieurs Ecoles de trois cents élèves, et plusieurs livres anglais parlent d'Ecoles de quatre à cinq cents.

calcul, profite habituellement à un petit nombre, et qu'avant l'âge de huit ou neuf ans, les enfans se traînent, pendant un temps indéfini, sur des élémens mal compris, sans pouvoir porter leur application sur des enseignemens réels et satisfaisans.

L'inspection de ce qu'on nomme la petite classe dans les Écoles simultanées, et de ce qu'on appelle les bancs du sable, ou des commençans, dans les Écoles lancastriennes, fournit habituellement un affligeant sujet d'observation. Des masses d'enfans y perdent leur temps : ils y contractent même quelquefois une profonde antipathie pour la classe où ils ont été renfermés, tant leur esprit a été rebuté par des enseignemens au dessus de leur portée, par des menaces ou par une fastidieuse immobilité.

Ces inconvéniens s'aggravent encore dans toutes les petites communes où l'École simultanée se compose le plus souvent d'une seule chambre; les enfans du premier âge y deviennent un obstacle au travail des plus grands élèves. On les aperçoit moins dans les grandes communes, parce que les Maîtres d'enseignement mutuel, fatigués de la présence d'une population inutile, qui ne peut se plier à la ponctuelle et rigoureuse discipline de leur École, prennent le parti de refuser l'entrée aux jeunes enfans et de n'admettre que ceux d'un âge suffisant pour pouvoir suivre le cours d'étude, mais alors ceux qui sont repoussés restent sans assistance si une Salle d'Asile n'est pas préparée pour les recevoir.

52. Ces classes du premier âge doivent donc avoir pour effet de séparer les jeunes enfans des enfans plus avancés, de leur donner des soins plus convenables; c'est là un résultat précieux dans l'intérêt des enfans. Elles seront en outre, et très souvent, le moyen d'une amélioration re-

marquable dans le sort des maîtres ; car dans un grand
nombre de communes la direction de la Salle d'Asile pourra
être confiée à la femme du Maître d'École, ou, si elle est
elle-même directrice de la classe des jeunes filles, une mo-
nitrice de quinze à seize ans, la fille même du Maître ou
de la Maîtresse d'École, pourra être appelée à cette direction. Alors un grand bien-être se répandra sur une famille;
l'aisance fera naître la considération, inspirera le dévouement, et des personnes d'un esprit distingué, d'un caractère respectable, se décideront à embrasser la carrière de
l'enseignement et à répandre le bienfait de l'éducation
d'une manière éminemment profitable à l'ordre social.

53. Que la population de chaque commune soit nombreuse ou non, que la méthode mutuelle ou celle simultanée y ait été adoptée, les Salles d'Asile doivent recueillir et réunir, d'une part cette quantité d'enfans qui
n'allaient pas à l'École parce qu'on les croyait trop jeunes
(deux à cinq ans), et d'autre part cette portion trop jeune
de fait pour la fréquenter utilement (cinq à sept ans), et
qu'on y envoyait cependant, au grand détriment des études
scolaires.

54. Ainsi comprise, la Salle d'Asile est une première
section nécessaire à toute École, dans laquelle, par des
procédés étudiés et par une méthode perfectionnée, on
prépare le développement physique, moral et intellectuel
des enfans de deux à sept ans, qui devront ensuite entrer
à l'École élémentaire lorsqu'ils auront atteint leur huitième
année.

Placée dans le voisinage des Écoles mutuelles, elle ac-
célère le mouvement progressif des classes, qui était re-
tardé par le nombre des enfans trop jeunes pour le suivre
avec profit.

Placée dans les grandes villes et dans toutes les cités populeuses, elle y fera disparaître les dangers, les misères dont les enfans sont toujours menacés lorsqu'ils ne sont pas recueillis de bonne heure dans des Etablissemens d'éducation.

Placée dans les petites communes et dans le voisinage des Écoles simultanées, elle deviendra une première division de l'École, une petite classe perfectionnée annexe des autres classes de la maison.

55. Les Écoles simultanées d'une proportion de quarante élèves et plus sont ordinairement partagées en grandes et petites classes ; mais les Salles d'Asile sont destinées à remplacer ces dernières. En effet, les petites classes ne sont pas satisfaisantes, parce qu'on se borne à y enseigner l'alphabet et quelques récitations sans permettre le mouvement, la succession d'exercices, la variété d'enseignemens qui sont désirables et convenables pour le premier âge.

Elles ne sont pas suffisantes, parce qu'elles n'admettent que les enfans de cinq à sept ans, et qu'il est nécessaire, sous plusieurs rapports, de dignité humaine, de bonne police et même de direction d'enseignement, de rechercher les enfans dès l'âge le plus tendre, de les rechercher tous, et de n'en laisser aucun exposé à la négligence et à l'abandon.

En outre, les petites classes coûtent plus cher que ne coûteraient les Salles d'Asile, parce qu'elles nécessitent la présence d'un second Maître rétribué au même prix que le premier, tandis que le plus souvent la Salle d'Asile pourra être dirigée par la femme ou par un autre membre de la famille du Maître d'École et dans un local à proximité de l'École élémentaire.

Enfin, il faut le dire, les petites classes sont, en général, si mal tenues, si sottement dirigées, si rebutantes pour les enfans, qu'on peut leur attribuer la plupart de ces dégoûts invincibles qui éloignent plus tard les enfans de tous lieux d'instruction, et quelquefois ces défauts de moralité et de caractère (le mensonge et l'entêtement) qui naissent de la contrainte qu'on exerce à leur égard et de la grossièreté avec laquelle ils sont traités.

Il suffira de lire le chapitre II, § 2 du *Manuel des Directeurs*, n° 220, ci-après, pour s'apercevoir qu'il n'y a aucune comparaison à établir entre les leçons des petites classes simultanées et les exercices variés de la nouvelle méthode ; ces exercices forment un cours d'étude composé pour cet âge ; l'ennui et l'oisiveté ne pourraient y trouver place, et les enseignemens utiles y sont prodigués sous toutes les formes.

56. Une méthode pour le premier âge n'avait pas été composée jusqu'à présent , parce que l'éducation élémentaire est encore à son début en France. Il n'y a pas beaucoup plus de cent ans (1) que la méthode simultanée a été formulée ; il n'y a pas encore vingt ans (1815) que la méthode lancastrienne fut importée d'Angleterre en France, et aucune législation n'avait jusqu'en 1833 reconnu les faits et posé les principes de l'instruction primaire.

La question de propagation des Établissemens publics d'enseignement est, en premier ordre, une question de gouvernement, et jusqu'à la Charte de 1830, les gouvernemens français avaient redouté de la résoudre ; elle est en second ordre une question d'argent, et jusqu'au 28 juin dernier, aucune loi de finances n'avait accordé les secours

---

(1) Lettres-patentes de 1724 et de 1778 accordées à l'Institution des Frères de la doctrine chrétienne, fondée en 1684 par M. de la Salle.

suffisans pour organiser des moyens d'éducation primaire
pour tous les habitans du royaume. Si les besoins des populations avaient été plus tôt pris en considération, l'Administration publique aurait été plus promptement frappée
des dangers de l'abandon des enfans à eux-mêmes, et du
défaut de culture dans leurs premières années; depuis
long-temps on aurait fait cesser cet oubli d'une classe d'é-
lèves intéressans, destinés à devenir des hommes, et devant être formés comme tels à la vertu et au travail.

Ce qui n'a pas été fait avant la Loi de 1833 doit se faire
sous son empire : il appartient à la nation française de
pourvoir à l'éducation de ses enfans avec grandeur, avec
noblesse et même avec une tendre sollicitude, et à ce titre,
de favoriser en tous lieux des maisons spéciales qu'on pourrait appeler le berceau de l'éducation.

57. Nous disons en tous lieux, car dans les communes
de première classe (six mille habitans et chefs-lieux de
département, *art. 10 de la Loi*), les Écoles d'enseignement mutuel seront nécessairement adoptées de préférence;
mais les Salles d'Asile seront indispensables sous le double rapport d'une bienfaisance éclairée et d'une éducation
plus complète.

Dans les communes de moyenne classe (quinze cents à
six mille habitans), les méthodes mutuelle et simultanée
pourront être à peu près indifféremment adoptées; mais
les Salles d'Asile seront un grand moyen de perfectionnement des Écoles de l'adolescence, en retenant la portion d'enfans qui arrêtait les progrès, et en contribuant
au soulagement des familles nombreuses.

Enfin, dans les communes de troisième classe (au dessous de quinze cents habitans), la Salle d'Asile sera une
section de l'École : les familles, les Maîtres et les Admi-

nistrateurs de ces communes auront à se féliciter de ce perfectionnement de l'éducation primaire.

58. Pour rendre plus saillante la nécessité de cette réunion des enfans qui sont aujourd'hui séparés et délaissés, on peut calculer approximativement comment se partagera la population enfantine de chacune de ces communes, lorsque les Écoles seront divisées en deux sections, l'une pour l'enfance, et la seconde pour l'adolescence.

On estime généralement au dixième de la population totale d'un pays le nombre des enfans de huit ans commencés à quatorze ans accomplis, et à pareille proportion le nombre des enfans de deux ans à sept ans.

Cette base étant admise, il y a dans une commune de six mille habitans six cents enfans de l'âge de la Salle d'Asile, et six cents enfans de l'âge des Écoles. Dans les communes aisées, on peut prévoir que moitié des enfans sont pourvus d'éducation par la prévoyance des familles sans que la commune ait à s'en occuper. Une École communale mutuelle de garçons, une École communale mutuelle de filles et deux Salles d'Asile doivent suffire pour assurer l'éducation à tous les enfans.

Dans la commune de quinze cents ames, cent cinquante enfans du premier âge et cent cinquante du deuxième âge forment trois cents enfans à pourvoir. Une Salle d'Asile pour cent enfans, une École mutuelle ou une École simultanée de cent places chacune, à deux divisions de cinquante places, doivent suffire à tous les besoins, un très petit nombre d'enfans étant appelés aux Écoles privées ou gardés dans la maison paternelle.

Enfin, dans les communes de troisième classe, dont la population moyenne est de sept cents ames, et dont tous les enfans reçoivent une éducation uniforme, une Salle d'Asile de cinquante à soixante places et une École si-

multanée de pareil nombre sont tout ce que la sollicitude
municipale peut préparer de plus complet.

Et si, au lieu de se conformer à ce mode de classement
des enfans, on se borne à créer des Écoles élémentaires
comme celles qui ont été fondées jusqu'à ce jour, sans les
faire précéder par des Salles d'Asile, on reverra la moitié
au moins de tous ceux que nous venons de classer repa-
raître dans les rues et dans les carrefours ; l'autre moitié,
entassée dans les petites classes simultanées, ou encom-
brant les bancs de l'École mutuelle, et se faisant renvoyer
de cette École lorsque les Maîtres seront jaloux de faire
régner sur leurs bancs la discipline uniforme, essence de
la méthode lancastrienne.

59. Cette séparation des deux âges et ce classement
gradué des forces seront, il faut l'espérer, généralement
adoptés sous l'empire d'une loi (*Loi de* 1833, *art.* 1er) qui
veut que l'instruction primaire, non pas supérieure, mais
élémentaire, comprenne « *nécessairement* l'instruction
» morale et religieuse, la lecture, l'écriture, les élémens
» de la langue française et du calcul, et le système légal
» des poids et mesures. »

Toutes ces branches d'enseignement ne pouvant être
communiquées dans les mêmes termes, avec la même étendue et les mêmes procédés aux enfans de divers âges, il
y a nécessité d'opérer une séparation, et de donner à chaque âge le genre d'exercice, de mouvement, d'éducation et
d'enseignement qui convient, selon les forces du corps, les
facultés de l'intelligence et les degrés de sa culture.

C'est ainsi que long-temps avant la Loi de 1833, en 1827,
l'auteur du *Manuel des Salles d'Asile* avait compris qu'il
fallait graduer l'éducation populaire. La maison qu'il a
construite exprès pour manifester cette pensée, maison
dont le plan est ci-après (*Pl.* 9e), contient trois divisions,

l'une pour l'enfance, les deux autres pour l'adolescence ; et chaque jour l'expérience faite sur les mille enfans qui fréquentent cette maison prouve non seulement les avantages , mais la nécessité de ce classement des élèves par âge et par force. Le surplus de ce *Manuel* sera destiné à démontrer que les Salles d'Asile effectuent cette séparation de la manière la plus utile à tous les intérêts, la plus convenable à tous les progrès, la mieux proportionnée à toutes les localités et à toutes les facultés pécuniaires. On va continuer de les faire connaître en disant de quelle manière, à quel prix, et dans quel but elles doivent être fondées et entretenues.

CHAPITRE VI.

APERÇU DES DÉPENSES DES SALLES D'ASILE.

§ I. *Dépenses générales de fondation et d'entretien.*

60. La Loi de 1833 (*art.* 12) ordonne d'attribuer à tout Instituteur communal :

1°. Un local convenablement disposé tant pour lui servir d'habitation que pour recevoir les élèves ;

2°. Un traitement fixe qui ne pourra être moindre de deux cents francs par an, pour une Ecole primaire élémentaire.

Ce traitement et ce local devront aussi être accordés au Directeur ou à la Directrice d'une Salle d'Asile communale.

61. L'esprit d'économie est nécessaire toutes les fois qu'il s'agit de dépenser l'impôt prélevé sur les contribuables ; mais il faut néanmoins se souvenir que les frais d'entretien des Écoles sont, de toutes les dépenses publiques, celles qui profitent le plus directement à l'assistance des classes pauvres, au développement de l'élément intellectuel qui fait la gloire et la richesse des nations, et à celui de l'élément moral et religieux sur lequel repose la sécurité sociale.

62. Les dépenses des Salles d'Asile doivent nécessairement varier selon les besoins et les ressources de chaque localité et selon le mode adopté pour leur organisation dans

chaque commune ; il pourra être utile de présenter un
aperçu de ces dépenses d'après les données générales analogues à celles qui ont été indiquées dans les chapitres précédens.

C'est le cas de reprendre la division des communes en
trois catégories : première classe, six mille habitans et au
dessus; deuxième classe, quinze cents à six mille; troisième classe, au dessous de quinze cents. Étudions les
convenances de cette dernière classe qui est la plus nombreuse.

63. La plus petite commune de France doit compter au
moins deux à trois cents habitans. Dans cette hypothèse,
une trentaine d'enfans peuvent être inscrits sur les registres de la Salle d'Asile ; une vingtaine au plus montrera
quelque exactitude. Pour un si petit nombre il faut éviter de
faire des dépenses considérables; on devra donc se borner
à choisir une personne qui prendrait un logement assez
vaste pour recevoir trente à quarante enfans (1), et accorder à cette personne , premièrement le titre de Maîtresse de Salle d'Asile communale, afin qu'elle ait le droit
de prendre des jeunes enfans moyennant rétribution mensuelle exigible à titre de contribution publique (*art.* 14 *de
la Loi*), et secondement une subvention , avec condition de
recevoir gratuitement les enfans pauvres.

Si la subvention, le prix des mois d'École, et quelques
offrandes ou souscriptions, peuvent composer une somme
annuelle de deux à quatre cents francs , cette ressource

---

(1) Ce logement devra être dans le voisinage de l'Ecole élémentaire, afin
que les adolescens puissent amener chaque matin les enfans à l'Asile, et
les reconduire le soir à la maison paternelle.

sera suffisante pour perpétuer la Salle d'Asile dans la commune.

64. Plus on approche de la quotité de mille à quinze cents habitans, plus on trouve de ressources et de facilité pour la fondation des Salles d'Asile, plus aussi le besoin s'en fait sentir impérieusement. Il y a dans cette classe de communes cent ou cent cinquante enfans à recevoir en un ou en plusieurs Asiles. Le Conseil municipal devra délibérer s'il convient de faire préparer un local spécial ou de recourir (comme on sera forcé de le faire dans presque toutes les petites communes) à un abonnement et à la concession du titre de Maître ou Maîtresse de Salle d'Asile communale. Il est à désirer que, toutes ressources réunies, l'émolument d'une Salle d'Asile de cent à cent cinquante enfans s'élève à cinq cents francs environ.

65. Si le territoire de cette commune offre beaucoup d'étendue, et surtout si elle se compose de plusieurs hameaux séparés, il est désirable de répartir et de diviser les Asiles à peu près de la même manière que les Ecoles, et de placer les uns et les autres dans des relations de voisinage très rapprochées, et surtout les Écoles de petits enfans dans le voisinage des Écoles fréquentées par les jeunes filles. C'est encore dans cette vue d'obvier à l'éparpillement des habitations, qu'il peut être convenable de diviser la subvention communale entre plusieurs Établissemens plutôt que d'en fonder un seul. Cette réflexion s'applique aux Écoles élémentaires comme aux Asiles. On ne peut trop recommander aux Conseils municipaux, aux Conseils généraux et aux Autorités supérieures de ne pas se précipiter légèrement dans les dépenses de bâtimens et dans les centrali-

sations d'Écoles. Il est possible de faire plus de bien à moins de frais en avisant aux moyens de répartir les subventions pour leur faire produire des résultats satisfaisans.

66. Quant aux villes de six mille ames, il faut de toute nécessité qu'un ou deux Asiles exclusivement communaux et des Asiles mixtes soient préparés en proportion de la population. Il est désirable que l'émolument de chacun de ces Asiles s'élève de 750 à 800 fr. au moins, afin qu'ils puissent être confiés à des personnes de mérite.

Si la ville est manufacturière, on peut espérer la fondation de quelques Asiles particuliers. Il faut purger les rues de ces enfans qui souffrent, et doivent être secourus; il faut relever ces petites créatures qui pâlissent et dépérissent sous le métier à tisser de leur père; il faut recueillir et protéger cet enfant qui crie dans les rues, qui monte aux fenêtres, et qui contracte des habitudes telles, qu'il sera livré sans défense à tous les dangers.

67. Le meilleur usage à faire des ressources destinées à assurer l'instruction primaire doit être l'étude constante des Conseils municipaux, des Conseils généraux ainsi que des Administrations non seulement communales et départementales, mais encore du Ministre chargé de vivifier l'instruction primaire en tout lieu, par l'application et la répartition des fonds de subvention nationale mis à sa disposition par la Loi de 1833 (*art.* 13, §§ *derniers*). Ce fonds est destiné à compléter les dépenses du personnel et du matériel de l'instruction primaire dans toute la France; mais les dépenses de matériel peuvent être indéfinies, et celles de personnel peuvent être facilement limitées. En donnant à propos une subvention à un Etablissement privé, on peut éviter à une commune une série de dépenses inutiles; ce mode d'assistance n'ôte rien des bons

effets qu'on peut attendre de la faveur accordée par la Loi
aux Ecoles communales, puisque les Ecoles subventionnées deviennent communales, dès qu'elles ont accepté une
subvention de la commune (*art. 8 de la Loi*).

68. Il y a tel lieu où il est nécessaire de prendre toute la
charge de construction ou location des bâtimens, traitement du Maître, achat et entretien du mobilier, parce
qu'il n'est pas probable que l'intérêt privé vienne se mettre
en concurrence.

Il y a tel autre lieu où la quantité d'habitans, dénués
de toute aisance, oblige à fonder des Ecoles presque exclusivement fréquentées par la population indigente.

Il y a tel autre lieu où le prix d'écolage sera tellement
avantageux que la subvention communale pourra être très
restreinte.

Il faut, selon les circonstances, ou se borner à donner un secours aux Etablissemens, ou les laisser marcher de leur propre force, ou savoir faire un sacrifice passager pour assurer à une commune un bienfait
prolongé et perpétuel. — Il faut, selon les intérêts réci-
proques, séparer les Ecoles ou Asiles payans des Ecoles
ou Asiles gratuits, ou concilier le système du paiement
et du non-paiement par celui de l'abonnement. Il est
impossible de préciser d'avance toutes les positions diverses dans lesquelles pourront se trouver les Fondateurs
d'Asile : c'est à leur esprit bienfaisant à comprendre et à
deviner ce qu'il convient de faire.

La commune est-elle petite, les habitations éparses? la
population est-elle dans l'aisance ? provoquez l'établissement d'Asiles-Pensions ; donnez quelques subventions
pour leur procurer l'avantage d'être communaux, et pour
soutenir leur existence.

La commune est-elle habitée par de riches manufacturiers? dites-leur que les ateliers de New-Lanark, en
Écosse, sont peuplés d'ouvriers dont les enfans sont
élevés en commun dès le plus bas âge.

Voyez-vous des Asiles-Pensions se former facilement
pour recevoir les enfans des ouvriers? épargnez les dépenses
d'une fondation de salle gratuite ; laissez faire par l'intérêt
privé ce que vous feriez moins bien au nom de la commune ; donnez quelques subventions à ces Asiles, à condition de recevoir des enfans dont vous connaîtrez la pénu-
rie, la misère. Bientôt ces deux classes de positions voisines seront confondues, au grand avantage de l'ordre social. Des occasions de protection et de travail qui ne se
seraient pas produites sans ce rapprochement naîtront à
la satisfaction de tous. Les divers Maîtres auxquels vous
aurez donné votre confiance rivaliseront de zèle pour conserver la subvention de la commune. L'émulation régnera
partout, et peut-être si un Asile exclusivement communal avait été fondé, le Maître privilégié serait devenu in-
dolent, et ses rivaux auraient exercé sur lui tous les effets
déplorables de la jalousie et de l'impuissante rivalité.

Les communes moyennes et petites sont celles dans lesquelles les déterminations à prendre sont balancées par de
plus puissans motifs d'indécision. Il faut délibérer avant
de décider si l'on doit imposer à une commune très peu
riche des engagemens qui pourraient susciter de graves
embarras dans ses finances : on doit à cet égard consulter
l'Administration supérieure, suivre ses directions et solici-
ter l'application des ressources dont elle dispose. On aura
plus de liberté d'action dans les communes considérables : non seulement on peut y résoudre avec plus de facilité
les questions de dépenses du personnel, mais on est promp-

tement amené à examiner s'il faut ou non bâtir des locaux ou les faire bâtir par des tiers, pour les louer à longs termes, ou se borner à des subventions envers ceux qui entreprennent de les louer ou de les bâtir. Cet ordre de délibération conduit naturellement au paragraphe suivant.

§ II. *Dépenses relatives aux constructions et locations.*

69. Toute commune dont le budget n'est pas assez opulent pour qu'elle dispose, soit par ses revenus, soit par ses emprunts et ses contributions extraordinaires, d'un capital de 15 à 20,000 francs dans un espace de dix à quinze ans, peut difficilement s'occuper de construire ou d'acquérir un immeuble pour le service de l'instruction primaire.

Celles qui ont assez de ressources pour construire doivent se livrer avec beaucoup de circonspection aux dangers et aux embarras de ce genre d'entreprise. Voici une esquisse de la position où elles peuvent se trouver placées, faute d'expérience de la part de leurs Administrateurs.

70. Une administration municipale qui veut bâtir est d'abord obligée d'acheter un terrain. Les autorisations qu'elle est tenue d'obtenir de l'Autorité royale font connaître ses projets long-temps avant leur exécution, et il arrive souvent que des spéculateurs achètent par avance le terrain convoité par la commune, afin de le lui revendre à un très haut prix.

En la supposant maîtresse, pour un prix quelconque, de l'emplacement qui lui est nécessaire, elle veut faire bâtir, elle donne un plan, un programme, elle charge un architecte de lui dresser un devis des dépenses à faire; l'architecte compose un devis approximatif, n'épargne ni la pierre de taille ni le bois de chêne, afin de construire solidement, comme pour une commune : le devis est accepté par le Conseil municipal, par le sous-Préfet, par le Préfet, après maintes correspondances et informations.

Le devis approuvé, il faut un entrepreneur; or la Loi dit que cet entrepreneur ne peut être choisi, et qu'une adjudication avec publicité et concurrence doit seule lui donner le droit d'exécuter les constructions indiquées au devis; il faut donc subir toutes les lenteurs et toutes les chances d'une enchère.

L'adjudication ayant eu lieu, l'entrepreneur n'a pas de motifs pour accélérer l'exécution : son adjudication lui donne le droit d'agir comme chez lui; nul ne saurait, sans un procès, lui être substitué; il entre peu à peu, selon ses convenances, en cours d'exécution.

Mais le devis contient des erreurs : l'exécution s'arrête. Il faut des supplémens et des approbations préfectorales de ces supplémens. Les mois se passent en démarches dans les Bureaux de la Préfecture, quelquefois dans ceux du Ministère, à Paris.

Enfin la Salle s'élève; les discussions entre l'architecte et l'entrepreneur s'aplanissent, la construction s'avance au bout de quelques années et coûte des sommes énormes.

C'est là l'historique exact de la marche administrative en fait de constructions. Rien n'est exagéré dans cet exposé; on a, au contraire, évité de parler de toutes les discussions qui peuvent naître du choix des matériaux, de la solidité de l'édifice, de l'insolvabilité des entrepreneurs, et d'un grand nombre d'autres embarras communs aux opérations administratives et à celles qu'entreprend l'intérêt privé.

71. Bien qu'il soit impossible de suivre la marche embarrassée des Administrations publiques sans être frappé d'un certain découragement, il ne faut pas oublier que la voie légale est toujours la plus sûre, et que les Préfets et les Maires s'exposent à une grande responsabilité, non seulement morale, mais pécuniaire, lorsqu'ils veulent, même par des motifs louables, s'affranchir des formalités qui leur sont imposées par les réglemens pour l'adoption des plans, des devis, le choix et la surveillance des entrepreneurs de bâtimens.

72. Toutefois, on peut indiquer un moyen d'éviter une grande partie de ces inconvéniens, moyen employé plusieurs fois à Paris, et dont jusqu'à présent l'Administration municipale n'a recueilli que des avantages. Il consiste à engager un propriétaire à construire les locaux que désire une commune, en lui promettant, au nom de l'Administration, de prendre à bail ces mêmes localités lorsqu'elles seront construites, moyennant un prix de loyer stipulé d'avance.

On trouve beaucoup de propriétaires disposés à bâtir lorsqu'ils sont certains d'un loyer avantageux et régulièrement payé; on peut donc leur imposer la condition de livrer les lieux dans un délai déterminé, et éviter, de cette façon, tous les embarras.

Cette manière d'agir offre encore l'avantage de ne pas obliger à débourser un capital considérable, qui ne se produirait qu'avec peine dans les colonnes d'un budget municipal, et d'assurer la jouissance de ce même capital par le service d'un loyer annuel d'une quotité beaucoup plus facile à trouver dans les ressources des communes.

On a essayé quelquefois de joindre le contrat de bail et le contrat d'achat dans un même acte, en convenant d'un prix de loyer et d'un prix de vente, et en stipulant que, pendant la durée du bail, la commune s'acquitterait non seulement d'un loyer annuel, mais encore, chaque année, d'une portion de prix calculée de manière à ce que le prix intégral de l'immeuble loué se trouvât entièrement acquitté à l'expiration du bail. Cette espèce de contrat, qui pourrait séduire les Administrations municipales, parce qu'il offre l'avantage d'une dépense graduelle et facile en comparaison des résultats qu'il promet, présente aussi le danger d'acquérir pour un prix fixe une chose qui n'existe pas encore au moment de la vente, et de conserver cette construction, même alors qu'elle aurait été imparfaitement exécutée. C'est là une occasion de déception qu'il est sage d'éviter.

Mais quant au bail à loyer de localités bâties exprès, et sur les instructions données par les Administrateurs, on ne peut assez conseiller d'employer ce genre de convention; il évite la lenteur de la marche administrative, il économise les ressources municipales. Le constructeur fait les dépenses : la commune l'indemnise de ses avances par la quotité du loyer. Si cette situation convient à tous, elle se perpétue; si la commune désire acheter, les Administrateurs savent plus positivement ce qu'ils achètent après un long usage des lieux, et toute surprise devient impossible, soit de la part des vendeurs, soit de la part des acheteurs.

Les achats, constructions, baux à longs termes ne pouvant se faire pour une Administration communale sans qu'une Ordonnance royale ait préalablement autorisé ces diverses sortes de contrats, il est inutile de donner des détails sur la forme et la nature de ces conventions : les fondateurs de Salles d'Asile seront éclairés sur ces divers points par les Préfets, sous-Préfets et Maires qui prépareront les bases de ces Ordonnances, et par les jurisconsultes qui pourront être consultés sur le détail des conventions à soumettre à la sanction royale.

73. La dépense de location et de construction varie selon les temps et les lieux. Chaque particulier possède, à cet égard, des renseignemens; il serait inutile de vouloir tout prévoir. La règle essentielle doit être d'éviter les constructions par régie communale, et de déterminer un entrepreneur à s'en charger pour son compte personnel, par des stipulations analogues à celles qui viennent d'être indiquées.

Cette théorie n'était pas encore connue à Paris, en 1827, lorsque l'auteur du présent *Manuel* conçut l'idée de se constituer constructeur d'une Maison-modèle dont il avait mûri le plan. Profondément pénétré de l'utilité de ce projet, il l'exécuta à ses périls et risques. Il n'est pas hors de propos, ni sans intérêt pour les fondateurs d'Asile, de raconter ici l'histoire de cette fondation, puisqu'elle a fourni à son auteur les principaux élémens de cet ouvrage. On lui permettra d'en raconter les circonstances ainsi qu'il suit :

74. Ayant reconnu en 1826, après quelques années d'administration d'un arrondissement de Paris, en qualité de Maire, qu'il était désirable d'accroître le bien-être de la population parisienne par la fondation d'une Salle d'Asile, et d'en faire une section nécessaire d'un Etablissement d'éducation primaire, je formai le projet de bâtir une Maison-modèle, contenant des classes de toute espèce et pour tous les âges. Je me proposai, entre autres avantages, de faire descendre à 15 fr. par individu le taux de la dépense d'éducation élémentaire des enfans, qui, jusqu'alors, avait coûté 25 fr., et, dans quelques maisons, 32 fr. par année pour chaque enfant.

Lorsque ce plan fut proposé au Préfet de la Seine, il le considéra comme impraticable, et répondit avec obligeance que c'était le rêve d'un homme de bien.

Communiqué à l'architecte de la municipalité, il estima que la dépense devait s'élever à 250,000 fr. au moins, et le projet fut considéré comme une chimère, parce qu'il supposait l'établissement de vingt maisons semblables, c'est à dire une dépense de 5,000,000 fr. pour procurer tous les locaux d'éducation primaire et Salles d'Asile de la ville de Paris.

Profondément convaincu de la possibilité de réaliser à moins de frais le projet d'une maison complète d'éducation primaire, et de diminuer de moitié les dépenses annuelles en augmentant de beaucoup la valeur des secours, je voulus courir le hasard de l'exécution en engageant ma propre fortune, quoiqu'elle dût subir une forte atteinte en cas de non-succès.

Je m'adressai à des propriétaires de terrains qui faisaient pour eux-mêmes la spéculation de bâtir. Après avoir choisi un emplacement situé dans le quartier le plus pauvre et le plus peuplé, j'en achetai le tiers indivis, et le même jour nous convînmes, mes vendeurs et moi, de couvrir ce terrain de constructions qui, élevées à frais communs (dans la proportion de nos droits à la propriété du terrain), seraient, après exécution, notre propriété commune. On devra remarquer que, par ce moyen, les constructeurs-copropriétaires étaient intéressés à construire solidement et économiquement, puisqu'ils construisaient pour eux-mêmes.

Tous les plans furent préparés sous ma direction, et, *en trois mois de temps,* les clefs d'une maison qui contient mille élèves, quatre logemens de maîtres, et de grandes dépendances, m'étaient remises après entier achèvement. La maison était ouverte, et *quatre cent vingt enfans étaient inscrits dans les trois divisions principales de l'Établissement, le jour même de l'ouverture,* trois mois et dix-sept jours après la pose de la première pierre.

A la vérité, les constructeurs-copropriétaires étaient confidens, par écrit, de l'espérance qui m'animait de décider l'Administration municipale de Paris à devenir propriétaire de cette maison , moyennant remboursement d'impenses, et, en cas de moins-value, je garantissais personnellement la perte dans une proportion qui les cautionnait pleinement.

L'Administration municipale pouvant ne pas se décider à rembourser ces dépenses avant de savoir si les Etablissemens nouveaux que nous y avions préparés seraient accueillis du public , il fut nécessaire d'organiser la Salle d'Asile et quatre Ecoles, en attendant deux autres que nous avions le dessein d'y former ultérieurement. Ces quatre Ecoles furent portées en quinze mois au plus haut point de prospérité, et je dois dire que ce succès fut procuré par une circonstance dominante : c'est à savoir que, subvenant à toutes les dépenses de mon propre fonds, il me fut possible d'éviter toutes les entraves administratives de cette époque.

Le succès étant complet, il ne fut pas difficile de démontrer à l'Administration municipale qu'elle avait grand intérêt à devenir propriétaire d'un immeuble qui contenait plusieurs Etablissemens, municipaux de leur nature , et qui coûterait infiniment moins que s'il eût fallu assujettir la construction aux formalités administratives. Vérification fut faite ; l'immeuble fut acquis, moyennant le remboursement des dépenses faites en commun par les constructeurs-propriétaires, et la ville de Paris se trouva dotée d'un Etablissement-modèle, avec économie de plusieurs dizaines de mille francs. A la vérité, les Écoles y avaient été tenues en plein exercice pendant quinze mois, à mes frais, et je ne demandais pas le remboursement de cette dépense, me bornant à réclamer les déboursés de construction de l'immeuble.

Il faut toutefois prévenir les amis de l'humanité, qui voudraient se livrer à des tentatives dans cette direction, qu'ils ne doivent pas compter légèrement sur l'acquisition de leurs immeubles par les Administrations municipales; que les vices de construction, l'absence de ressources, une prévention malveillante dans les bureaux ou les Conseils de département et de commune contre les fondateurs, qu'on prend quelquefois, avec raison, pour des spéculateurs, peuvent multiplier les difficultés et rendre impraticables de semblables transactions. Tout constructeur, spéculateur ou non, désintéressé ou non, doit savoir qu'il y a plus de probabilité de succès pour lui en bâtissant les Salles convenables pour son propre compte, et en les louant aux communes ou aux Instituteurs particuliers. Il doit calculer avec raison que si la commune se rend locataire de la construction qu'il aura élevée pour elle, il y a de grandes probabilités qu'elle s'en rendra un jour propriétaire, mais qu'il faut, pour que personne ne soit trompé, bâtir comme si la commune ne devait jamais posséder qu'à titre de location.

Il faut également faire observer aux Administrateurs municipaux que l'intérêt des communes n'est pas d'acquérir promptement les constructions faites par les particuliers; qu'il est très préférable (comme nous l'avons déjà dit) de les prendre à bail, afin d'en étudier à loisir la solidité, les avantages et les inconvéniens, et de ne les acquérir que dans une occasion opportune, après toutes épreuves faites sur la disposition des lieux et la bonne construction des bâtimens.

Enfin, il est un dernier et douloureux avertissement à donner aux personnes zélées que la lecture de ce chapitre pourrait engager, en faveur de quelques communes, à des sacrifices qui ne seraient pas appréciés.

Il est très important, toutes les fois qu'on traite avec

une commune, de bien arrêter la position dans laquelle on veut se placer vis à vis de l'Autorité locale.

Veut-on faire un profit, une spéculation, un traité avantageux? il faut nettement se prononcer, pour pouvoir obtenir toute l'utilité rigoureuse des droits qu'on peut avoir, et ne pas laisser même présumer des intentions généreuses et bienfaisantes.

Veut-on, au contraire, devenir bienfaiteur ou fondateur ? il faut que le bienfait soit large, et tel que le public n'en puisse dénier l'importance et le dénaturer en prêtant à son auteur des idées de spéculation.

Peu de personnes pensent qu'on puisse faire le bien pour le bonheur de le faire, et pour répandre sur son existence le délicieux sentiment d'une bonne et grande action. Les personnes injustes, malignes ou superficielles, ne manquent pas d'empoisonner les meilleures intentions, lorsque la puissance des chiffres ne les réduit pas au silence. Les fondateurs qui voudront éviter de voir calomnier leurs vues bienfaisantes devront donc calculer généreusement la proportion de leur largesse, pour qu'elle soit évidente à tous les yeux.

Pour moi, puisqu'il a été question de moi dans ce chapitre, il m'a semblé, après avoir procuré une grande économie à la ville de Paris, et avoir passé des années en voyages, en études et en soins quotidiens, pour importer dans cette ville des Etablissemens qui y étaient imparfaitement ébauchés ; après avoir, pour ainsi dire, créé une méthode d'enseignement pour les Asiles et fondé le premier collége royal d'instruction primaire qui ait été organisé en France, j'ai cru, dis-je, devoir ajouter à tous ces sacrifices une donation de mobilier, et d'autres valeurs s'élevant à 22,006 fr. 72 cent., pour qu'il fût notoire qu'aucun esprit de spéculation ne m'avait dirigé dans cette entreprise.

A peine cet acte de donation a-t-il été consommé, que le témoignage le plus flatteur pour moi a été consigné dans une Ordonnance royale (du 22 mars 1831), par laquelle mon nom et mon administration ont été viagèrement imposés à l'Etablissement que j'avais construit. Ce succès dépassait mon espérance, mais il m'a prouvé que j'avais bien fait de rendre évident un désintéressement dont on aurait pu douter, si par l'évidente proportion du bienfait je n'avais pas mis au défi la malignité et la calomnie (1).

J'invite les fondateurs qui voudraient imiter cet exemple à calculer par avance toutes les chances de succès : c'est une entreprise hasardeuse que j'oserais à peine recommencer.

§ III. *Programme de la Salle d'Asile, ou indication de la nature des dépenses à faire pour préparer un local et le rendre convenable pour cette destination.*

75. La Salle doit être proportionnée au nombre d'enfans à recevoir.

16 mètres de longueur sur 9 à 10 de largeur forment la meilleure proportion possible pour recevoir deux cents enfans.

On peut en recueillir trois cents dans les grandes villes; la Salle s'étendra alors à 25 mètres de longueur sur 10 de largeur.

Dans les communes qui ne peuvent réunir qu'un nombre moindre d'enfans, la Salle doit être proportionnellement

---

(1) Tous les actes et pièces justificatives de cette fondation et de cette donation sont déposés chez Me Champion, notaire à Paris, sous la date du 13 novembre 1830, et dans les archives de l'Administration des Hospices, parvis Notre-Dame, n° 2, à la même date.

plus petite; elle se réduit à 8 mètres carrés lorsqu'on ne
doit réunir qu'une cinquantaine d'enfans.

Un moindre espace ne permettrait pas les évolutions
nécessaires à leur santé.

76. La Salle doit être au rez-de-chaussée, afin que les
enfans, et surtout les plus petits, soient garantis de tous les
dangers de chute auxquels ils sont exposés dans les esca-
liers.

Elle doit être planchéiée, ou airée en salpêtre battu
comme une aire de grange.

77. Elle doit recevoir l'air et, s'il est possible, la lumière
de deux côtés, pour qu'un courant naturel permette de
renouveler souvent l'atmosphère que les enfans respirent,
et pour que le soleil puisse faisse pénétrer, à plusieurs
heures du jour, son influence salutaire.

Il est à désirer que la base des fenêtres soit élevée à
2 mètres au moins au dessus du sol, pour que les enfans
n'aient à recevoir aucune distraction du dehors, et que
les cordes qui font mouvoir ces fenêtres soient placées au
dessus de leur portée (*voyez* Planche 1re).

Si les fenêtres ont la disposition ordinaire, il faut se
borner à blanchir les carreaux inférieurs, et à rendre mou-
vante une partie du châssis ou du vitrage, pour qu'on
puisse donner de l'air sans ouvrir les fenêtres à la hauteur
des enfans.

Si l'on ne peut établir des courans d'air par des ouver-
tures correspondantes aux deux côtés de la Salle, il est à
désirer au moins que des ventilateurs puissent être prati-
qués soit dans le plafond, soit dans les parties basses, op-
posées au côté où se trouvent les fenêtres.

78. La Salle d'Asile peut être ronde, elliptique ou

rectangulaire : ces diverses formes se prêtent également
bien aux évolutions.

79. Il faut, dans un des points de cette Salle et à son extrémité en longueur, construire un gradin, estrade ou am-
phithéâtre assez vaste pour recevoir à la fois et au même
moment tous les enfans admis à fréquenter la Salle d'Asile.

80. Des bancs latéraux et immobiles doivent aussi les
recevoir tous, en lignes de développement assez prolongées
pour qu'ils puissent y prendre les leçons de lecture, d'écriture, et s'y aligner au commencement et à la fin des classes,
pour la prière et la division par groupes (*Planche* 1re).

81. Il est bien que la Salle soit ouverte de deux portes,
une à chaque extrémité; cette disposition facilite plusieurs
évolutions.

82. A côté de la Salle, doit être un préau ou cour sablée;
cette dépendance est indispensable pour des enfans qui
doivent passer au grand air les deux tiers de la journée.

83. Dans le voisinage de l'Asile ou du préau, ou de tous
deux, doit être le logement du Directeur ou de la Directrice de l'Asile; logement composé de deux chambres au
moins, dont l'une peut servir de parloir aux heures d'absence des enfans. Il est nécessaire qu'il y ait un bûcher
pour la provision de bois dans les dépendances de ce logement.

84. Près de l'entrée de la classe, dans un lieu sain, aéré,
de facile accès, de facile surveillance, doivent être placés des
cabinets d'aisance dallés en pierre, et disposés de manière
à ce que les enfans ne puissent ni s'y asseoir ni s'y précipiter. Un orifice étroit, longitudinal, en forme de trémie,
est convenable pour cette destination.

85. Une cloche doit être aussi suspendue dans le préau, près de la Salle, pour signaler l'entrée et la sortie des classes.

86. Comme il est difficile de s'occuper utilement de la fondation d'une Salle d'Asile sans avoir préalablement visité des Etablissemens de ce genre, il a paru convenable d'ajouter, à tout ce qui vient d'être énuméré, quelques gravures préparées dans l'intention de reproduire la perspective de tout ce qui se passe dans une de ces Salles. On espère, par ce moyen, qu'un fondateur, dans sa retraite, pourra comprendre tout ce qui est nécessaire pour bien diriger cette fondation.

C'est aussi dans cette espérance qu'on a fait ajouter à la fin de ce *Manuel* le plan horizontal de la Maison d'instruction primaire, à laquelle Sa Majesté a donné le nom de *Maison-Cochin.*

Ce plan aura pour effet, non seulement de mieux faire comprendre l'organisation d'une Salle d'Asile, mais encore de faire sentir quelle est la place d'un Etablissement de ce genre dans le cours complet de l'éducation de l'enfance et de l'adolescence.

On ne peut trop conseiller de rapprocher tous ces Etablissemens, et de les réunir autant que possible dans un même local, afin de procurer à tous les enfans d'une même famille l'avantage d'arriver aux Ecoles en même temps, et de pouvoir se donner assistance au dehors de la maison paternelle, dans les rues et chemins qu'il faut parcourir pour arriver aux Salles d'éducation.

Telles sont les dispositions à prendre en ce qui concerne l'immeuble de la Salle d'Asile; voyons maintenant de quoi se compose le mobilier qui doit garnir cet Etablissement.

§ IV. *Du mobilier de la Salle d'Asile, et des dépenses à faire pour l'achat et l'entretien de ce mobilier.*

Indépendamment du gradin et des bancs immobiles dont il vient d'être parlé dans les dispositions générales du local, le mobilier de la Salle doit se composer d'un certain nombre d'objets qui vont être énumérés et dont on trouvera le tracé aux planches qui terminent le *Manuel*.

87. Un poêle entouré d'une grille ou balustrade en fer ou en bois, d'un mètre au moins de hauteur, pour que les enfans ne puissent pas s'approcher de la porte d'aspiration (1), ni recevoir l'influence immédiate des bouches de chaleur (2);

88. Douze chaises pour le professeur et les visiteurs;

89. Un chevalet portant une planche noire et des crayons blancs (*Planche* 7, *fig*. 1 et 2);

90. Un boulier-compteur (*Planche* 7, *fig*. 6, 7, 8);

91. Un nombre de porte-tableaux proportionné au nombre d'élèves, et d'une touche en bois à chaque porte-tableau (*Planche* 7, *fig*. 3 et 5);

---

(1) Les personnes qui visitent les pauvres savent qu'un certain nombre d'enfans étaient, chaque année, brûlés dans la demeure de leurs parens, leurs vêtemens étant attirés par la porte d'aspiration des poêles, et le feu s'y communiquant sans qu'on ait le temps de les dévêtir. Le danger serait encore plus grand dans une Salle fréquentée par beaucoup d'enfans, si cette précaution n'était pas prise.

(2) La face des enfans se trouve à la hauteur des bouches de chaleur des poêles; l'air très dilaté qui en sort cause des ophthalmies, des rhumes, des surdités, lorsqu'on laisse les enfans exposés à son contact prolongé.

92. Une ou plusieurs collections de tableaux imprimés, collés sur des planchettes, et représentant des syllabes de deux ou trois lettres, et des modèles de lettres d'écriture cursive. Il est bien, en outre, que ces lettres cursives, suivies du tracé des dix chiffres et de plusieurs figures géométriques, soient peintes sur ces murailles comme étant perpétuellement proposées à l'imitation des enfans (*Planche* 1, 3, 4 *et* 5);

93. Un carton ou boîte à images;

94. Un nombre d'ardoises et de crayons proportionné au nombre d'élèves (*Planche* 7, *fig.* 9);

95. Une table à écrire debout;

96. Trois Registres et un Cahier de notes : ces Registres sont le Registre-matricule, le Registre des visiteurs et le Registre des recettes et dépenses;

97. Un sifflet ou une clochette ;

98. Un claquoir en bois (forme de livre).

99. A l'extérieur, doit se trouver un hangar ou auvent pour abriter les enfans dans les temps de pluie (*Planche* 2).
Si ces hangars ou auvents peuvent être fermés et chauffés, ils serviront de préau l'hiver.

100. Sous l'auvent, un nombre de rayons destinés à recevoir les paniers dans lesquels les enfans apportent des vivres pour leur journée (*Planche* 2);

101. Une ou plusieurs lignes de champignons en bois pour suspendre les casquettes, vestes et tabliers pendant la récréation ou pendant la classe.

102. Sous l'auvent peuvent être aussi établis un ou deux lits de camp pour les enfans qui sont surpris par le sommeil (*Planche 8, fig.* 1, 2 *et* 3).

103. Enfin, dans le préau sont très convenablement placées quelques barres suspendues à 1 mètre environ de hauteur, pour faciliter les jeux gymnastiques proportionnés à l'âge des enfans admis dans les Asiles;

104. Plusieurs baquets ou jattes pour recevoir de l'eau, une cinquantaine de sébiles en bois ou gobelets d'étain, pour servir de bols et de tasses aux enfans;

105. Quelques tabliers de toile de plusieurs tailles, pour envelopper et recouvrir les vêtemens des enfans qui seraient trop mal vêtus;

106. Douze petites éponges et deux grosses pour le service de la Salle, et celui des Élèves les plus avancés.

107. Lorsque le Directeur ou la Directrice de l'Asile ne possède pas de mobilier en sa propriété particulière, il faut joindre à tout ce qui vient d'être énuméré un lit et quelques ustensiles indispensables de ménage.

108. L'ensemble du mobilier de la Salle d'Asile peut coûter de six à douze cents francs, selon les localités et selon la solidité et la valeur du bois et des matières employées pour sa confection (1).

____

(1) M. Milliez, entrepreneur de menuiserie, rue Saint-Sébastien, n° 5, à Paris, vend des boîtes qui contiennent le modèle en petit de tout le mobilier, assez exactement exécutées pour qu'on puisse les donner pour modèles à un ouvrier qui n'aurait pas vu de Salles d'Asile, et auquel cependant on voudrait commander d'en construire une. Le prix de ces boîtes est de 40 francs.

§ V. *Des dépenses relatives aux Écoles normales.*

109. Il résulte de tout ce qui précède qu'en tout lieu les Salles d'Asile contiendront un nombre d'enfans à peu près égal à celui des élèves des Écoles primaires; que les dépenses de ces deux genres d'Établissement seront les mêmes sous le rapport des loyers et accessoires, mais que les Maîtres en seront moins rétribués, et que le prix d'achat et d'entretien du mobilier sera moins onéreux.

110. Il faut ajouter à ce résumé que la dépense des Écoles normales sera presque nulle, les Directeurs et Directrices d'École devant être choisis parmi des personnes intelligentes, instruites, mais dont il suffit de vérifier l'instruction sans qu'il soit besoin de la leur conférer.

111. L'instruction qui se donne dans les Salles d'Asile se réduit, non pas à la lecture, mais à la connaissance des lettres; non pas à l'écriture, mais au tracé de quelques lignes et de quelques caractères; non pas au calcul, mais à la connaissance et au rapprochement de quelques nombres; non pas à l'instruction morale et religieuse, mais à quelques impressions de morale et de religion; non pas à l'enseignement industriel, mais à la connaissance de quelques renseignemens usuels. On ne voit rien dans ces élémens qui puisse faire l'objet d'un enseignement normal long-temps prolongé. Il suffit d'assister aux exercices d'une Salle organisée et de se familiariser aux évolutions pour acquérir ce qu'on peut appeler la méthode; quant aux qualités morales et intellectuelles des candidats hommes et femmes qui se présentent pour obtenir une direction d'Asile, il suffit de les faire examiner par quelques personnes expérimentées.

7

112. Les Écoles normales primaires de département seront de véritables séminaires pour l'éducation spéciale des élèves-maîtres de l'âge de seize à dix-huit ans, ou pour les adultes qui voudront étudier les méthodes et les traditions scolaires. On conçoit que les nombreux objets de l'enseignement élémentaire et supérieur puissent rendre nécessaires des études préparatoires ; mais les soins à donner aux petits enfans feraient difficilement l'objet d'un cours normal. Les aspirans acquerront, en s'exerçant dans les Écoles-modèles, toute l'expérience nécessaire pour diriger convenablement une Salle d'Asile ; il serait inutile de faire la dépense d'une maison de noviciat.

113. La dépense d'École normale, qui est une dépense départementale (*art.* 11 *de la Loi de* 1833), se réduira donc, à l'égard des Salles d'Asile, au traitement d'une ou deux Inspectrices salariées par département et à quelques frais de réunion de la commission chargée d'examiner les aspirans aux brevets de capacité (*art.* 25 *de la Loi*). Il est probable que 4 ou 5,000 francs par département suffiront pour les frais de cette commission et de ces inspections.

CHAPITRE VII.

APERÇU DES RECETTES DESTINÉES A SUBVENIR AUX DÉPENSES DES SALLES D'ASILE.

114. Les recettes spéciales à l'enseignement primaire sont : 1° la rétribution mensuelle ou prix d'écolage ; 2° les fondations, donations et legs faits avec cette destination ; et 3° les subventions accordées par les Administrations communales, ou départementales, ou nationales.

115. C'est dans ces trois sources que doivent être puisés les moyens d'acquitter la dette sacrée de l'éducation primaire. Mais il faut examiner d'abord quelles sont les ressources de premier ordre, car les communes, les départemens, l'Etat, ne sont obligés que *subsidiairement* aux dépenses des Écoles, selon le vœu de l'art. 13 de la Loi du 28 juin, dont voici les termes : « A DÉFAUT » *de fondations, donations ou legs* qui assurent *un local* » *et un traitement à l'Instituteur communal, le Conseil* » *municipal délibérera* sur les moyens d'y pourvoir.

» *En cas d'insuffisance* des revenus ordinaires, il y sera » pourvu au moyen d'une imposition spéciale, etc. »

§ Ier. *De la rétribution mensuelle où prix d'écolage.*

116. Le premier et le plus naturel de tous les revenus des Écoles, c'est la *rétribution mensuelle.* On appelle ainsi le *prix* ou *émolument* qui doit être payé par les parens pour reconnaître les soins que le Maître ou la Maîtresse d'École prennent dans l'intérêt et pour l'éducation des enfans qui leur sont confiés.

117. Le taux de cette rétribution est fixé par le Conseil municipal (*art.* 14 *de la Loi*).

118. Rien n'empéche que ce taux ne soit fixé de plusieurs degrés. Il est rare que l'indigence des parens soit absolue ; il serait injuste et anti-social d'exempter les familles de payer un prix quelconque pour la pension de leurs enfans, lorsqu'elles peuvent acquitter cette dette. Dût-on faire descendre à 10 centimes par mois le dernier degré de la rétribution mensuelle, il n'est pas de père de famille, eût-il dix enfans en bas âge, qui ne doive s'honorer en faisant l'effort nécessaire pour payer un franc par an aux Instituteurs qui guident les premiers pas, développent les premiers sentimens des enfans qui doivent un jour devenir l'appui de sa vieillesse.

119. Le taux de la rétribution mensuelle étant fixé, la classification pour la proportion du paiement dû par chaque famille étant faite, la Loi ne dit pas si l'Instituteur peut, de lui-même, convenir avec les parens d'un taux moindre que celui fixé par le Conseil municipal, ou recevoir en paiement des équivalens. Il semble, en principe, qu'il doive être laissé libre de recouvrer ou non une créance qui lui appartient ; cependant l'esprit de la Loi est d'interdire tous comptes, et de prévenir toute occasion de discussion entre le Maître et les parens de ses élèves. Il est probable qu'un réglement d'administration publique sera nécessaire pour décider cette question.

120. Ce taux doit être d'une proportion plus ou moins élevée, selon le prix des salaires et l'abondance ou la rareté du signe monétaire dans le pays, et toujours de trois ou quatre degrés au moins, pour atteindre les diverses proportions de fortune des habitans de chaque commune.

121. La Loi du 11 floréal an X (1er mai 1802), qui conférait aussi aux Conseils municipaux, comme la Loi du 28 juin 1833, le droit de déterminer la quotité des rétributions mensuelles (*art.* 1 *et* 2), leur attribuait de même le droit d'exempter de la rétribution ceux des parens que ce même Conseil municipal estimait hors d'état de la payer (*art.* 3 *et* 4). Cette disposition de la Loi du 11 floréal an X a été confirmée par le paragraphe 3 de l'art. 14 de la Loi du 28 juin; c'est encore au Conseil municipal qu'il appartient de prononcer cette exemption en cas d'indigence, mais il n'autorise à la prononcer que dans le cas où les parens des élèves ne pourraient payer *aucune* rétribution.

Ce mot *aucune*, dans la Loi, établit suffisamment qu'il doit y avoir plusieurs degrés de paiement et que l'exemption ne doit être prononcée qu'autant qu'il est bien démontré qu'il y a impossibilité absolue.

122. De ce droit d'exempter résulte à plus forte raison celui de classer les parens redevables dans tel ou tel degré du taux de la rétribution. Les réclamations des parens qui se croiraient taxés trop haut, ou qui prétendraient que d'autres parens n'ont pas été classés proportionnellement à leurs moyens, appartiennent aux Conseils municipaux, qui prononcent administrativement dans leur session annuelle du mois de mai (*Ordonnance du 16 juillet* 1833, art. 1er). Les réclamations sur la confection du rôle, celles en décharge ou en remise, doivent être adressées sur papier timbré à la sous-préfecture, et il est statué soit par le Préfet, soit par le Conseil de préfecture (*Ordonnance du 16 juillet 1833, art. 11*) (1).

123. La Loi du 11 floréal an X décidait (*art.* 4) que l'exemption pour cause d'indigence ne pourrait s'étendre au delà du cinquième des enfans reçus dans les Écoles.

Cette limite avait été fixée pour circonscrire et arrêter les effets de la facilité avec laquelle certains Conseils municipaux auraient pu se laisser entraîner à classer comme indigens la majorité des habitans de leur commune. Il faut conserver cette limite légale comme fixant un maximum salutaire; mais avant tout il faut conclure de cette disposition de la Loi que quatre cinquièmes au moins de la population ont dû, dans tous les temps, être taxés dans une proportion relative à leur position pécuniaire. Cette proportion doit s'étendre aujourd'hui non seulement aux quatre cinquièmes, mais à la presque universalité des pères de famille. En effet, la Loi du 11 floréal an X (1er mai 1802) fut faite sous un Gouvernement qui comptait peu sur l'esprit public, et beaucoup sur l'obéissance. Aujourd'hui, sous le Gouvernement constitutionnel et libre qui a déjà promulgué un si grand nombre de lois pour élever la dignité du citoyen par l'extension des droits politiques, et par la plus large part donnée au pays dans le maniement de toutes les affaires, chacun doit apporter, pour payer la dette de l'instruction primaire, le même empressement qu'il mettrait à la défense de la plus précieuse des libertés, et nul ne doit être déclaré indigent pour ce genre d'impôt, sinon dans le cas d'une carence et d'un dénuement évidens et notoires.

______

(1) On rapportera probablement cet article d'Ordonnance lorsqu'on aura reconnu les inconvéniens d'un recours long et coûteux pour obtenir justice sur de si minces intérêts.

124. L'art. 15 d'une Ordonnance royale du 29 février 1816 a autorisé les communes à traiter à forfait avec les Instituteurs communaux ou non communaux, pour fixer le taux d'un abonnement annuel moyennant lequel tout ou partie des enfans indigens pourraient être admis à l'École : cette disposition peut être considérée comme étant en vigueur, rien dans la Loi de 1833 n'ayant affaibli le principe qui l'a fait admettre. Seulement, l'abonnement d'une commune avec un Instituteur privé doit avoir pour effet nécessaire de convertir l'École privée en École communale, ainsi qu'on l'a expliqué au n° 24 et suivans du chapitre II.

125. Il n'en est pas de même de l'art. 16 de cette Ordonnance, qui autorisait plusieurs familles à s'abonner avec le Maître d'École, pour lui payer une somme moindre de celle qui leur aurait été demandée individuellement. Cette facilité a pu être introduite en 1816, dans un moment où tous les esprits étaient préoccupés de l'abonnement en matière de contributions, et dans l'espérance de faciliter le recouvrement des rétributions mensuelles, dont rien ne garantissait autrefois la rentrée ; mais aujourd'hui ce genre d'abonnement doit être considéré comme abrogé, et ne doit plus être autorisé.

Voici la preuve de cette assertion :

L'art. 14 de la Loi de 1833 ordonne aux Conseils municipaux de régler le taux de la rétribution mensuelle due par chaque chef de famille à l'Instituteur communal.

Ce taux fixé, il y a créance au profit de l'Instituteur et dette de la part de chaque chef de famille.

L'Instituteur peut donner quittance sans avoir reçu, il peut faire remise, il peut disposer de son avoir ; mais ce recouvrement est devenu son affaire privée, et le Conseil municipal n'a pas à s'occuper d'un abonnement dont l'occasion ne peut plus se présenter.

Quand le Conseil municipal règle plusieurs taux de rétribution ; qu'il apprécie la position des chefs de famille et les classe dans les divers degrés de ces taux, il fait tout ce qu'il peut faire, et n'a plus ensuite à s'occuper d'abonnement.

Il en est autrement lorsqu'il traite, au nom de la commune, avec tel ou tel Instituteur, pour obtenir de lui l'admission d'enfans indigens ; c'est alors d'accord avec le Maire, et stipulant l'un comme tuteur, et l'autre comme conseil de famille de la commune réputée en état de minorité perpétuelle, qu'il est transigé sur l'acquit de la dette communale, qui consiste à payer l'éducation des enfans indigens, et ce n'est plus comme arbitre et appréciateur souverain institué par la Loi de 1833, pour régler la quotité de l'émolument dû par chaque famille à l'Instituteur pour prix des leçons données aux enfans.

126. Peut-être dira-t-on que l'abonnement du prix d'écolage entre le Maître et plusieurs parens de ses élèves n'a pas été abrogé en ce qui concerne les intérêts des Maîtres d'Écoles privées (Asiles-Pensions et Asiles particuliers) : voici comment on peut soutenir cette thèse.

La Loi de 1833 n'a pas explicitement abrogé les lois antérieures ; à défaut de cette abrogation explicite, ces lois antérieures conservent vigueur dans tout ce qui n'est pas incompatible avec l'exécution de la Loi nouvelle.

Ce principe admis, les Maîtres d'Écoles privées sont encore sous l'empire de la Loi du 11 floréal an X, et peuvent requérir les Conseils municipaux de déterminer la quotité des contributions dues par les parens pour prix d'écolage.

Quand le taux ou les divers degrés de ce taux du prix d'écolage auront été déterminés par le Conseil municipal, les Maîtres d'Écoles privées n'auront pas le droit d'en faire recouvrer le montant sur un rôle mensuel exécutoire par la voie de contrainte administrative, puisque ce droit tout exceptionnel n'a été introduit qu'en faveur des Instituteurs communaux par l'art. 14 de la Loi de 1833 ; mais ils auront le droit de faire le recouvrement, comme celui de toute autre créance, devant le Juge de Paix en dernier ressort pour toute somme moindre de 100 francs, et devant le Tribunal d'arrondissement en dernier ressort pour toute somme moindre de 1,000 francs.

Si ce droit existe, il peut être utile de laisser aux Administrations communales le soin de *donner acte* aux parens et aux Instituteurs privés (que l'Ordonnance de 1816 appelait Instituteurs volontaires), de leur consentement, les uns de payer pour une ou plusieurs années, les autres de recevoir pendant la même période de temps, un prix d'écolage moindre de celui fixé par les Conseils municipaux. Il n'est pas un Tribunal de canton ou d'arrondissement qui ne doive être disposé à ordonner l'exécution d'une obligation aussi légitime dans son objet, et aussi régulière dans sa forme.

Les partisans de l'opinion contraire diront que les Écoles privées sont sous le régime de la liberté absolue de l'enseignement, à la seule condition d'une déclaration préalable, d'un brevet de capacité et d'un certificat de moralité (*art. 4 de la Loi de* 1833); que toutes autres lois à leur égard sont abolies ; qu'ils fixent de gré à gré le prix d'écolage, et n'ont besoin de l'intervention municipale, ni pour régler le taux de cet émolument, ni pour donner acte des abonnemens qui pourraient être consentis pour son recouvrement..... La jurisprudence fixera ce doute, mais le *Manuel* devait soulever cette question qui aura de l'influence sur la prospérité des Écoles privées à l'égard desquelles le législateur de 1833 s'est montré très bref et très peu favorable, préoccupé qu'il était d'assurer en tout lieu l'enseignement communal, et laissant aux Ecoles libres le soin d'exploiter les avantages de leur liberté.

Il est un autre rapport sous lequel il serait désirable de voir la Loi se prononcer ou la jurisprudence se fixer.

L'article 14 de la Loi du 28 juin donne au Conseil municipal le droit de fixer le taux de la rétribution mensuelle en faveur de l'Instituteur communal ; mais il ne dit pas que cette attribution doive s'étendre à la rétribution de tous autres Instituteurs. La Loi du 11 floréal an X, au contraire, donnait au Conseil municipal, ce droit de fixation envers tous. Si la Loi de floréal an X est abrogée, le prix d'écolage n'est plus fixé légalement que dans l'Ecole communale, et il est laissé au droit commun à l'égard de toutes autres. Cette liberté peut être fatale à tous en permettant l'Ecolage à bas prix : l'enchère de médiocrité pourra s'établir dans toutes les villes et porter le trouble dans l'ordre général de la dispensation de l'instruction. Si donc la Loi de l'an X est abrogée, il faut se hâter de la reproduire dans une nouvelle disposition législative, et si elle n'est pas abrogée, il faut donner des instructions aux Conseils municipaux pour leur faire comprendre comment ils peuvent concourir à la prospérité générale de l'enseignement par l'appréciation raisonnée du prix d'écolage dans toutes les Écoles.

Quant à nous, il nous paraît évident que la Loi de floréal an X n'ayant pas été abrogée explicitement, ses dispositions doivent continuer de s'exécuter, et que les Conseils municipaux ont à la fois le droit de fixer les rétributions mensuelles des Ecoles non communales, et celui de donner acte à l'Instituteur privé et aux familles de leur consentement de s'abonner réciproquement à des conditions autres que celles fixées pour l'ensemble de chaque commune par les délibérations des Conseils municipaux,

127. La question ne serait pas la même pour un Asile d'origine privée (particulier ou Pension), qui aurait accepté une subvention nationale, départementale, ou communale. Cet Etablissement serait devenu, par ce seul fait, public ou communal (*art. 8 de la Loi*), et, à ce titre, son Directeur serait admis à recouvrer par rôle exécutoire (*art.* 14) toutes les rétributions mensuelles qui auraient été réglées par le Conseil municipal pour les familles dont il aurait reçu les enfans.

128. C'est aussi le cas de dire que rien ne s'oppose à ce que les Maîtres d'Écoles communales soient admis à obtenir des parens un émolument plus considérable que ceux fixés par le Conseil municipal; mais ils n'ont pour recouvrement de ce surplus aucune action en justice, la Loi voulant éviter toute discussion judiciaire entre l'Instituteur communal et les parens des élèves, et ayant chargé les Percepteurs communaux de faire ce recouvrement, et la commune d'en payer les frais indispensables sans aucune remise au profit des agens de la perception (*art.* 14, § 2).

129. La rétribution mensuelle est due à l'Instituteur communal en sus de son traitement fixe et de la concession de son logement; mais il n'est admis à demander à la commune aucune subvention pour recevoir les enfans indigens; il est au contraire obligé de recevoir tous les élèves que les Conseils municipaux ont désignés comme ne pouvant payer aucune rétribution (*Ibid.*, § 3, *art.* 14).

130. Lorsque l'École privée devient communale par la concession d'une subvention, cette concession doit être précédée d'une convention passée entre le Maire et l'Instituteur, sauf ratification par le Conseil municipal, le Préfet et le Ministre de l'Instruction publique; elle ne peut s'exécuter qu'après cette approbation. L'acte provisoire de cette concession doit expressément stipuler si la subvention est destinée à tenir lieu de tout ou de portion soit du logement, soit du traitement fixe auxquels ont droit les Instituteurs communaux ; elle doit aussi exprimer positivement si, au moyen de cette subvention, l'Instituteur doit recevoir tout ou partie des enfans indigens ; mais, dans tous les cas, l'Instituteur communal, ou devenu tel, a droit au paiement de la rétribution mensuelle de ses élèves, conformément à l'art. 14 de la Loi.

131. Lorsqu'il n'est pas payé de cette rétribution par les parens des élèves, il dresse un état *mensuel* du débet, le certifie et le remet au Maire : le Maire le vise, s'il le reconnaît exact, et le remet au Percepteur des contributions de la commune ; lorsqu'il a été revêtu de la signature du Sous-Préfet, signature nécessaire à son exécution, le Percepteur assure la rentrée de ce débet mensuel en même temps qu'il perçoit les douzièmes des contributions directes.

La Loi ne veut pas que l'Instituteur ait rien à réclamer des parens de ses élèves ; il n'a d'autre démarche à faire que de requérir le visa du Maire et du Sous-Préfet sur les états mensuels qu'il dresse et certifie lui-même (*art. 14 de la Loi*).

On verra dans le chapitre huitième ce qu'on peut espérer de la rétribution mensuelle pour la prospérité des Écoles élémentaires.

§ II. *Des fondations, dons et legs.*

132 Les communes et les Établissemens constitués par Ordonnance royale comme habiles à posséder sont seuls autorisés à recevoir des donations et legs avec charge de fondation temporaire ou perpétuelle.

133. Il résulte de ce principe qu'un Asile-Pension et un Asile particulier ne peuvent pas de plein droit, et par la seule raison qu'ils existent, recevoir ni accepter de fondation ou donation à titre perpétuel; ils sont des propriétés particulières et dépendent privativement des Maîtres brévetés qui les dirigent, et des particuliers qui aident à leur entretien.

Lorsqu'on veut donner une durée perpétuelle à ces Établissemens, il faut les faire reconnaître par Ordonnance royale à titre d'Établissemens d'utilité publique. Cette Ordonnance est rarement refusée lorsqu'on aperçoit quelque solidité dans les moyens d'entretien à perpétuité. Ces moyens sont discutés par l'Administration préfectorale, par un Comité du Conseil d'État et par le Ministre de l'Instruction publique.

134. Lorsqu'un bienfaiteur, au lieu de solliciter la création d'un Établissement spécial par l'Autorité publique, adresse ses libéralités aux Administrations d'Hospices et de bienfaisance, qui sont des sections spéciales des communes, ces libéralités viennent accroître les fonds de subvention, et affranchissent d'autant la Caisse (*art.* 13 *de la Loi;* n° 115 du *Manuel*). Lorsque ces libéralités sont faites avec des destinations explicites et spéciales, les intentions de ces fondateurs doivent être religieusement exécutées, en outre des services communaux, et sans y préjudicier.

135. Il faut encore classer au nombre des donations les souscriptions volontaires offertes par les particuliers. Lorsqu'elles sont réalisées par avance ou qu'elles résultent d'engagemens contractés par écrit, elles peuvent figurer au rang des recettes ordinaires; lorsqu'elles sont éventuellement recueillies, comme dans une quête, elles ne peuvent être classées que parmi les recettes extraordinaires. Il est important

que le budget de chaque École repose sur des recettes fixes,
qui permettent d'aviser annuellement, comme pour les communes, à l'ensemble de leur régime, et l'on ne peut contester que la plus grande partie de ces recettes ne doive
provenir des subventions communales, départementales et
nationales, dont il est temps de s'occuper.

§ III. *Des subventions.*

156. L'art. 13, § 2 de la Loi du 28 juin 1833, s'exprime ainsi :

« En cas d'insuffisance des revenus ordinaires (commu-
» naux) pour l'établissement des Écoles primaires commu-
» nales élémentaires et supérieures, il y sera pourvu au
» moyen d'une imposition spéciale votée par le Conseil
» municipal, ou, à défaut du vote de ce Conseil, établie par
» Ordonnance royale : cette imposition, qui devra être au-
» torisée chaque année par la Loi des finances, ne pourra
» excéder 3 centimes additionnels au principal des contri-
» butions foncière, personnelle et mobilière. Lorsque
» des communes n'auront pu, soit isolément, soit par la
» réunion de plusieurs d'entre elles, procurer un local et
» assurer le traitement au moyen de cette contribution de
» 3 centimes, il sera *pourvu aux dépenses reconnues né-*
» *cessaires à l'instruction primaire,* et, en cas d'insuffi-
» sance des fonds départementaux, par une imposition
» spéciale votée par le Conseil général du département,
» ou, à défaut du vote de ce Conseil, établie par Ordon-
» nance royale : cette imposition, qui devra être autorisée
» chaque année par la Loi de finances, ne pourra excéder
» 2 centimes additionnels au principal des contributions
» foncière, personnelle et mobilière.
» **Si** les *centimes ainsi imposés aux communes et aux*

» *départemens ne suffisent pas aux besoins de l'instruction*
» *primaire,* le Ministre de l'Instruction publique y pour-
» voira au moyen d'une *subvention* prélevée sur le cré-
» dit qui sera porté annuellement pour l'instruction pri-
» maire *au budget de l'État.*

» Chaque année, il sera annexé à la proposition de bud-
» get un rapport détaillé sur l'emploi des fonds alloués
» pour l'année précédente. »

Cet article démontre, de la manière la plus incontestable,
ce qui a été dit plus haut (dans l'Introduction et dans le
chap. V) sur la volonté formelle où est le législateur de pourvoir à toutes les dépenses reconnues nécessaires à l'instruction primaire par trois ordres de subventions, subsidiaires
les unes aux autres, et à l'insuffisance desquelles, en dernière analyse, le budget de l'État est engagé à suppléer.

Cette disposition législative est la clef du succès de l'instruction primaire ; mais elle oblige les Administrations de
tous les degrés à une scrupuleuse attention sur la nécessité de faire valoir en recette et d'appliquer en dépense
toutes les ressources communales et départementales, avant
de recourir aux subventions nationales dont la quotité
sera, chaque année, contrôlée par la chambre de l'impôt et
par les deux autres branches du pouvoir législatif.

On essaiera de préciser quelques règles et d'émettre
quelques idées sur l'application de ces ressources aux dépenses, et notamment sur l'ordre dans lequel doit être
faite cette application : ce sera l'objet du chapitre suivant.

CHAPITRE VIII.

BUDGET DE L'INSTRUCTION PRIMAIRE DANS LES COMMUNES.

157. La première recette à évaluer en toute commune doit être celle de la rétribution mensuelle. En théorie, elle devrait suffire à toutes les dépenses, car l'instruction donnée devrait être l'équivalent de l'émolument qui y est attaché, et si cet émolument pouvait être recueilli en proportion de l'utilité produite pour l'élève, ou seulement dans une proportion raisonnable, comme il l'est dans toutes les Pensions et Colléges, l'instruction primaire se paierait d'elle-même.

En fait, il n'en peut pas être ainsi. Dès qu'une famille possède quelque aisance, elle aspire à placer ses enfans dans de plus hautes Écoles; elle fuit l'École primaire, et, il faut le dire, la plupart des communes ont été si mal pourvues depuis long-temps sous ce rapport, que le dédain n'a rien de surprenant. C'est donc pour payer l'éducation du pauvre ou des familles peu aisées que les Écoles primaires ont été fondées jusqu'à ce jour.

Un meilleur choix des Maîtres, choix facile à faire dès que leur sort sera assuré, une plus grande latitude accordée par la Loi de 1833 à l'objet de l'instruction primaire (*art.* 1er), l'heureuse innovation des Écoles primaires supérieures; toutes ces causes réunies contribueront à retenir dans les Écoles primaires un plus grand nombre d'élèves appartenant à des familles plus favorisées de la fortune, et la recette des rétributions mensuelles s'améliorera d'autant.

La rétribution, s'applique naturellement au traitement du Maître : elle est le fruit légitime de son travail personnel.

138. Après la rétribution, se présentent comme ressources les fondations, donations et legs; l'emploi de ces ressources doit toujours se faire conformément à la destination ordonnée par les fondateurs et bienfaiteurs.

139. Viennent ensuite les subventions : elles procèdent de la commune, du département ou de l'État : il faut examiner dans quel ordre elles doivent être appliquées aux dépenses.

D'abord, quant aux subventions communales, elles peuvent procéder de trois natures de biens et revenus, soumis à des législations et à des Administrations différentes, savoir : 1° les revenus municipaux proprement dits; 2° les revenus d'hospice; 3° les revenus de secours à domicile.

140. Les revenus municipaux, qui portent ce nom en droit, sont notamment :

1°. Les loyers de propriétés urbaines. . . ⎫
2°. Les loyers et fruits de propriétés rurales. ⎬ possédés au nom d'une commune;
3°. Les rentes sur l'Etat ou sur particuliers. ⎭

4°. Les droits d'octroi;

5°. Les droits de location de halles et marchés;

6°. Les droits des régies autorisées par les Lois et Ordonnances au profit des communes;

7°. Un prélèvement sur les contributions directes;

8°. Les contributions extraordinaires, autorisées sur la demande des communes;

9°. Les subventions des départemens et de l'État dans les cas autorisés légalement.

141. Les revenus d'hospice sont notamment les loyers d'immeubles et les arrérages de rentes possédés au nom d'un hospice, et les subventions.

142. Les revenus spéciaux des secours à domicile sont, indépendamment des immeubles, rentes et autres revenus annuels, quand il en existe :

Le dixième du prix d'entrée de tous les spectacles, bals, concerts, et autres divertissemens publics non gratuits;

Les souscriptions volontaires et les quêtes ;

Les dons et legs faits aux pauvres de la commune, sans autre expression de destination;

Les condamnations judiciaires au profit des pauvres, et autres attributions générales à la population indigente.

143. Ces diverses spécialités sont placées sous des Administrations différentes; elles doivent être, selon leur nature, applicables successivement, et subsidiairement les unes aux autres, à divers genres de dépenses communales. Voyons comment ces natures diverses de biens et de revenus pourront s'appliquer aux dépenses des Écoles.

144. Le domaine communal et la perception de ses revenus sont administrés par le Maire, sous le contrôle du Conseil municipal et avec l'assistance du Receveur ou Percepteur communal (*Loi du 20 août 1790*).

145. Le domaine des Hospices est administré par une Commission administrative spéciale, présidée de droit par le Maire, assisté d'un Receveur particulier, et sous l'empire de lois spéciales (*Loi du 16 vendémiaire an V*).

146. Le domaine des secours à domicile est administré par un Bureau de bienfaisance dont le Maire est aussi président : il est également régi par des lois spéciales, et réunit ses ressources dans la caisse d'un Trésorier particulier (*Loi du 17 frimaire an V, Ordonnances royales du 2 juillet 1816, du 31 octobre 1821 et du 29 avril 1831.*)

147. De ces trois dotations, la dernière est applicable en premier ordre aux dépenses des Écoles, et la raison de ce privilége s'explique naturellement. On a dit tout à l'heure que la rétribution mensuelle était le prix imposé aux familles ayant des ressources suffisantes pour l'acquitter ; le surplus de la dépense de l'École est donc l'acquit d'une dette envers le pauvre. C'est pour faire admettre le pauvre, c'est pour suppléer à l'insuffisance des fortunes privées, que sont accordées les subventions des Administrations publiques, et par conséquent il est naturel que les deniers destinés au soulagement de l'infortune soient affectés dans une certaine proportion à l'éducation de l'enfance indigente.

148. Cette subvention sur les fonds de la charité publique peut s'obtenir en faveur des Écoles, soit par délibération des Bureaux de bienfaisance, soit par décisions d'Autorités supérieures.

Elle s'accorde par le Bureau de bienfaisance quand la dépense proposée doit s'imputer sur des fondations, dons et legs faits en faveur de l'éducation des pauvres ; elle s'accorde encore par les mêmes Bureaux quand la dépense est imputable sur les revenus affectés à l'indigence en général. Dans le premier cas, on ne fait qu'exécuter la loi de chaque fondation ; dans le second, les Membres des Bureaux de bienfaisance deviennent arbitres du mode d'application et peuvent voter l'emploi de la manière qui leur paraît préférable. Lors donc qu'on leur demande d'appliquer à l'utilité des Écoles et Salles d'Asile des fonds de donations et legs, ils doivent examiner si cette destination leur est permise par les titres de fondation. Lorsqu'au contraire on leur demande cette application sur les fonds des pauvres en général, rien ne limite l'effet du vote qu'ils doivent émettre.

Ces subventions s'accordent encore par décisions d'Autorités supérieures, lorsque le Bureau de bienfaisance reçoit une subvention communale; alors, le Préfet ou le Ministre, régulateurs du budget de la commune, peuvent, sur la proposition et délibération du Conseil municipal, diviser la subvention de bienfaisance en deux parties, et en affecter une portion au service des Écoles.

On a expliqué longuement (*chapitre IV*) les motifs qui doivent décider les Bureaux de bienfaisance et les Conseils municipaux à diminuer les dépenses du rôle des indigens, et à favoriser la création des Écoles et surtout des Salles d'Asile : il est inutile de revenir sur ce sujet. Il faut cependant faire encore une fois remarquer que les Salles d'Asile participent beaucoup plus de la nature des Établissemens de bienfaisance que les autres Écoles, en ce qu'on y donne plus de soins bienveillans que d'instruction, et que, par conséquent, si les Comités de bienfaisance et les Conseils municipaux sont d'avis d'appliquer les fonds de secours aux Écoles, la part des Salles d'Asile doit être la plus grande sur cette nature de fonds.

Il y a une autre espèce de revenu qui appartient aux Bureaux de bienfaisance, et qui peut tourner entièrement à la destination des Salles d'Asile : ce sont les quêtes, souscriptions, prix de divertissemens, etc., faits dans l'intention de soulager l'indigence. Ces produits de la bienfaisance publique participent de la nature des donations;

mais comme ils ne proviennent d'aucun contrat et résultent d'un simple versement d'aumônes, ils sont la propriété des pauvres, et sont administrés par les Bureaux de bienfaisance à la seule condition d'observer les intentions des personnes qui ont provoqué ce genre de recettes et qui ont aidé à les recueillir.

Les dernières années ont offert l'exemple de bals de société par billets au profit des pauvres, qui ont apporté des ressources à l'indigence. Il est heureux de pouvoir, en une partie de plaisir, subvenir aux premières nécessités d'une jeune population qui demande l'éducation, et qui a tant de droits à l'obtenir, non seulement de l'Administration publique, mais de la bienfaisance des particuliers.

149. Lorsque la rétribution mensuelle, les fondations, dons et legs en faveur des Écoles, et les subventions sur les fonds de bienfaisance ne peuvent suffire, il faut encore s'adresser aux Administrations d'Hospices quand il en existe dans la commune.

Les Hospices sont, en général, fondés pour des destinations spéciales, telles que le soin des malades ou celui des vieillards, et on ne peut rien détourner de ces destinations pour assurer le service des Écoles. Mais ces Etablissemens sont presque tous propriétaires d'immeubles, et peuvent affecter pour de très longs termes, et à de très favorables conditions, la jouissance de locaux précieux pour fournir aux Maîtres d'École leurs logemens, classes et préaux. C'est notamment sous ce rapport que les fondateurs d'Écoles devront s'adresser aux Administrations hospitalières, qui sont aussi chargées de régir une portion du patrimoine des pauvres, et qui doivent être considérées comme débitrices des Écoles, et surtout des Asiles, dans un ordre plus immédiat que les communes.

150. Si après avoir obtenu quelques subventions des Hospices, l'École n'est pas encore suffisamment dotée, il faut avoir recours à la subvention communale.

Tous les revenus d'une commune, excepté ceux qui lui ont été donnés sous des conditions spéciales autres que l'enseignement de l'enfance, peuvent être employés et affectés à la dépense des Écoles qui, surtout, depuis la Loi de 1833, doit être mise au nombre des charges communales.

Les octrois sont toutefois, parmi les revenus, ceux qui sont le plus naturellement affectés à cette dépense, parce que la Loi de leur institution est de suppléer aux autres revenus communaux en cas d'insuffisance des ressources destinées aux Établissemens de bienfaisance, ainsi qu'on peut s'en assurer par la lecture des Lois institutives de ce genre d'impôt, qui fut d'abord créé sous le titre d'octroi municipal et de bienfaisance (*Lois de l'an VIII*).

Si la dépense des Écoles peut être assise sur les recettes ordinaires des communes en y comprenant les droits d'octroi, il suffit de voter cette dépense comme toutes les autres qui font partie des budgets communaux.

Si les revenus ordinaires sont insuffisans, la Loi de 1833 autorise à voter une contribution spéciale de 3 centimes additionnels au principal des contributions foncière, mobilière et personnelle, dont le montant doit aussi figurer dans les budgets communaux et être sujet à toutes les règles de la comptabilité communale (*Ordonnance royale du 16 juillet 1833, art. 12*).

C'est là que finit l'étendue de la subvention communale. Lorsque les fondateurs d'Écoles se sont successivement adressés aux Comités de bienfaisance, Commissions d'hospices, Maires et Conseils municipaux ; lorsqu'ils ont établi, devant toutes ces Administrations, l'insuffisance de la rétribution mensuelle et des fondations, dons et legs spéciaux pour fournir local et traitement à l'Instituteur communal, ou subvention suffisante à l'Instituteur privé, ils ont épuisé toutes les ressources de la localité et ne peuvent plus faire autre chose que d'exposer clairement la nécessité des dépenses auxquelles ils se livrent dans l'intérêt de l'éducation des enfans de chaque commune. Il appartient aux Préfets et au Ministre de l'Instruction publique de donner de la vie et du mouvement à leurs projets, ainsi qu'on va le voir.

151. C'est aux Préfets qu'est dévolu le soin de calculer quelle est la portion de la dépense des Écoles qui pourra être supportée par les communes, et celle qui pourra être mise à la charge du département dans chaque localité. On peut affirmer que dans presque tous les départemens, les ressources communales et départementales seront insuffisantes, et cette circonstance fera naître pour la répartition des unes et des autres des questions très délicates.

Les hommes généreux qui s'occuperont de la fondation des Écoles s'arrêteraient peut-être dans l'élan de leur bonne volonté s'ils découvraient tout d'un coup, et sans les avoir prévus, les retards et les embarras qui résulteront inévitablement de cette position : il est donc nécessaire d'en indiquer la prévision, et de les inviter à soutenir leur zèle avec persévérance.

On prendra pour base approximative des calculs à faire le département du Loiret, non seulement parce qu'il est, sous tous les rapports, de proportion à peu près moyenne, mais encore à cause de la précision des renseignemens récemment fournis par l'habile Administrateur qui le dirige, dans une brochure sur l'unité administrative, insérée au *Moniteur* (1).

---

(1) 18 avril 1833 et jours suivans.

Il y a dans ce département trois cent quarante-huit communes,

Sur ce nombre, trois cent douze ont moins de mille cinq cents ames ; une est habitée par plus de six mille ames ; trente-cinq sont habitées par un nombre intermédiaire de quinze cents à six mille.

Le revenu total des trois cent quarante-huit communes s'élève à 8o3,ooo fr., sur lesquels 662,4oo fr. 44 c. appartiennent à sept communes : Orléans, Baugency, Meung, Neuville, Pithiviers, Montargis, Gien.

Sur les 3i2 communes au dessous de 1,5oo ames,

43 n'ont pas 100 francs de revenu annuel,
106   —   200
77   —   3oo
33   —   4oo
20   —   5oo
33 ont plus de 5oo francs de revenu annuel,

———————

3i2

Voilà donc les sept huitièmes des communes n'ayant pas le moyen de dépenser les 2oo francs nécessaires pour le traitement de l'Instituteur communal, et encore moins capables de former plusieurs genres d'Établissemens communaux, à moins que la subvention nationale n'arrive à l'aide des communes dans une proportion très élevée.

En vain espérera-t-on trouver des ressources suffisantes dans la contribution extraordinaire communale et dans la contribution extraordinaire départementale autorisées par l'art. 13 de la Loi de 1833. Les départemens de moyenne importance ne paient que 1,5oo,ooo fr. d'impôt foncier ; certains départemens, les Landes, par exemple, ne paient que 7oo,ooo fr. ; la Corrèze, 6oo,ooo ; la Seine ne paie que 6 à 7,ooo,ooo fr. En prenant la moyenne de 1,5oo,ooo fr., qui est applicable au département du Loiret, les trois centimes communaux et les deux centimes départementaux ne feront qu'un vingtième en sus de la contribution, ou 75,000 fr., qui, répartis entre trois cents communes, ne donnent que 250 francs pour chacune. Les départemens riches pourront atteindre la balance des recettes et dépenses ordinaires annuelles; les départemens moyens n'y atteindront pas en tout lieu; les départemens au dessous de la proportion moyenne auront tous besoin d'invoquer, même habituellement, l'assistance du Trésor public pour leurs dépenses locales.

Quant aux dépenses de premier établissement soit par location, soit par construction, elles tomberont inévitablement ou à la charge de l'État, ou à celle des particuliers qui voudront supporter tout ou partie des frais de ces dépenses extraordinaires; dans toutes les communes où les localités ne sont pas disposées d'une manière convenable (1). Honneur aux fondateurs qui sentiront assez profondément l'avantage qu'ils procureront à leur pays pour faire des sacrifices de nature à avancer les résultats! Honneur à l'Administration assez habile pour ne pas laisser les communes se jeter légèrement dans des dépenses de constructions qui, pour la plupart, seraient mal faites, tandis qu'avec une première location, du temps et de l'expérience, la France pourrait en quelques années, par suite de quelques tournées d'inspection faites par des personnes intelligentes et exercées, voir s'élever des Écoles dont la disposition ne laisserait rien à désirer (2)!

---

(1) Une Ordonnance royale du 16 juillet 1833 (*art.* 14 *et* 15) prescrit l'envoi au Ministre de l'Instruction publique de l'état général du revenu des communes, et du tableau de celles qui ne sont pas pourvues d'Ecoles.

(2) L'art. 3 de l'Ordonnance du 16 juillet 1833 permet de penser que le Ministère de l'Instruction publique entrera dans cette voie.

Lorsque les Préfets auront attentivement contrôlé les propositions de locations, de constructions, et enfin d'organisation des Écoles; lorsqu'ils auront scrupuleusement fait valoir dans les budgets soumis à leur approbation toutes les ressources applicables à l'éducation primaire; lorsqu'ils auront recueilli les votes d'impositions spéciales, départementales, communales (3 centimes et 2 centimes), ils auront fait tout ce que la Loi du 28 juin 1833 et l'Ordonnance royale du 16 juillet demandent de leur concours; au Ministre resteront le droit et le devoir de motiver les importantes allocations qu'il devra chaque année demander aux Chambres.

On s'abstiendra de donner des conseils aux dépositaires de l'autorité du Gouvernement, surtout dans une matière subordonnée à l'éventualité du vote des Chambres législatives; mais les chapitres qui précèdent feront suffisamment apercevoir que l'organisation de toutes les Écoles des petites communes ne pourra avoir lieu si la subvention nationale n'y pourvoit, et que par conséquent du Ministre de l'Instruction publique et de la législature dépendra l'existence ou l'annulation de plus des trois quarts des Écoles de France, quels que soient leur nature, leur espèce et leur degré.

CHAPITRE IX.

DES FORMALITÉS PRÉALABLES A L'EXERCICE DE LA PROFESSION D'INSTITUTEUR PRIMAIRE.—COMMISSIONS D'EXAMEN. — ÉCOLES NORMALES.

§ Ier. *Formalités préalables.*

152. Après avoir dit ce que c'est qu'une École du premier âge ou Salle d'Asile, après avoir examiné ses effets et pourvu à ses dépenses, il convient d'indiquer les caractères auxquels on doit reconnaître le Maître autorisé à exercer et celui qui ne l'est pas : car les fondateurs ne pourraient, sans dommage pour le succès de leur fondation, se méprendre à cet égard.

153. La profession de Maître d'École a reçu de la Charte de 1830 et de la Loi du 28 juin 1833 un affranchissement notable dont on ne peut trop s'applaudir. Voici le résumé des tribulations auxquelles était sujet le candidat qui aspirait à cette profession avant la Loi nouvelle : il est extrait d'un rapport fait en 1829 par l'auteur du présent *Manuel* sur la nécessité de changer la législation alors en vigueur.

« Toute personne qui se destine à l'instruction primaire » doit d'abord obtenir un brevet de capacité (*Ordonnance* » *du 19 février* 1816).

» Pour obtenir ce brevet, il faut un certificat de bonne » conduite délivré par un Maire, un certificat d'instruc-

» tion religieuse délivré au chef-lieu du diocèse ou du
» consistoire auquel .appartient le candidat qui se pré-
» sente, et répondre d'une manière satisfaisante à l'exa-
» men d'un Inspecteur d'Académie, ou autre délégué de
» l'Université. Les brevets sont délivrés par le Recteur.

» L'Instituteur breveté doit, en outre, obtenir une au-
» torisation spéciale du Recteur, pour exercer en tel ou
» tel lieu déterminé (*art. 13, Ordonnance de 1816, et 11*
» *de l'Ordonnance de 1828*).

» Pour obtenir cette autorisation, il lui faut l'agrément
» du Comité cantonnal et un arrêté du Recteur : nouveau
» voyage au chef-lieu de canton, séjour pour répondre
» aux informations et satisfaire à toutes les questions de
» messieurs du Comité; de plus attendre, et souvent long-
» temps, l'arrêté de M. le Recteur, et quelquefois recom-
» mencer le voyage au domicile très éloigné de ce fonc-
» tionnaire pour presser sa décision.

» Ajoutons que si l'Instituteur veut déménager et passer
» d'une commune à une autre, c'est à dire quelquefois
» changer de 100 toises de rayon le lieu de sa résidence,
» il lui faut recommencer ses démarches, et obtenir une
» *nouvelle autorisation d'exercer dans un lieu déterminé*
» (*Ordonnance d'avril 1828*, art. 15); il doit, en outre,
» obtenir un *exeat* de la commune dont il sort (*Arrêté*
» *du Conseil d'instruction publique du 12 décembre 1820*).
» Il ne peut pas même changer de demeure dans la même
» commune sans l'autorisation du Recteur, à peine d'être
» poursuivi, comme Instituteur clandestin, devant les Tri-
» bunaux correctionnels (*Ordonnance de 1828*, art. 15;
» *Décret du 15 novembre 1811*, art. 56).

» Une fois condamné comme *clandestin*, il ne peut plus
» être Instituteur dans les autres communes de l'arron-
» dissement : le voilà donc privé de son état, obligé à
» quitter le lieu de son domicile ordinaire, et peut-être de

» s'éloigner de ses affections légitimes et de perdre les
» protections les plus naturellement acquises.

» Lorsqu'il a obtenu cette autorisation d'exercer dans
» un lieu, et qu'il y arrive, il faut savoir s'il rem-
» place un ancien Maître démissionnaire ou s'il vient
» fonder une nouvelle École ; il lui faut encore un *agré-*
» *ment* du Comité cantonnal et une décision du Recteur :
» nouveau voyage, nouveau délai, nouvelles épreuves et
» informations (*Ordonnance du 19 février 1816, art. 24*).

» Il faut que ces ordonnances soient transcrites au se-
» crétariat de la Mairie de la résidence. (*Circulaire du*
» *17 octobre 1828*).

» S'il veut, dans son École, prendre des pensionnaires,
» il lui faut une autorisation du *Conseil royal d'instruc-*
» *tion publique* (*art.* 12 , *Ordonnance d'avril* 1828), et
» sa demande passe par toute la filière de la Mairie, du
» Comité cantonnal, du Rectorat, du Conseil royal, et du
» Ministre qui en est le président.

» S'il reçoit des enfans appartenant à des parens de dif-
» férens cultes, survient la nécessité d'une autre décision
» du Conseil royal d'instruction publique à obtenir de
» Paris par toute la hiérarchie que nous venons d'indi-
» quer (*art.* 13 *de l'Ordonnance de* 1828).

» Les garçons et les filles ne peuvent pas recevoir l'en-
» seignement dans la même École (*Ordonnance de* 1816,
» *art.* 33).

» Il faut que le Maire et le Curé soient d'accord pour
» présenter un Instituteur communal à l'agrément du Rec-
» teur (*Ordonnance de* 1816, *art.* 20) ; s'ils sont d'un
» avis différent, c'est le Comité du canton, et le Recteur,
» en dernière analyse, qui départagent : ainsi, c'est à 20
» ou 3o lieues de la commune que se décide l'oppor-
» tunité du choix d'un Maître (*art.* 21 *de la même Or-*
» *donnance*).

» Si un bienfaiteur veut fonder une École dans une
» commune et l'entretenir pendant une, deux, trois ou
» quatre années, on ne peut accepter ses offres; il faut
» qu'il contracte, par acte authentique, l'obligation de
» l'entretenir pendant cinq ans (*Ordonnance de* 1816,
» *art.* 18; *Ordonnance du* 2 *août* 1820, *art.* 16) : ainsi,
» dans l'état de pauvreté où se trouvent les communes,
» il n'est pas possible de leur faire du bien pour une an-
» née, sans prendre l'engagement de répéter le même
» sacrifice pendant cinq années.

» Enfin le brevet, si difficile à obtenir et à conserver,
» peut être retiré, pour motif grave, au provisoire par le
» Comité, et, en cas de recours, par le Conseil acadé-
» mique (autre juridiction), et, en cas d'appel, par le
» Conseil royal d'instruction publique, ou le Ministre
» (*Ordonnance d'avril* 1820, *art.* 17, 18, 19) : procès à
» suivre sur toute la surface de la France.

» Telle est l'analyse des obligations imposées aux fon-
» dateurs et aux Instituteurs d'Écoles primaires par les ré-
» glemens qui s'exécutent en France depuis treize ans
» (1829). »

154. Au lieu de ce dédale de formalités, tout individu, âgé de dix-huit ans accomplis, peut exercer la profession d'Instituteur, à la seule condition de déclarer cette
intention au Maire d'une commune, et de lui exhiber un
brevet de capacité obtenu, après examen, *selon le degré* de
l'École qu'il veut établir, et un certificat de moralité par
un Maire et trois Conseillers municipaux des communes
où il a résidé depuis trois ans (*art.* 4 *de la Loi*).

155. Aussitôt déclaration faite au Maire, il transmet
au Recteur et au Comité d'arrondissement la déclaration

et la copie des brevets et certificats. (*Ordonnance du 16 juillet* 1833, *art.* 16).

Faute de faire cette déclaration, l'Instituteur s'expose à voir fermer son École et à être poursuivi correctionnellement (*art.* 6 *de la Loi*). C'est là que se borne tout le préalable de la profession de Maître d'École privée en ce qui touche le droit d'enseigner.

Sous le rapport de la police municipale, il est obligé d'indiquer au Maire quel est le local dans lequel il se propose d'exercer sa profession, et le Maire peut lui imposer des conditions sous le rapport de la salubrité ou des dangers pour la santé et la vie des enfans (*Ordonnance royale du* 16 *juillet* 1833, *art.* 18).

L'ordre social ne lui demande d'autre garantie que ce brevet de capacité, ce certificat de moralité, et cette réception du local par l'Autorité municipale. On verra tout à l'heure sous quelle surveillance il peut user de cette liberté, et à quelles peines il s'expose quand il en abuse.

156. Le Maître, ainsi autorisé, peut ouvrir un Asile-Pension, ou être choisi par un particulier ou association de particuliers, pour diriger une Salle d'Asile particulière.

157. Tous les Instituteurs publics ou privés de tous les degrés sont inspectés dans l'exercice de leur profession par deux ordres de Comités : le Comité local de surveillance, composé du Maire, du Curé, *et d'un ou plusieurs habitans notables* désignés par le Comité d'arrondissement (*art.* 17 *de la Loi*), et d'un Comité d'arrondissement qui inspecte ou fait inspecter les Écoles de son ressort (*art.* 22), et peut, selon les cas, réprimander, suspendre l'Instituteur, et même révoquer l'Instituteur communal (*art.* 23).

158. Toutefois l'Instituteur privé ou public, communal ou non communal, révoqué ou non révoqué, ne peut être déchu et interdit du droit d'enseigner que par jugement des Tribunaux de première instance et d'appel (*art.* 7 *de la Loi*).

159. Toutes ces dispositions sont communes aux Directeurs d'Asile; néanmoins l'exécution de la loi ne deviendra complète à leur égard qu'après l'adoption de quelques dispositions réglementaires qui vont être indiquées dans les articles suivans.

§ II. *Commissions d'examen.*

160. La loi (*art.* 25) n'a pas dit si les Commissions d'examen seraient composées d'hommes et de femmes désignés par le Ministre de l'Instruction publique.

On a vu (*chapitres V et VI du Manuel*) que le défaut de population et de ressources obligeait à faire des Ecoles communes aux deux sexes dans le plus grand nombre des localités; il paraîtrait donc naturel que les intérêts, les droits et les convenances de ces deux sexes fussent représentés dans les Commissions d'examen et dans celle d'inspection.

Il est même probable que la majorité des Écoles rurales seront dirigées par des femmes, car s'il faut absolument que les deux sexes soient élevés par une même personne, il est infiniment préférable pour l'éducation élémentaire que les jeunes garçons soient enseignés par une femme, plutôt que de voir les jeunes filles enseignées par un homme, tel respectable qu'il puisse être.

D'un autre côté, même pour les Écoles spéciales de jeunes filles, il n'est pas inutile que les Commissions d'examen, qui vérifient l'instruction des Maîtresses aspirantes, soient fortifiées par la présence d'hommes instruits et de professeurs-émérites, s'il en existe dans la localité.

Quelle que soit la décision du Gouvernement sur cette importante question, on peut dire qu'elle est d'avance résolue pour les Salles d'Asile ; car habituellement on ne séparera pas les enfans dans un si bas âge; il sera toujours nécessaire de les entourer de soins maternels, et quelquefois (notamment dans les Écoles nombreuses) de les placer sous la direction d'un Maître.

161. Rappelons ici les termes de l'article 25 de la Loi, et disons comment il doit être exécuté à l'égard des Salles d'Asile.

« Il y aura dans chaque département *une* ou *plusieurs*
» *Commissions chargées* d'examiner *tous les aspirans aux*
» *brevets de capacité,* soit pour l'instruction primaire élé-
» mentaire, soit pour l'instruction primaire supérieure, et
» qui délivreront ces brevets sous l'autorité du Ministre;
» ces Commissions seront également chargées de faire les
» *examens d'entrée et de sortie des élèves de l'École nor-*
» *male primaire.*

» Les membres de ces Commissions seront nommés par
» le Ministre de l'Instruction publique.

» Les examens auront lieu publiquement à des époques
» déterminées par le Ministre de l'Instruction publique.»

La Loi veut d'abord qu'il y ait plusieurs Commissions : il doit être entendu qu'elles ne fonctionneront pas toutes pour les mêmes spécialités. On en peut faire pour les Écoles supérieures et d'autres pour les Écoles de plus bas degrés; on en peut créer pour les Ecoles de garçons et d'autres pour les Écoles de filles, ou même pour les Écoles d'enfans du premier âge.

Il faut, à la vérité, que les membres de ces Commissions soient nommés par le Ministre de l'Instruction publique; mais il n'est pas défendu de faire porter ce choix sur des femmes d'une éducation solide et distinguée.

Puisque l'Autorité publique n'a pas encore décidé quelle serait cette organisation, il est convenable de lui adresser des vœux pour que dans chaque chef-lieu de département il y ait des Commissions mixtes où des dames seraient admises comme auxiliaires pour s'assurer de la moralité, de l'instruction et des talens spéciaux de toutes les personnes qui se destineraient à l'éducation de l'enfance ou de l'adolescence.

Ce seraient ces Commissions mixtes qui délivreraient, au nom du Ministre, les brevets de capacité après examen public selon la Loi.

Ces examens, pour les aspirans à la direction des Salles d'Asile, consisteraient, indépendamment des interrogations qui pourraient être adressées aux candidats dans des séances publiques, en une suite d'exercices également publics dans une École-modèle départementale ou communale.

162. Il est convenable que les épreuves publiques préalables à la délivrance des brevets aient lieu en présence de mères de famille, et avec le concours d'Inspecteurs exercés dans la méthode d'enseignement de la Salle d'Asile.

Ces examens ne sont pas seulement des thèses sur des sciences élémentaires, ce sont aussi des épreuves sur l'art de fixer l'attention des enfans, de leur communiquer des idées par une flexibilité toute spéciale de manières et de langage. C'est là un talent naturel ou acquis, nécessaire à reconnaître, mais impossible à transmettre par des théories ou des préceptes écrits.

L'auteur du *Manuel* ne connaît aucun Directeur d'Asile qui soit plus distingué, sous le rapport de cette capacité particulière, que Maître Broom, chef de l'*Infant's School* de Spitalfield, dans l'un des quartiers de Londres ; plus imitable que l'incomparable La Fontaine le fabuliste, il a cela de commun avec lui que toutes ses paroles sont profondément morales, instructives, amusantes. A propos du récit qu'il fait des habitudes de la mouche et de la fourmi, il sait inculquer aux enfans des réflexions de l'ordre le plus élevé et de l'utilité la plus positive. Ce talent lui vient surtout de la bienveillance du cœur, car il est peut-être d'ailleurs assez médiocre arithméticien ou calligraphe. Ce ne seraient donc pas des calculateurs, des maîtres d'écriture, des dessinateurs, ni des docteurs qu'il faudrait lui donner pour juges de son talent, mais un jury de bonnes mères.

§ III. *Écoles normales.*

163. Il ne sera pas nécessaire de fonder des Écoles normales pour les Directeurs de Salles d'Asile, ni de les admettre à titre de Pensionnaires dans les Écoles normales primaires ; il suffira de vérifier leur capacité spéciale , d'abord par des questions, ensuite en les voyant diriger en public plusieurs classes d'Asiles, et en leur faisant subir toutes les épreuves nécessaires.

Le meilleur moyen d'éprouver un Maître est sans contredit de le placer, pendant quelques heures , en présence d'enfans réunis dans une classe ou dans un préau de récréation. S'il sait se faire écouter, si sa physionomie est impassible au milieu des plus vives contrariétés, s'il fait respecter le signal du sifflet, s'il distingue facilement le cri de la douleur de celui de l'humeur ou du caprice ; si les enfans le recherchent et l'entourent, choisissez-le : les qualités qui lui concilient l'affection de ses élèves doivent lui assurer la préférence, car les Salles d'Asile sont surtout créées pour donner un ami aux enfans en attendant qu'il leur soit donné un Maître.

CHAPITRE X.

DE L'INSPECTION LOCALE. — SURVEILLANCE DU MAIRE. — SURVEILLANCE DES COMITÉS LOCAUX.

164. L'art. 17 de la Loi veut qu'il y ait près de chaque École communale un Comité de surveillance composé du Maire, du Curé, et *d'un ou plusieurs notables* désignés par le Comité d'arrondissement.

L'art. 21 de la même Loi donne à ce Comité l'inspection sur les Écoles publiques ou privées de la commune, tant sous le rapport de la salubrité que sous celui du maintien de la discipline, sans préjudice des attributions du Maire en matière de police municipale.

Ces deux articles combinés font voir qu'il est nécessaire de donner une attention séparée aux attributions du Maire et aux attributions du Comité, dont le Maire est président, mais dans le sein duquel il est appelé, avec ses collègues, à un autre genre de surveillance. Il convient donc de diviser le présent chapitre en deux paragraphes : l'un pour la surveillance municipale, l'autre pour celle du Comité communal d'instruction primaire; on fera en même temps application aux Salles d'Asile de ces deux natures d'inspection.

§ Ier. *Surveillance municipale.*

165. Les Salles d'Asile de toute espèce, communales, particulières, ou Pensions, doivent être accessibles en tout temps à la visite du Maire : ce magistrat est l'organe du Ministère public dans la commune; il doit, à titre de police, prévenir les désordres ou en constater les traces, et, à titre d'officier auxiliaire du Procureur du Roi, saisir le pouvoir disciplinaire ou le pouvoir judiciaire des faits qui peuvent avoir influence sur la bonne tenue des Écoles et sur le maintien de la dignité du caractère des Directeurs et Directrices des Établissemens d'éducation.

Le Maire est, d'ailleurs, particulièrement chargé de donner son avis sur toutes les dépenses que les Instituteurs communaux peuvent proposer dans l'intérêt de leur Établissement : c'est lui qui doit faire rapport au Conseil municipal sur l'opportunité de ces dépenses, et tous les renseignemens à ce sujet doivent être par lui recueillis.

166. Lorsqu'une commune est suffisamment pourvue de Salles d'Asile, le Maire doit faire des réglemens de police pour qu'aucun enfant de deux à huit ans ne séjourne ou divague habituellement sur la voie publique.

167. Dès qu'un bienfaiteur ou un Maître autorisé déclare l'intention d'ouvrir un Asile, le Maire doit visiter le local dans lequel on se propose de recevoir les enfans; il a le droit de refuser l'ouverture de l'École, si le local présentait des dangers évidens d'insalubrité, d'incendie ou des défauts de solidité (*Ordonnance du 16 juillet 1833. — Lois d'août 1790 sur la police municipale*); il peut même, en cas d'urgence, suspendre un Maître de ses fonctions, sauf à rendre compte de cette suspension, dans les vingt-quatre heures, au Comité d'arrondissement (*Loi de 1833, art. 21*).

§ II. *Surveillance spéciale dans chaque commune.*

168. Le Comité local de surveillance est composé d'*un ou plusieurs notables*, indépendamment du Maire et du Curé : c'est ici le cas, comme à l'égard des Commissions d'examen, de faire apercevoir qu'il pourrait être utile d'adjoindre des mères de famille à ce Comité, sinon pour partager les diverses attributions qui lui sont dévolues par la Loi, au moins pour faire de fréquentes inspections et lui en adresser des rapports.

169. Quelle que soit la population d'une commune petite ou grande, le choix de la Directrice d'Asile doit avoir pour objet de préposer au soin des petits enfans une mère capable de remplacer toutes les autres; les Comités doivent désirer eux-mêmes d'être aidés par des femmes dans la recherche de vertus et de qualités qui appartiennent exclusivement à leur sexe; le caractère moral des Directrices doit être apprécié par elles, avant d'être certifié aux Comités et Conseils revêtus par la Loi du droit de nommer les Instituteurs.

170. Premièrement, le Comité communal donne son avis au Conseil municipal sur la présentation des candidats à la Direction des Écoles publiques (*Loi de* 1833, *art.* 21, *dernier alinéa*).

En ce qui concerne les Salles d'Asile, les élémens qui dictent cet avis sont des renseignemens sur le caractère et la moralité des Directeurs, sur leur manière de prendre soin des jeunes enfans, et sur les circonstances d'économie qui résultent de telles ou telles positions. Il s'agit de faire suppléer toutes les mères d'une commune par une

autre mère ayant leur confiance ; il est donc naturel que
l'expérience maternelle soit consultée.

171. Secondement, le Comité veille à la salubrité des
Écoles et au maintien de la discipline (*art. 21 de la Loi*). Le
Maire, le Curé et les notables, devront rechercher avec empressement l'assistance de personnes qui aient le temps de
passer des heures nombreuses dans l'École, de surveiller
tous les détails de propreté, la conduite de la Maîtresse, et
toutes ses habitudes d'action et de langage.

172. Troisièmement, le Comité local s'assure s'il a été
pourvu à l'enseignement gratuit des enfans pauvres : il arrête un état des enfans qui ne reçoivent l'Instruction primaire ni à domicile, ni dans les Écoles privées ou publiques ; il fait connaître au Comité d'arrondissement les divers besoins de la commune sous le rapport de l'Instruction
primaire (*art. 21*).

Quant à ces dernières attributions, le Comité de surveillance pourrait exécuter la Loi sans le concours des Dames
notables ; mais si l'adjonction avait lieu, elle ne pourrait
qu'augmenter le nombre, la célérité et la valeur des renseignemens recueillis.

CHAPITRE XI.

COMITÉS D'ARRONDISSEMENT. — CHOIX DES MAITRES. — INSPECTION ET DÉLÉGATION D'INSPECTEURS ET INSPECTRICES.

173. Les Comités d'arrondissement sont, après le Ministre de l'Instruction, l'Autorité la plus élevée et la plus grave qui ait été préposée par la Loi à la direction et à la surveillance de l'instruction primaire.

Ils nomment les Instituteurs communaux sur la présentation des Conseils municipaux.

Ils provoquent les réformes et les améliorations tant auprès du Ministre, qu'auprès des Autorités départementales, municipales et scolaires.

Ils donnent leur avis sur les secours et encouragemens à accorder à l'instruction primaire.

Ils inspectent et font inspecter les Ecoles par des délégués de leur choix.

Ils nomment les notables qui siègent dans les Comités locaux de surveillance, prononcent la dissolution de ces Comités, réunissent les Ecoles trop petites pour subsister séparément, et correspondent avec toutes les Autorités dans l'intérêt de la généralité des Ecoles placées sous leur inspection.

Ils mandent les Instituteurs à leur barre, les réprimamdent, les suspendent, les révoquent, et poursuivent l'application des peines correctionnelles ou criminelles qu'ils peuvent avoir méritées (*art.* 22, 23, 24 *de la Loi*).

§ Ier. *Choix des Maîtres.*

174. L'une des plus délicates missions de ces Comités consiste à choisir les Directeurs et Directrices d'Ecoles ou de Salles d'Asile communales : ce choix appartenait autrefois aux Maires et aux Curés concurremment, et à leur défaut au Recteur et au Ministre (*Ordonnances de* 1816, *art.* 20 et 21); il dépend aujourd'hui de trois Conseils ou Comités.

Le Comité de surveillance locale, composé du Maire, du Curé, ou d'habitans notables choisis par le Comité d'arrondissement, donne son avis au Conseil municipal sur le choix à faire (*art.* 17 et 21).

Le Conseil municipal présente des candidats au Comité d'arrondissement (*art.* 22).

Le Comité nomme les Instituteurs communaux, procède à leur installation et reçoit leur serment (*art.* 22).

175. La difficulté du choix nécessaire pour faire utilement cette nomination consiste dans l'examen des qualités désirables pour diriger une Salle d'Asile au milieu des circonstances diverses qui font que le Maître, convenable dans une localité, ne peut aucunement satisfaire dans une autre position.

Enumérons quelques unes de ces circonstances.

I. Dans les très petites communes par exemple, l'Asile peut se réduire à une chambre de surveillance pour quelques enfans : le choix doit se fixer sur une femme de bonnes mœurs, intelligente, connue pour sa douceur et sa sollicitude éclairée; aucune autre qualité ne lui est nécessaire.

II. Dans le plus grand nombre des communes, la Salle

d'Asile sera une chambre annexe de l'Ecole, au delà de la mairie ou du presbytère, dans laquelle un petit nombre d'enfans seront quotidiennement déposés : c'est encore une bonne mère qu'il faut préposer à la garde et à la surveillance de ces enfans.

III. Lorsque l'Asile à pourvoir reçoit habituellement plus de cent enfans, il devient nécessaire de faire d'autres choix, et de rechercher dans les Directrices quelques qualités d'un ordre plus relevé.

IV. Dès qu'il y a plus de soixante enfans dans un Asile, la surveillance de deux personnes devient nécessaire ; un mari et une femme, un frère et une sœur, deux jeunes filles dans le voisinage de leur mère, telles sont les positions sociales dans lesquelles on peut trouver plus habituellement l'ensemble désirable, pour que l'Asile éprouve les effets d'une bonne direction.

V. Quand deux personnes de la même famille ne se chargent pas de prendre tous les soins d'un Asile, il faut accorder à la Directrice une femme de service ; cette auxiliaire est nécessaire dès qu'il y a plus de cinquante enfans dans une classe.

VI. Plus la réunion d'enfans est nombreuse, plus il devient utile qu'un homme prenne la principale direction du régime et des classes de la maison ; moins ces classes sont nombreuses, plus la direction des femmes est à rechercher.

VII. Cette direction ne doit jamais être donnée à deux hommes, il faut qu'il y ait toujours une femme au moins dans les Salles d'Asile.

VIII. Il faut éviter de partager la direction entre deux femmes qui ne seraient pas unies par les liens de la parenté ou d'une amitié éprouvée, ou qui ne seraient pas l'une à l'égard de l'autre en état de subordination.

IX. Il est à désirer que la Directrice d'Asile n'ait pas de jeunes enfans à élever pour elle-même; leur présence serait une épreuve difficile que peu de mères pourraient surmonter; le régime général d'impartialité et de justice envers tous les élèves également ne peut exister entre la mère, les enfans, et d'autres élèves.

X. Il est très important que les personnes placées à la tête des Salles d'Asile sachent parler clairement et distinctement, les enfans ne pouvant manquer d'imiter promptement leur accent et leurs intonations; il faut d'ailleurs remarquer que l'éducation distinguée perfectionne la sensibilité, procure plus de facilité pour observer les convenances, rend plus ingénieux pour trouver le moyen de parler aux parens sans les offenser, et pour obtenir d'eux l'exécution des réglemens.

176. C'est aux Comités locaux de surveillance qui donnent leurs avis aux Conseils municipaux, et à ces Conseils eux-mêmes, chargés de présenter les candidats, qu'il faut surtout recommander l'examen des circonstances qui peuvent rendre tel ou tel choix préférable entre plusieurs concurrens.

Tous les Maîtres choisis par les Comités et Conseils doivent être d'une moralité attestée par des Conseillers municipaux et d'une instruction certifiée par brevets; mais entre toutes les personnes qui remplissent ces deux conditions légales et indispensables, on peut en trouver qui soient dans une position à se montrer moins exigeantes sous le rapport des émolumens. Par exemple, une mère de famille ayant des enfans pourvus ou au moins élevés, ou dont le mari exercerait une profession déjà lucrative, une veuve ayant quelque médiocre pension ou revenu, une jeune fille dans le voisinage de sa mère, une ancienne

Institutrice ayant quelques modiques moyens d'existence,
une religieuse ayant quitté son couvent pour des motifs
honorables, toutes ces circonstances peuvent influer sur le
choix à faire.

§ II. *Inspection et délégation d'Inspecteurs et d'Inspectrices.*

177. L'article 22 de la Loi pose le principe de l'inspection en matière d'instruction primaire; il donne aux Comités le droit d'inspecter ou de faire inspecter, même par
des *personnes prises hors de leur sein.*

C'est là un principe fécond en résultats. Il ne suffit pas
en effet qu'une réunion de fonctionnaires ait le droit
d'inspecter, il faut essentiellement que l'inspection ait
lieu de fait, quel que puisse être l'indolence des membres du Comité ou l'empêchement qui survient à leur
action.

Il y a dans presque toutes les communes des fonctionnaires qui sommeillent au lieu d'exercer leurs attributions
légales, et souvent à côté d'eux, des personnes qui désirent
devenir fonctionnaires, ou qui sont animées d'un zèle bé-
névole pour le bien public; la faculté de déléguer permet
d'employer ce zèle, et de substituer aux personnes em-
pêchées d'agir, par un motif quelconque, d'autres personnes disposées à employer leur activité et à utiliser leur
expérience.

Il n'est point à craindre que ces délégations multiplient
le nombre des Inspecteurs salariés : ceux-ci ne peuvent
figurer dans un budget départemental ou municipal, sans
la proposition des Conseils de département et de commune, et sans l'assentiment de l'Autorité supérieure; mais
elles aideront la surveillance des Comités locaux et d'arrondissement, par le concours d'inspections gratuites.

178. Les inspections gratuites peuvent être conférées soit pour la vérification d'un fait isolé, soit pour la surveillance habituelle, soit pour étudier et préparer la solution d'une question délicate ou difficile ; les Comités pourront, selon les occasions, choisir pour délégués les personnes les plus spécialement propres à remplir ces diverses missions.

179. Il est important que les Inspecteurs ou Inspectrices gratuits ou non gratuits, délégués ou institués, soient des personnes favorisées d'une éducation plus qu'ordinaire; il suffit de rechercher quel sera leur emploi habituel pour comprendre que cette condition sera d'une heureuse influence dans le cours de leurs inspections : on va rappeler successivement leurs principales attributions.

I. Faut-il visiter les Asiles et constater tout ce qui peut intéresser l'ordre public sous le rapport de la tenue de ces Établissemens, assiduité, talent du Maître, nombre et régime des élèves, procédés employés pour les instruire, langage tenu à leur égard, exemples donnés, punitions ou récompenses administrées, avancement produit, ou négligences coupables? tout devra être consigné dans les notes et procès-verbaux d'inspection.

II. S'agit-il de bâtir des Salles d'éducation, de les meubler, de les organiser, de les mettre en mouvement? on doit envoyer les Inspecteurs ou Inspectrices pour donner les renseignemens et les premières impulsions.

III. Faut-il fortifier par des exercices des Maîtres aspirans qui ne sont pas sortis avec avantage des épreuves subies devant la Commission d'examen? ce seront les Inspecteurs ou Inspectrices qui feront fonctions de professeurs d'Écoles normales.

IV. Faut-il rappeler aux Maîtres les exercices qu'ils

pourraient avoir oubliés, noter les procédés d'éducation élémentaire qui auraient été inventés par tels ou tels Maîtres, et propager ces procédés dans plusieurs écoles? faut-il entretenir l'émulation entre plusieurs Maîtres dignes d'encouragement? tous ces heureux résultats ne peuvent être procurés que dans le cours des inspections.

V. Faut-il, dans des occasions pénibles et délicates, procéder à l'instruction et à la vérification de fautes ou délits imputés à des Directeurs de Salles d'Asile? les fonctionnaires de l'inspection sont chargés d'une première information.

VI. Enfin un Directeur ou une Directrice d'Asile sera-t-il placé sous le poids d'une grave prévention et mandé à comparaître devant un Comité composé du sénat des fonctionnaires de l'arrondissement et de plusieurs notables du premier ordre (1)? on doit désirer, pour la manifestation de la vérité ou pour la déduction des circonstances atténuantes, que la personne qui inspecte habituellement l'accusé dans l'exercice de sa profession puisse être présente au débat.

---

(1) Sont membres des Comités d'arrondissement :

Le Maire du chef-lieu ou le plus ancien des Maires du chef-lieu de la circonscription;

Le Juge de paix ou le plus ancien des Juges de paix de la circonscription;

Le Curé, ou le plus ancien des Curés de la circonscription;

Un Ministre des autres cultes reconnus par la Loi, dans la circonscription;

Un membre du corps universitaire;

Trois membres du Conseil d'arrondissement;

Les membres du Conseil général ayant leur domicile réel dans la circonscription;

Le Procureur du Roi;

Sous la présidence du Préfet, du Sous-Préfet ou d'un Vice-Président élu.

(Art. 5 de la Loi de 1833.)

Pour remplir tous ces devoirs avec distinction , il faut assurément être doué de qualités éminentes, et pouvoir inspirer confiance aux Instituteurs, comme aux dépositaires de l'Autorité publique.

180. Il sera donc indispensable d'instituer des Inspecteurs et des Inspectrices dans tous les chefs-lieux de département et d'arrondissement , et de les faire rétribuer par les ressources départementales et nationales.

Leur autorité pouvant s'exercer dans plusieurs départemens, ou dans plusieurs arrondissemens d'un même département, il devra en être créé par le Ministre de l'Instruction publique ou par les Préfets , au nom de ce Ministre.

Il devra aussi en être nommé par les Comités d'arrondissement et par les communes ; mais ils ne seront rétribués qu'autant que les Préfets et le Ministre auront alloué des crédits aux budgets départementaux, communaux et scolaires pour ce genre de dépense, et ces allocations ne seront évidemment consenties que lorsque la nécessité en aura été démontrée par les Comités, les Conseils municipaux ou départementaux.

181. Quant aux Inspecteurs gratuits, leur nomination pourra résulter de délégation , soit des Comités d'arrondissement, soit des Comités locaux, et l'inspection pourra se faire sans avoir besoin d'autre autorisation, lorsque les délégations données ne s'étendront pas au delà du cercle de la compétence du Comité délégateur, ni en dehors de la circonscription territoriale dans laquelle chacun de ces Comités est autorisé à fonctionner.

182. Les Inspecteurs et Inspectrices gratuits ou non

gratuits sont admis à siéger, avec voix délibérative, dans
les Comités qui les ont délégués; ce principe est posé d'une
manière générale dans l'article 22 de la Loi.

183. Il est à désirer que l'inspection gratuite et l'inspection salariée puissent s'organiser en tout lieu par une
énergique impulsion. L'inspection gratuite est l'expression
du concours national à la direction de l'instruction primaire. Les meilleures lois sont stériles, inertes, inaperçues,
lorsque l'opinion générale, les mœurs, les besoins, les
habitudes ne viennent pas concourir à leur faire porter
des fruits ; il faut que tous les amis de l'enfance, tous les
partisans de l'éducation populaire, lorsqu'ils n'ont pas été
classés parmi les fonctionnaires locaux, puissent s'associer
à la marche de l'Administration, et prêter leur aide dans
des missions déléguées et acceptées volontairement.

D'un autre côté, quant à l'inspection salariée, il faut
convenir que le concours des personnes qui prennent aux
Asiles un intérêt de pure bienveillance ne suffit pas toujours pour obtenir les renseignemens désirables, et pour
vivifier le service dans toutes ses parties ; il est bon que
l'Administration puisse se reposer habituellement sur une
personne dont elle ait le droit de stimuler le zèle par l'ai-
guillon de l'intérêt privé.

L'inspection de tous les jours, rendue plus vive et plus
éclairée par l'influence d'une inspection supérieure, tel est
le ressort vital des Salles d'Asile et de tous les Etablissemens
d'éducation. Il n'est si bon Directeur qui n'ait besoin de
temps à autre d'être initié à de nouveaux procédés, rap-
pelé à l'exécution des réglemens, soutenu et consolé dans
les épreuves et les tribulations de sa position, averti ou
encouragé selon ses œuvres : une bonne et fréquente inspection pourvoit à tout cela.

§ III. *Discipline.*

184. L'article 21 de la Loi attribue au Comité communal d'instruction primaire le *maintien de la discipline.*

Ces expressions signifient que le Maire, le Curé, les notables qui le composent ont le droit de surveiller, de s'enquérir, d'interpeller, d'avertir, de censurer, d'admonester et de se plaindre à l'Autorité supérieure, à raison de la conduite qui leur paraîtrait répréhensible de la part des Instituteurs.

Toutefois, le Comité communal, sous ces derniers rapports, est seulement auxiliaire du Comité d'arrondissement.

185. Le Comité d'arrondissement est seul saisi du droit :

De statuer définitivement sur les suspensions provisoires prononcées par le Maire sur la plainte du Comité communal ;

De citer les Instituteurs et Institutrices à comparaître, de les interroger, de les accuser, de poursuivre l'instruction de l'accusation, à raison de leur négligence ou de leur inconduite dans leurs fonctions scolaires;

De prononcer leur suspension avec ou sans traitement ;

De prononcer la révocation des Instituteurs communaux, et de les remplacer, sauf appel au Ministre ; de poursuivre, comme accusateur, la déchéance du droit d'enseigner, devant les Tribunaux (*art. 23 de la Loi*);

De provoquer la dissolution des Comités de surveillance locale (*art.* 17).

186. Les Directeurs et Directrices d'Asile sont sujets,

comme tous autres Instituteurs, à cette juridiction disciplinaire, sans préjudice de toutes autres poursuites devant
les Tribunaux pour tous les faits qui ne rentrent pas dans
la limite de la discipline scolaire.

CHAPITRE XII.

DES RÉGLEMENS FAITS POUR LES SALLES D'ASILE DE PARIS AVANT LA LOI DE 1833 ; INDICATION SOMMAIRE DE LA RÉFORME INTRODUITE PAR CETTE LOI.

187. En terminant le *Manuel des Fondateurs des Salles d'Asile*, il paraît convenable de faire connaître les Régle-mens provisoires qui avaient été faits pour les Salles d'A-sile de Paris avant la publication d'une Loi sur l'instruction primaire.

Ces Réglemens vont être modifiés dans leur essence par la Loi dont il a été fait un rapide commentaire dans les chapitres qui précèdent ; mais il est toujours utile, au moment d'opérer une réforme, de prendre en considération ce qui existait antérieurement. Quelques articles de ces Réglemens pourront encore être reproduits dans le texte de ceux qui vont être faits dans toute la France pour l'exécution de la Loi nouvelle.

188. Les premières Salles d'Asile fondées à Paris, en 1827 et 1828, l'ont été sur des fonds provenans de sous-criptions provoquées par des particuliers.

Une première subvention en argent et le prêt d'un local vacant furent ensuite accordés, à titre d'essai, par le Conseil général des hospices.

Une Salle-modèle fut construite en 1828 par l'auteur de ce *Manuel*, dans les circonstances qui sont rappelées au n° 74.

Des imitations eurent lieu dans plusieurs quartiers, et le fondateur de la Salle-modèle fut nommé Membre du Conseil des hospices en juillet 1829.

Dès le 28 octobre suivant, ce Conseil se déclara protecteur des Salles d'Asile, par un arrêté qui reçut l'approbation du Gouvernement, et dont voici le texte :

« Art. 1er. Les Salles d'Asile pour l'enfance indigente » actuellement établies, ou qui seraient ouvertes par la » suite dans Paris, seront toutes sous la surveillance du » Conseil général des hospices.

» Art. 2. Elles seront distinguées en deux catégories :

» La première se composera de toutes celles dont les dé-» penses sont exclusivement faites sur fondations ou sous-» criptions particulières.

» La deuxième comprendra celles qui sont soutenues en » totalité ou en partie par les allocations du Conseil géné-» ral des hospices.

» Art. 3. Il sera dressé, à la fin de chaque année, un » état des ressources et des dépenses des Asiles formés à » Paris ; cet état comprendra aussi les ressources et dé-» penses des Asiles qui pourront être ouverts dans le cours » de l'année suivante.

» Art. 4. Les Bureaux de charité seront invités à favo-» riser les Asiles, et à concourir, autant que leurs res-» sources le permettront, à l'entretien de ces Etablissemens.

» Art. 5. Le Conseil général des hospices prendra, pour » l'administration et la surveillance des Asiles, l'avis des » dames charitables qui s'occupent de ce genre de secours.

» Art. 6. Les relations avec les dames et avec les Bu-» reaux de charité, pour les Asiles, seront ultérieurement » réglées. »

189. Dès que cet arrêté fut approuvé du Ministre de

l'intérieur, le Conseil général des hospices organisa le Comité de dames auquel la surveillance des Asiles fut spécialement déléguée. Cette organisation fut réglée ainsi qu'il suit, par arrêté du 3 février 1830, approuvé par le Préfet et par l'Autorité supérieure :

« Art. 1er. Le Comité est composé de quinze dames qui » élisent entre elles, chaque année, une présidente, une » vice-présidente et une secrétaire.

» Art. 2. Les dames composant le Comité sont renou- » velées par cinquième tous les ans. — Pour les trois pre- » mières années, le sort désignera les dames qui devront » être renouvelées; ensuite le renouvellement portera sur » les dames les plus anciennes, dans l'ordre de leurs nomina- » tions.—Pendant les quatre premières années, les dames » sortantes seront rééligibles; après cette époque, les dames » sortantes ne pourront être réélues membres du Comité » qu'après l'intervalle d'un an.—Les nominations qui ont » lieu dans le cours de l'année, par suite de vacances, » comptent pour le renouvellement de fin d'année. — » Les nominations sont faites à la majorité des voix; celles » de fin d'année ont lieu dans la dernière séance du mois » de décembre.

» Art. 3. Lorsque le Comité est complété, c'est à dire » dans la première séance de janvier de chaque année, les » dames nomment les présidente, vice-présidente et secré- » taire. — Les dames composant le bureau peuvent être » continuées dans leurs fonctions.

» Art. 4. Le Comité se réunit une fois par mois, et plus » souvent si cela est jugé nécessaire.

» Art. 5. La dame secrétaire est chargée de la conserva- » tion des archives, de la délivrance des expéditions et » extraits de délibérations.

» Art. 6. Le Comité ne peut délibérer que lorsqu'il

» y a huit membres présens. Il détermine le lieu de ses
» séances.

» Art. 7. Les membres du Conseil général des hospices
» et de la Commission administrative, chargés de la sur-
» veillance des secours à domicile, peuvent assister aux
» séances du Comité.

» Art. 8. Le Comité nomme un trésorier honoraire
» chargé de tous les détails de la comptabilité et de la con-
» servation des deniers. — M. le trésorier est invité à
» assister aux séances dans lesquelles le Comité discutera
» un budget, et recevra la communication des comptes an-
» nuels.

» Art. 9. Le Comité choisit une dame qui aura le titre
» d'Inspectrice générale des Asiles; cette dame recevra un
» traitement qui sera fixé par le budget de chaque année.

» Art. 10. L'Inspectrice générale peut assister aux séances
» du Comité; elle donne tous les renseignemens qui lui
» sont demandés sur le zèle, l'exactitude des Directeurs, la
» tenue des Salles, la discipline des enfans et le dévelop-
» pement progressif de leur intelligence.

» Art. 11. Le Comité délibère sur les Asiles qui sont à
» former, sur les locaux à choisir, sur les dépenses, sur
» les méthodes, sur les améliorations à introduire, et gé-
» néralement sur tout ce qui peut intéresser les enfans qui
» fréquentent les Etablissemens.

» Art. 12. Le Comité choisit les Directeurs ou Directrices
» d'Asiles parmi les personnes qui, ayant suivi, sous la
» surveillance de l'Inspectrice générale, les exercices et
» les méthodes adoptés dans les Asiles déjà formés, ont
» obtenu d'elle un certificat de capacité et d'aptitude.

» Art. 13. Les dames du Comité partagent entre elles la
» surveillance des Asiles. Si plusieurs dames sont chargées
» d'un même Asile ou de plusieurs Asiles dans le même

» arrondissement, le Comité désignera celle des dames qui
» doit recueillir les fonds, les verser entre les mains du
» trésorier, et ordonnancer les dépenses à payer par le
» trésorier.

» Art. 14. Les dames du Comité ayant la surveillance des
» Asiles peuvent s'adjoindre, dans chaque quartier, avec
» l'agrément du Comité, des dames charitables pour les
» aider dans leurs fonctions. Ces dames pourront assister
» aux séances du Comité, sur l'invitation de madame la
» présidente; elles n'auront que voix consultative.

» Art. 15. Les dames du Comité emploient tous les
» moyens qui sont en leur pouvoir pour intéresser la cha-
» rité particulière en faveur des Asiles. Il est proposé des
» souscriptions, fait des quêtes dans des réunions de
» charité, etc., etc.

» Les lettres et circulaires pour provoquer les sous-
» criptions et exciter la charité sont soumises à l'approba-
» tion du Comité.

» Art. 16. Les fonds provenans des souscriptions,
» quêtes et autres sources sont, dans chaque quartier,
» reçus par les dames du Comité et par les dames que les
» membres du Comité ont la faculté de s'adjoindre ; mais
» tous les fonds recueillis sont versés, sans exception,
» entre les mains de la dame désignée en l'article 13 pour
» correspondre avec le trésorier.

» Chaque versement fait par cette dame dans la caisse de
» M. le trésorier est accompagné d'un bordereau contenant
» des renseignemens sur les intentions des donateurs, afin
» de faciliter l'inscription de la recette, comme il sera dit
» dans la section suivante.

» Art. 17. Le Comité dresse, à la fin de chaque année,
» le budget de ses recettes et dépenses pour l'année sui-
» vante.

» Ce budget, dressé conformément au modèle annexé,
» est arrêté par le Comité des dames, et soumis à l'appro-
» bation du Conseil général des hospices.

» Art. 18. M. le trésorier tient un Registre-Journal
» des recettes et dépenses, et un Registre, dit Compte ou-
» vert, à chaque Établissement, tant pour la recette que
» pour la dépense.

» Dans ce dernier Registre, il est formé un article de
» fonds généraux pour la recette comme pour la dépense.

» Art. 19. Les dames chargées de recueillir les dons et
» souscriptions ont chacune un cahier sur lequel elles ins-
» crivent les fonds qu'elles reçoivent, et ceux qui sont ver-
» sés dans les mains de M. le trésorier; chaque versement
» est accompagné d'un bordereau qui indique l'origine des
» fonds et leur destination.

» Art. 20. Les fonds versés directement par les bien-
» faiteurs entre les mains de M. le trésorier sont inscrits
» sur les Registres, suivant les intentions indiquées, et
» s'il n'y a aucune indication, la recette est portée aux
» fonds généraux.

» Art. 21. M. le trésorier acquitte toutes les pièces de dé-
» pense visées par celles des dames qui sont spécialement
» chargées de chaque Salle d'Asile, pourvu que ces dé-
» penses soient portées au budget. Toutes les dépenses non
» prévues au budget ne sont payées que sur la présentation
» d'une délibération du Comité autorisant la dépense.

» Art. 22. M. le trésorier inscrit chaque article de re-
» cette et chaque article de dépense sur le Journal et sur le
» Registre de comptes ouverts, de manière à pouvoir tou-
» jours donner la situation de la caisse et le compte de
» chaque Établissement.

» Art. 23. M. le trésorier remet, tous les trois mois,
» à madame la présidente l'état de situation de la caisse ;

» cet état est présenté au Comité et adressé au Conseil
» général des hospices.

» Art. 24. M. le trésorier rend, dans les trois pre-
» miers mois de chaque année, le compte de sa gestion
» pour l'année précédente. »

190. Ce compte, dressé par Établissement, comme le
budget, est présenté au Comité des dames ; et adressé au
Conseil général des hospices avec les pièces à l'appui, pour
être examiné et arrêté définitivement sur le rapport de
l'Ordonnateur général des hospices, comme les comptes
des Bureaux de bienfaisance.

191. Un autre arrêté fut pris, depuis le 14 juin 1830,
pour régler le mode de délivrance de brevet aux aspirans
et de nomination aux Maîtres : voici son texte.

« 1. Un tableau d'expectance sera dressé par le Comité
» des Salles d'Asile.

» 2. Seront inscrits sur ce tableau les Maîtres et Maîtres-
» ses qui, après s'être exercés pendant plusieurs mois à con-
» duire un ou plusieurs Asiles, à titre d'essai et d'étude,
» sous la direction de la dame inspectrice, seront présentés
» par elle comme capables d'être agréés par le Comité.

» 3. L'inscription au tableau se fera en séance, sur rap-
» port préalable, appuyé des pièces et témoignages invo-
» qués par les personnes présentées comme titres de re-
» commandation.

» 4. L'inscription sera votée au scrutin secret ; la ra-
» diation du tableau, le cas échéant, sera votée dans la
» même forme.

» 5. En cas de vacance de la direction d'un Établisse-

» ment, il sera pourvu au remplacement par une nomi-
» nation du Comité.

» La personne choisie devra être du nombre de celles
» inscrites au tableau d'expectance.

» 6. Cette nomination se fera toujours au scrutin, sur
» rapport ; l'Inspectrice du Comité devra être consultée
» et son avis énoncé dans le rapport.

» 7. Les personnes présentées par les fondateurs seront
» nommées de plein droit par le Comité, mais elles devront
» être choisies parmi les personnes inscrites au tableau d'ex-
» pectance, et l'ancienneté ne conférant pas de plein droit
» la nomination, elles pourront être nommées dès qu'elles
» auront satisfait aux épreuves et obtenu l'inscription.

» 8. La radiation du tableau emportera, comme con-
» séquence, la déchéance de la qualité de Directeur ou
» Directrice d'Asile ; elle sera prononcée sur les infor-
» mations et rapports que le Comité jugera nécessaire
» d'ordonner pour vérifier les faits qui seraient imputés
» aux personnes dont la radiation serait demandée.

» 9. Les mutations de résidence entre plusieurs Di-
» recteurs ou Directrices en exercice ne pourront avoir
» lieu sans délibération du Comité ; toute demande à cet
» égard sera transmise au Comité par la dame inspectrice
» avec son avis, et le Comité fera connaître sa décision par
» la même voie. »

192. Ces réglemens, les seuls qui aient été faits jusqu'à ce jour pour les Asiles de Paris, vont subir d'importantes modifications par suite de l'exécution de la Loi de
1833.

Très probablement la dotation nécessaire pour former à
Paris un nombre suffisant de Salles d'Asile va être en partie

assise sur une rétribution mensuelle très modérée, en partie prélevée sur les fonds de bienfaisance, et en cas d'insuffisance, complétée par les impôts auxquels la commune et le département sont autorisés à recourir.

195. Il va être créé des Comités de surveillance locale des circonscriptions qui seront déterminées dans l'intérêt des Établissemens. Ces Comités auront nécessairement le droit de s'entourer de délégués pour la surveillance de chaque Asile communal, selon la loi.

Une Commission d'examen préalable à la délivrance des brevets de capacité va être formée. Une ou plusieurs Inspectrices seront appelées à seconder l'activité de l'Administration.

Les Comités d'arrondissement pourront, s'ils y sont autorisés, entendre les rapports d'un certain nombre de dames déléguées pour l'inspection de ces Établissemens.

Des réglemens de procédure vont être faits pour régler l'instruction et le jugement des affaires disciplinaires.

Une méthode fixe d'enseignement va être adoptée; le sort des Instituteurs va être réglé.

Enfin la Loi nouvelle va être exécutée; attendons ses effets pour continuer ce *Manuel,* le reprendre et lui donner de nouveaux développemens.

FIN DE LA PREMIÈRE PARTIE.

SECONDE PARTIE.

MANUEL DES DIRECTEURS.

CHAPITRE PREMIER.

DE LA NÉCESSITÉ D'UNE MÉTHODE SPÉCIALE POUR LA DIRECTION DES PREMIÈRES ÉCOLES DE L'ENFANCE.

194. La Loi du 28 juin 1833 est le premier acte législatif qui ait ordonné l'organisation d'Écoles dans toutes les portions du territoire français, et qui ait en même temps fourni les moyens de fonder, d'entretenir, de surveiller et de diriger les Établissemens nécessaires au progrès et au développement de toutes les parties de l'instruction primaire.

Au nombre des innovations qui vont se produire par suite de ce mouvement d'organisation, il faut compter comme un bienfait remarquable la possibilité de commencer l'éducation dès les premières années de la vie par l'ouverture d'Écoles spéciales du premier âge.

Pour que ces Écoles de petits enfans puissent être adoptées et propagées dans les communes à côté des Écoles du second âge, il faut que leur mécanisme soit connu et que les difficultés de leur direction soient aplanies par l'adoption d'une méthode sur laquelle on puisse exercer les Maîtres avant de leur délivrer le brevet de leur profession.

A défaut de ce préalable, les Salles d'Asile deviendraient de simples dépôts dans lesquels les enfans seraient retenus sans profit pour leur avenir (1). De loin à loin, sous le patronage d'un bienfaiteur, on citerait une personne capable de les diriger ; mais comme on ne pourrait espérer de rencontrer un miracle de générosité et de vertu dans chaque commune, l'Administration doit préparer les moyens d'y placer des personnes suffisamment instruites des devoirs nombreux, multipliés et délicats de cette profession.

Il est impossible de s'occuper sérieusement de l'éducation des petits enfans sans avoir à résoudre des questions importantes sur le régime qui convient à leur santé, à leur bonheur et aux intérêts de leur avenir. Les Administrations municipales, dans chaque localité, et les Maîtres d'Ecole de ville ou de village ne peuvent pas être constitués arbitres de ces questions. Il est donc nécessaire de réunir les bases d'une méthode, et de les proposer à l'approbation du Ministre de l'Instruction publique.

Les enseignemens donnés dans les Salles d'Asile sont le commencement de l'instruction primaire des autres Écoles : il faut qu'à leur égard un système de conduite soit adopté comme il l'a été à l'égard de ces dernières. Lorsqu'un arrêté d'Administration décide qu'une École d'enseignement mutuel ou qu'une École simultanée sera fondée, cette disposition est comprise, parce qu'il existe depuis long-temps des méthodes approuvées qu'il suffit de nommer pour rappeler, par un seul mot, tout un ordre d'idées, de principes et de procédés. Il faut qu'on soit entendu avec la

---

(1) Il existe depuis long-temps à Paris des dépôts de ce genre, dans lesquels les enfans végètent comme des troupeaux, et sont pourtant reçus au prix énorme de 40 à 75 centimes par jour ; les femmes qui se chargent de recevoir ces enfans se nomment *gardeuses;* c'est le seul nom qui puisse exprimer ce qu'elles sont à l'égard des élèves qui leur sont confiés. Un enfant brûlé, tout récemment, chez l'une d'elles, à Passy, près Paris, a cruellement prouvé qu'elles ne sont même pas toujours des gardeuses attentives.

même précision lorsqu'on ordonnera de créer une Salle d'Asile, et le *Manuel* que l'on publie en ce moment est destiné à faire comprendre cette expression dans toute sa portée.

La méthode des Salles d'Asile, comme celle des autres Écoles, doit se composer d'une collection de procédés combinés pour procurer à la fois le silence, l'ordre et le mouvement; elle doit comprendre, en outre, une série de leçons et d'enseignemens étudiés dans l'intérêt du progrès des élèves. Sous l'un comme sous l'autre rapport, cette méthode doit avoir de l'analogie avec les méthodes simultanée et mutuelle, afin de préparer les enfans à pratiquer l'une ou l'autre dans les Écoles où ils seront ultérieurement introduits.

Les exercices qui ont été exécutés depuis six ans dans la Salle d'Asile-modèle, à Paris, vont être proposés pour base de la nouvelle méthode qu'il est nécessaire de créer. Les fondateurs de l'enseignement mutuel en France, et les bienfaiteurs des petites Écoles de Suisse et d'Angleterre pourront souvent reconnaître l'analogie de ces exercices avec ceux qu'ils ont adoptés. Loin de contester cette origine, on espère qu'elle servira de recommandation.

Il y a, dans l'enseignement des Salles d'Asile, quelque chose d'indéfini qui résiste à la rédaction, et que par conséquent les Maîtres devront tirer de leur propre fonds. Il est impossible de prévoir de quelle forme doivent se revêtir toutes les leçons que les enfans y viennent puiser. Souvent une réponse naïve, un événement imprévu, une interruption accidentelle peuvent motiver un changement de direction dans une leçon, et favoriser la naissance d'une idée. Cette portion improvisée de l'éducation produira des résultats d'autant plus satisfaisans que les Maîtres d'Asile auront été choisis parmi des personnes instruites ou ingénieuses. Mais à côté des recommandations qu'on peut faire

pour apprendre à profiter de semblables circonstances, il
faut pouvoir donner au Maître des préceptes plus précis
pour la tenue de leurs classes, et des livres d'enseignement
dont ils puissent suivre le texte lorsqu'ils ne trouvent pas
dans leur propre fonds l'aliment nécessaire pour entretenir la curiosité des élèves, et pour correspondre à leur
désir d'apprendre.

Le cours d'études qui doit être adopté pour les Salles
d'Asile présente plus d'étendue qu'on ne pourrait d'abord
le croire.

L'instruction morale peut y être commencée avec avantage;

L'instruction religieuse doit y être ébauchée;

La lecture peut y être conduite jusqu'à l'assemblage des
mots ou dernier degré de l'épellation;

L'écriture, jusqu'au tracé de l'alphabet;

Le dessin et la géométrie, jusqu'au tracé et à l'énumération des polygones;

La langue française, jusqu'aux déclinaisons et conju-
gaisons;

L'histoire et la géographie de France jusqu'à la nomen-
clature des départemens, de leurs chefs-lieux, et la connaissance des noms des rois et des hommes les plus remarqua-
bles dont les hauts faits ou les services rendus au pays soient
consignés dans notre histoire ;

Enfin, l'histoire naturelle jusqu'à la connaissance de
quelques plantes usuelles et de quelques animaux.

Pour qu'une instruction véritable soit continuellement
donnée sur ces divers sujets, il faut mettre entre les mains
du Directeur de Salle d'Asile une sorte d'encyclopédie por-
tative dans laquelle il trouve continuellement pour lui-
même et pour ses élèves la solution de toutes les difficultés
qui peuvent naître dans l'esprit des petits enfans ; et pour

que cette science n'ait pas l'inconvénient de tous les enseignemens incomplets, il faut que, sur chaque matière, on
puisse leur proposer des solutions élémentaires et cependant aussi claires que satisfaisantes.

Le talent nécessaire pour communiquer cet enseignement élémentaire doit être acquis au Maître avant qu'une
Ecole lui soit confiée. Les épreuves à subir à cet égard
doivent porter sur les procédés matériels qu'on emploie
pour produire le silence et la régularité des mouvemens,
comme sur les moyens à employer pour donner l'enseignement moral et intellectuel; mais ce cadre est si vaste, que
les examinateurs, comme les aspirans, pourraient se perdre
dans les détails ou dans les profondeurs de la science, si la
limite des Salles d'Asile n'était pas d'avance tracée dans un
livre spécial où sera résumé tout ce qu'il est nécessaire de
savoir pour donner une bonne direction à la première éducation des enfans.

Avec un pareil ouvrage, il n'est pas nécessaire, pour diriger un Asile, d'avoir une connaissance approfondie des
divers objets d'enseignement; il suffit d'un esprit juste, de
bien comprendre les notions élémentaires de la méthode,
et de savoir les mettre à la portée de ses élèves.

Un Maître d'Asile, habitué à une bonne méthode et
l'exécutant avec exactitude, peut être comparé à la plupart
des jardiniers; ils sèment sans savoir pourquoi l'arbre vé-
gète; ils arrosent en ignorant que l'eau se décompose; ils
extirpent les mauvaises herbes et ne connaissent pas leurs
noms; ils préparent toutes les récoltes et la divine Providence fait seule fructifier leur travail. Aussi se bornent-
ils à suivre les avis qui leur sont donnés par les docteurs en agriculture; ils exécutent les procédés qui leur
sont enseignés; et leur obéissance, à cet égard, n'a rien
de passif, de fastidieux ni de décourageant, parce qu'ils ont
l'espérance et le sentiment de l'utilité de leurs efforts.

Ainsi, on peut l'espérer, le Maître et la Maîtresse d'Asile se pénétreront des conseils recueillis pour leur instruction, et verront naître chaque jour les fruits de leurs utiles travaux.

CHAPITRE II.

DE LA POSITION SOCIALE DES DIRECTEURS D'ASILE.

195. L'avenir de l'éducation populaire en France repose essentiellement sur la considération et le bien-être dont les Maîtres d'École pourront être entourés. Pour obtenir le dévouement nécessaire à la mission de l'enseignement primaire, il faut d'abord assurer le sort des Instituteurs de manière à leur procurer repos et liberté d'esprit. La sollicitude patiente, gracieuse et persévérante envers les enfans est une vocation particulière qui existe chez un assez grand nombre de personnes, et chez les femmes surtout. Cette vocation ne s'inspire pas à volonté, mais elle se discerne promptement, et dès qu'on est certain de l'avoir rencontrée, il faut respecter, honorer les personnes qui en sont animées et leur faciliter les moyens d'appliquer utilement ce don particulier, ce talent spécial.

A cet égard, la Loi de 1833 a été rédigée et votée dans des intentions beaucoup plus généreuses que toutes les Lois promulguées avant elle ; elle a créé des droits, imposé des devoirs dont il est nécessaire que tout Instituteur soit profondément pénétré et dont on doit essayer d'ébaucher ici les traits principaux.

§ Ier. *Des droits de l'Instituteur primaire de tous les degrés.*

196. Sous la législation précédente, un Instituteur communal était une espèce de subalterne choisi par le Maire et par le Curé, soumis à leur révocation, obligé d'implorer le paiement de ses leçons, réduit, pour vivre, à se mêler de plusieurs industries plus ou moins compatibles avec le caractère d'Instituteur.

Le Maître d'École privée n'avait pas un sort plus heureux ; les campagnes ne lui offraient aucune espèce de profit. Il cherchait dans les villes à rassembler quelques enfans; mais presque jamais leur nombre, trop restreint, ne produisait un émolument suffisant pour soutenir une famille, et le plus noble ministère n'était exercé que d'une manière précaire, dans l'attente et dans la préoccupation d'une condition moins misérable.

Selon les articles 4 et 25 de la Loi, l'Instituteur est tenu de faire vérifier sa capacité par une Commission départementale (*art. 4 et 25*) et de faire attester sa moralité par trois conseillers municipaux (*art. 4*). Dès qu'il a obtenu le brevet du degré d'instruction dont il veut être professeur, il porte avec lui, en tout lieu, sa qualité de Maître d'École, comme le médecin, l'avocat, le prêtre et toutes les autres professions les plus libérales.

Aussi long-temps qu'il n'est recherché que par la confiance des particuliers, il exerce sa profession de plein droit sans avoir besoin d'institution de la part d'aucune Autorité. Il se borne à justifier, au Maire de la commune dans laquelle il veut exercer, de l'existence de son brevet et de son attestation de moralité (*art. 4 de la Loi et 16 de l'Ordonnance du 16 juillet* 1833), et aussitôt que son École est ouverte avec l'approbation du Maire, sous le rapport

de la salubrité et de la convenance des localités (*art.* 21 *de la
Loi et* 18 *de l'Ordonnance du* 16 *juillet* 1833), il se trouve
placé sous la surveillance d'un Comité local , composé du
Curé, du Maire et de quelques notables (*art.* 17 *et* 21). Ce
Comité n'a pas le droit de lui enlever sa profession , il
transmet seulement les résultats de sa surveillance à un
Comité d'arrondissement placé, le plus souvent, au chef-
lieu de sous-préfecture (*art.* 18 *de la Loi*). Ce dernier
Comité peut suspendre l'Instituteur qui se conduit mal
(*art.* 21), porter plainte au Tribunal d'arrondissement, et
poursuivre, selon les cas, la déchéance et l'interdiction
d'Instituteur. Cette dégradation ne peut jamais être prononcée que par l'Autorité judiciaire, c'est à dire par les
juges inamovibles et indépendans constitués arbitres de tous
les procès qui intéressent la propriété et l'honneur des citoyens (*art.* 7 *de la Loi*).

197. Si le Maître breveté inspire assez de confiance
pour être appelé aux fonctions d'Instituteur communal, il
est recommandé par le Comité de surveillance locale au
Conseil municipal de la commune dans laquelle il est recherché. Le Conseil municipal le présente au Comité d'arrondissement (*art.* 21, *dernier alinéa*). Il est nommé
par ce Comité, institué par le Ministre de l'Instruction
publique, installé et assermenté avec solennité (*art.* 22,
alinéas 6 *et* 7); et, bien que le titre d'Instituteur communal lui soit acquis, il n'est pas un préposé révocable
par la commune; il ne peut être suspendu ou privé
de sa qualité d'Instituteur communal, qu'après avoir
été interrogé, entendu et jugé, sauf appel au Ministre,
par le Comité d'arrondissement (*art.* 23 *de la Loi*); et,
même après cette révocation, il ne peut être interdit et
déchu de la qualité d'Instituteur que par suite de faute

grave, d'inconduite ou d'immoralité, et toujours par un jugement des Tribunaux (*art.* 7 *et* 24).

Ces dispositions nouvelles dans la législation française font participer la profession d'Instituteur de l'importance des fonctions publiques; elles font comprendre que les services des Maîtres d'École sont rendus à l'État autant et plus qu'aux personnes et aux localités; qu'il appartient bien aux pères de famille de choisir l'Instituteur de leurs enfans parmi les personnes autorisées à enseigner, et à la localité de proposer l'Instituteur communal; mais qu'il appartient à l'autorité du Gouvernement d'instituer les Professeurs de l'enfance, et que leur honneur, comme la propriété de leur brevet, doit être confié, en cas d'accusation, à une Autorité placée au dessus des tracasseries et des intrigues que les rivalités peuvent susciter.

198. Si la Loi s'est montrée juste et libérale en faveur de l'Instituteur privé, elle s'est occupée d'une manière toute particulière de la condition de l'Instituteur communal, dans l'intention d'augmenter sa dignité pour le présent et de le rassurer sur l'avenir de sa vieillesse, s'il est appelé à parcourir une longue carrière.

C'est le Conseil municipal qui fixe dans chaque commune le taux des rétributions mensuelles. L'Instituteur privé n'a pour les recouvrer que le droit commun des Tribunaux lorsqu'elles lui sont contestées; l'Instituteur communal se borne chaque mois à certifier ce qui lui est dû, et le Percepteur des contributions publiques en fait, sans frais, le recouvrement en son nom (*art.* 14). Par ce moyen, toutes contestations sont évitées entre lui et ses débiteurs, qui sont habituellement les parens de ses élèves.

199. Les Instituteurs communaux de chaque département sont admis à verser leurs épargnes dans une caisse départementale, accessible à tous les dons et legs des particuliers ; le vingtième de leur traitement fixe y est annuellement versé, et capitalisé avec intérêts tous les six mois, pour que remise de ce capital leur soit faite à l'époque de leur retraite, ou, en cas de décès, à leur veuve ou à leurs héritiers (*art.* 15 *de la Loi*).

200. Non seulement la Loi, comme les législations précédentes, a écarté de la profession d'Instituteur tous les hommes scandaleux et notoirement dégradés (*art.* 5), mais encore elle a voulu que les Instituteurs communaux pussent être révoqués pour cause de négligence habituelle (*art.* 23) ; et tandis qu'elle menace tous les Instituteurs privés et communaux de la perte de leur état en cas d'inconduite et d'immoralité (*art.* 7 *et* 24), elle les admet tous à recevoir secours et protection (*art.* 22), et même à participer aux encouragemens et aux récompenses que le Ministre de l'Instruction publique distribue annuellement (*art.* 18, *Ordonnance royale du* 16 *juillet* 1833).

201. Cette Loi, faite dans l'éminente intention de procurer à tous les Français les connaissances indispensables à la vie sociale, s'applique aux Directeurs et Directrices des Salles d'Asile dans toutes les dispositions qui viennent d'être sommairement rappelées. De même que les Instituteurs et Institutrices primaires, ils seront brevetés par des Commissions départementales, surveillés par des Comités locaux, inspectés par des Comités d'arrondissement. Leur capacité sera vérifiée dans des Écoles-modèles : ils seront choisis par la confiance des familles ou par l'autorité des Comités : le brevet ne pourra leur être ni refusé ni retiré que par des

jugemens publics et solennels. Aussi long-temps qu'ils se
montreront dignes et capables de leur mission, ils seront
considérés comme étant en partage de l'autorité paternelle
et surtout de l'autorité maternelle envers les petits enfans,
et révérés à ce titre dans tout le cercle de leurs relations.

202. La Loi nouvelle fait de cette profession une sorte
de magistrature. C'est entre les mains de l'Instituteur que
l'enfance est remise au sortir du berceau ; c'est à lui qu'il
appartient de l'initier à la vie, de diriger ses premiers pas,
de régler ses premières idées, de jeter dans de jeunes
cœurs les premières semences de morale et de vertu, de
développer les premiers germes du bien, de former de
bonnes habitudes, de réprimer de mauvais penchans. De
cette direction primitive peut dépendre le bonheur de
toute la vie. L'Instituteur est donc réellement un officier
public auquel la société et les familles confient leurs plus
chers intérêts. Cette condition modeste, mais honorable,
doit désormais suffire à un grand nombre d'ambitions. La
fortune et la renommée n'appartiennent pas à toutes les
carrières, mais dans toutes les professions, la considération publique, l'estime des hommes de bien, sont la juste
récompense des services qu'on a rendus, des sacrifices
qu'on s'est imposés. Pour un Instituteur qui s'élève à la
hauteur de sa mission, qui en comprend la dignité et en
remplit tous les devoirs, cette récompense est assurée, et
il peut également compter sur celles que le Gouvernement
destine aux Maîtres les plus respectables par leurs mœurs,
les plus dévoués à leurs fonctions, les plus utiles par leurs
travaux.

§ II. *Des devoirs de l'Instituteur primaire (et notamment du Directeur de Salle d'Asile) dans l'ordre social.*

203. Aucun état, aucune profession, aucune situation sociale n'exigent autant de douceur, de patience, de bonté, de sagacité que la direction d'une Salle d'Asile.

L'Instituteur primaire se trouve dans une position analogue; mais les succès de ses élèves, l'honoraire souvent considérable qu'il en reçoit, le temps limité de ses classes, après lesquelles il trouve le repos, toutes ces circonstances adoucissent sa position.

Quant au Directeur d'Asile, il est sans cesse placé auprès d'enfans qui parlent à peine, de petits êtres qui ont besoin de tous les genres d'assistance et de protection. Il les reçoit dans sa classe autant et plus pour les recueillir que pour les instruire, et cependant il doit travailler sans relâche au développement de leurs forces, de leurs habitudes et de leur attention. Des dispositions naturelles, de la bonne volonté, et quelques semaines d'exercice, permettent d'acquérir l'aplomb nécessaire pour correspondre d'action avec cette petite troupe d'élèves, et pour pouvoir, selon les occasions, comprimer sans effort les défauts naissans, et cultiver avec art les germes heureux du premier âge.

204. Les Directeurs de Salles d'Asile ne sont pas institués principalement pour anticiper l'âge de l'instruction intellectuelle en faisant apprendre aux enfans la lecture, l'écriture ou le calcul, dès qu'ils peuvent marcher et se tenir sur leurs jambes; ils sont surtout et avant tout les gardiens des enfans sous le rapport physique ou matériel, et leurs premiers Directeurs sous le rapport de l'éducation du cœur et de la volonté, c'est à dire sous les rapports les plus essentiels pour le bonheur des individus et pour la sécurité des sociétés.

Sous le rapport physique, l'existence des enfans, cette existence si menacée par toutes les maladies, est continuellement entre leurs mains : ils doivent la protéger par tous les moyens, et pourvoir à la remise des élèves aux familles dès qu'ils tombent malades, ou reçoivent quelque blessure dans l'intérieur de l'École et de ses préaux; ils doivent même, au dehors de l'École, surveiller la retraite des plus petits, et les garder jusqu'au soir ou au lendemain, plutôt que de les exposer, par négligence, au moindre péril.

Sous le rapport moral, ils sont appelés à cultiver et même à faire naître tous les sentimens vertueux et religieux. La religion ne s'enseigne pas seulement par la récitation des manuels, des catéchismes, ou par la lecture des livres saints et des auteurs pieux. Cette portion de l'éducation appartient plus spécialement aux Prêtres et aux Écoles du second âge; mais les sentimens religieux peuvent être inspirés dès le berceau; ils doivent être communiqués par une mère ou par un Instituteur destiné à suppléer l'assistance maternelle.

« Le sentiment de la divinité qui est inné dans l'homme
» doit être développé non par un Précepteur, mais par une
» mère; le Dieu d'une mère est toujours indulgent et bon
» comme celui de la nature; un Précepteur enseigne, une
» mère fait aimer : je voudrais que celle-ci pût donner ses
» premières leçons, non dans une ville, mais à la cam-
» pagne; non dans une église, mais sous le ciel : non
» d'après les livres, mais d'après les fleurs et les
» fruits (1). »

C'est aussi par les enseignemens de la nature, et le plus

---

(1) Bernardin de Saint-Pierre, *Harmonies de la Nature*.

souvent *sous le ciel et au milieu des fleurs et des fruits* que la Directrice de la Salle d'Asile pourra faire bégayer la première prière, et diriger vers le ciel une première pensée. C'est une belle prérogative que d'entrer sur ce point en partage de l'autorité maternelle ; les Directeurs d'Asile devront se montrer dignes de cet honneur, non pas un jour, mais tous les jours et dans tous les instans.

L'instruction ou direction morale ne se donne pas comme l'instruction intellectuelle, à des heures réglées et par un partage de minutes ; elle est de tous les momens et se forme peu à peu par les habitudes, qui se contractent autant au moins par l'imitation des bons exemples que par l'effet des admonitions. Il faut pouvoir se rendre chaque soir le témoignage, qu'on a fait tout le possible, dans la journée, pour restituer les enfans à leur famille mieux inspirés, plus préparés à devenir d'honnêtes enfans et de bons écoliers.

L'enseignement moral est la mission la plus importante des Directeurs d'Écoles primaires et celui qu'il faut commencer le premier. Il n'est personne qui ne sache que les inclinations de perversité, comme celles de vertu, se dessinent dès le plus bas âge, et qu'on ne saurait trop tôt s'occuper de déraciner les mauvaises et d'en faire naître de bonnes.

205. Les dispositions vicieuses viennent le plus souvent des exemples que les enfans reçoivent dans la maison paternelle, ou de l'incurie avec laquelle ils sont abandonnés à eux-mêmes ; c'est en cela surtout que le devoir de Directeur d'Asile devient plus délicat et plus difficile. Il ne doit jamais s'exprimer d'une manière désobligeante envers les parens, surtout en présence de leurs enfans ; il doit entretenir le respect filial, mais en s'efforçant de convertir les parens à d'autres habitudes et d'amener les

enfans à comprendre les avantages d'une conduite plus régulière.

206. Les Directeurs d'Asile sont, à cet égard, dans une
position plus avantageuse que les Maîtres d'École, d'abord
parce qu'ils peuvent parler dans l'intérêt des enfans sans
que les parens puissent soupçonner ceux-ci d'avoir fait des
plaintes, et qu'alors l'admonition est reçue sans reflet fâcheux pour l'enfant; ensuite, parce que les Asiles étant,
de leur nature, des Établissemens de bienfaisance, les avis
pourront être souvent donnés en même temps que les secours.

Le Maire et les notables habitans doivent considérer
les Salles d'Asile comme des lieux où se peuvent faire les
plus utiles et les plus touchantes aumônes. Elles recevront
les familles les plus chargées d'enfans ; elles connaîtront,
par conséquent, les causes de misère les plus honorables
et les plus sacrées. Le Directeur d'Asile ne serait point à la
hauteur de ses fonctions s'il ne devenait pas l'intermédiaire
du pauvre et du riche, et s'il n'était pas en même temps
l'exemple des enfans et le consolateur des familles.

207. L'Instituteur doit éviter de contracter des liai-
sons trop intimes dans la commune où il habite ; il
se doit également à tous les enfans qui lui sont confiés, et ses relations avec les parens des élèves doivent se ressentir de cette nécessité de l'égalité de procédés envers toutes les familles dont il est entouré. Il a
d'ailleurs besoin non seulement de l'estime, mais de la
bienveillance des notables qui peuvent être appelés chaque
jour dans le Comité de surveillance locale, au contrôle duquel toutes ses actions sont soumises, et des habitudes d'in-
timité trop peu réfléchies ou poussées trop loin pourraient

produire de fâcheux résultats en l'exposant à des tracasseries ou à des haines, si fréquentes dans les petites communes.

Ces intimités pourraient aussi avoir pour effet d'altérer,
même à son insu, la réputation de sobriété et de régularité
dont un Maître d'École doit être environné, ou d'autoriser
les personnes auxquelles il donnerait des droits sur lui à
exiger des mesures d'exception particulières et des relâche-
mens de toute espèce tant dans l'ordre général que dans
les détails de la discipline journalière de son Ecole. Il doit
se conserver utile à tous, indépendant de tous, respecté de tous, et craindre de perdre cette noble position
en devenant l'obligé, le complaisant ou l'instrument de
quelques familles.

208. Vis à vis du public, en général, le Maître d'Ecole
doit être réservé et poli ; il doit, sans interrompre les exercices des enfans, se présenter de lui-même vers la porte de
sa classe pour reconnaître les visiteurs.

Si ces visiteurs sont les parens des enfans, il doit les
accoutumer à savoir qu'il ne peut les recevoir et les entendre qu'après et avant l'heure des classes, c'est à dire
dans les momens qui ne sont pas exclusivement consacrés
à l'instruction de ses élèves. Si ce sont des visiteurs étran-
gers aux enfans, attirés par le désir de voir la marche
générale de la classe, il doit les admettre et continuer les
exercices en leur présence, répondre avec simplicité à leurs
questions, écouter leurs avis quand ils paraissent dignes
d'attention, pour les méditer et en conférer avec les Inspecteurs de l'Etablissement.

209. Les devoirs des Instituteurs s'étendent au delà du
cercle des élèves et de leurs familles ; ils ont encore dés
rapports nécessaires avec diverses Autorités.

Le Maire est le fonctionnaire avec lequel le Maître d'École doit être en plus fréquente relation. Ce Magistrat est, à l'égard de tout habitant, le chef de l'Administration municipale; mais, à l'égard de l'Ecole, il est le président du Comité de surveillance locale et autorisé, à ce titre, à parler au nom du Comité. Il doit être informé de tout ce que fait le Maître d'Ecole dans sa classe, de la méthode qu'il suit, des livres qu'il donne à ses élèves ou qu'il leur explique; il doit connaître et, au besoin, régler les heures des exercices. Le Maître ne doit pas s'absenter de la commune sans sa permission; enfin, en toute occasion, la déférence est un devoir à son égard, soit qu'il se présente comme simple Inspecteur, soit qu'il parle au nom de la Loi, du Ministère public ou de l'Autorité administrative; car il est, dans la commune comme dans l'Ecole, l'organe et la sentinelle de l'ordre social : l'obéissance immédiate lui est due, sauf recours, en cas d'abus, à l'autorité des Comités d'arrondissement et du Ministre de l'Instruction publique.

210. Les Curés, Pasteurs et Rabbins ont aussi un droit d'entrée continuelle dans les Établissemens d'éducation. Comme les Maires, ils y apportent un double caractère : ils sont membres du Comité de surveillance locale et ministres de la religion dans la commune de leur résidence; à ce titre, leurs visites et leurs recommandations doivent être reçues avec déférence. Si l'Instituteur et le Prêtre sont d'accord sur les heures et le mode à employer pour l'instruction religieuse, ils font connaître l'ordre qu'ils ont adopté au Comité de surveillance; si, au contraire, des difficultés s'élèvent, elles doivent être résolues, au provisoire, par les Comités locaux et, en définitive, soit par les Comités d'arrondissement, soit par le Ministre de l'Instruction publique.

S'il arrivait que le Ministre de la religion, par dissidence d'opinion ou par un motif quelconque, refusât sa bienveillance à l'École, le Maître devra faire tous ses efforts, soit pour la mériter, soit pour la reconquérir. Le Ministère des autels et celui de l'éducation sont tous deux trop sublimes pour ne pas marcher de concert vers le but commun qu'ils se proposent. L'un parle au nom de la foi et de l'autorité divine, l'autre parle au nom de la morale et de l'autorité paternelle ; il faut qu'ils se concilient d'eux-mêmes, ou qu'en cas de dissentimens, ils ne cessent pas de mériter l'estime de la population qu'ils sont appelés à instruire et à améliorer autant par l'exemple que par le précepte.

211. Les notables qui font partie des Comités locaux de surveillance seront habituellement bien placés pour ménager ces conciliations et entretenir l'harmonie nécessaire entre tous les fonctionnaires d'une même localité. Le Maître d'École devra toujours les consulter, et, dans les circonstances difficiles ou embarrassantes, leur soumettre constamment sa conduite et ses procédés. Le droit de plainte sur la gestion de tous les Instituteurs, droit accordé à ce Comité par l'article 21 de la Loi, commande au Maître d'École la plus grande loyauté dans ses relations avec ses surveillans immédiats.

Le Maître doit éviter également le reproche d'impiété et celui d'hypocrisie. Il doit se montrer honnête homme, irréprochable, élevant les enfans qui lui sont confiés dans les principes de la morale divine, dans l'amour du pays et des institutions constitutionnelles qui le régissent ; il doit leur inculquer des habitudes d'ordre, de régularité, de loyauté, d'application et de réflexion. En suivant constamment cette ligne, non seulement il sera à l'abri de tout reproche, mais il sera assuré de l'approba-

tion générale et de celle des Autorités préposées à sa surveillance.

212. Les relations du Maître d'École sont plus rares
avec les membres des Comités d'arrondissement et avec les
Autorités supérieures du département; il doit leur soumettre aussi les difficultés qu'il rencontre dans l'exercice de
ses fonctions, et préparer les notes et renseignemens nécessaires pour pouvoir expliquer nettement aux Inspecteurs,
dans leurs tournées, tous les objets qui lui ont paru être
de nature à mériter l'attention de l'Autorité supérieure
administrative, ou législative.

Tous ces principes généraux vont trouver leur application aux Salles d'Asile dans les chapitres suivans.

CHAPITRE III.

DES DEVOIRS QUOTIDIENS DES DIRECTEURS ET DIRECTRICES D'ASILE.

§ Ier. *Devoirs généraux.*

213. Le régime quotidien des Maîtres d'Asile demande la plus grande ponctualité. Ils doivent se lever de bonne heure, préparer tout le matériel de leur classe, prendre toutes les dispositions nécessaires pour la propreté de la maison, déjeûner dès huit heures du matin, ne pas cesser un instant de surveiller. Ils peuvent, de midi à deux heures, en même temps que les enfans, prendre quelque nourriture dans le préau; mais ils ne doivent dîner qu'après la retraite des enfans, c'est à dire à six ou sept heures du soir, autrement leurs repas nuiraient à la nécessité continuelle de leur surveillance.

214. Le Maître en chef ou Directeur doit avoir la responsabilité générale de la Maison; il reçoit le public, les visiteurs, les fondateurs, les bienfaiteurs, les Autorités locales, les dames inspectrices, l'Inspectrice générale, les parens des enfans, les enfans eux-mêmes.

Il tient trois Registres et un Cahier de notes, et doit les représenter lorsqu'ils lui sont demandés dans les visites d'inspection.

Les Registres sont :

1°. Le *Registre-matricule,* où s'inscrivent l'un après

l'autre, sous une même série de numéros, les noms, prénoms des enfans admis à l'Asile, les noms, demeure et profession de leurs parens, et les recommandations faites par ces derniers sur les moyens d'amener et de reconduire les enfans. Ce Registre est disposé ainsi qu'il suit :

N° D'INSCRIPTION.	NOM ET PRÉNOMS DE L'ENFANT.	NOM ET PRÉNOMS des PARENS OU TUTEURS.	DEMEURE et PROFESSION.	OBSERVATIONS.
1.	LEFEVRE (Adèle).	LEFÈVRE (Philippe), en son absence, LENOIR (Louise), tante de l'enfant.	Maçon, rue des Moulins, n. 7.	La garder le soir, après quatre heures, jusqu'à ce qu'on vienne la chercher.

2°. Le *Registre des recettes et dépenses,* où doivent s'inscrire toutes les recettes autorisées et toutes les dépenses également autorisées.

3°. Le *Registre des Visiteurs et d'inspection* est un livre où les Inspecteurs et Visiteurs inscrivent les observations qu'ils ont cru devoir faire, ou se bornent à constater leur visite par leur signature.

4°. Le *Cahier de notes* est utile au Maître pour y consigner ses souvenirs. C'est sur ce Livre qu'il peut inscrire les réflexions dont il doit faire passer le résumé, chaque semaine ou chaque mois, soit au Maire de la commune, soit aux membres des Comités locaux, soit à l'Inspectrice générale, soit aux Ministres des divers cultes, soit aux parens, pour produire l'amélioration morale de ses élèves ou celle du régime matériel de l'Etablissement qu'il dirige.

Ces divers Registres doivent être constamment placés sur les rayons ou dans le tiroir de la table à écrire debout,

et toutes les écritures doivent y être faites jour par jour, au
fur et à mesure des événemens qui les occasionent, *sans
aucun arriéré*.

215. La Maîtresse supplée le Maître dans tout ce qu'il
ne peut pas faire, et notamment le seconde dans les évolutions, le soin des enfans, l'usage de leur panier, la surveillance de leurs repas et de leurs récréations, la réception
des parens, des Visiteurs, et dans tous les soins de la
tenue de la Maison.

216. La femme de service est plus spécialement chargée des détails de propreté, des commissions, de reconduire chez eux les enfans qui tomberaient malades ou
auxquels surviendraient quelques accidens.

217. Tous ces soins divers ne peuvent être que difficilement remplis par la même personne, lorsque sa surveillance doit s'étendre à plus de cinquante ou soixante
enfans.

Deux personnes en soignent facilement cent cinquante;
trois personnes en soignent facilement deux cents, et peuvent en surveiller jusqu'à trois cents.

Trois cents inscrits, fournissant chaque jour deux cents
à deux cent quarante présens, sont la plus grande proportion pour laquelle on puisse préparer les locaux dans les
grandes villes.

218. Les Maîtres doivent répondre de l'exécution des
réglemens; ces réglemens peuvent varier selon les localités, mais en voici les bases générales :

Surveiller l'exactitude des arrivées, des entrées et sorties de classe.

Surveiller la nature et la quantité des alimens que doivent apporter les enfans, l'état de leurs vêtemens et de leur propreté, entrer en relation avec les parens sur tous ces points.

Recevoir les personnes qui ont droit de visiter la Maison, sans verbiage et sans quitter l'ordre général des fonctions de Directeur ou Directrice.

Recevoir les dons et offrandes des Visiteurs, et en tenir compte; leur présenter le Registre de visite et, s'il y a lieu, celui de recette et dépense.

Indiquer au Médecin, lors de ses visites, les enfans qui paraissent mériter attention; tenir note de ses réponses, et lui présenter, s'il y a lieu, le Cahier de notes, s'il doit écrire quelque chose de relatif à un enfant, ou le Cahier d'inspection, s'il doit écrire quelque chose de relatif à la tenue générale de l'Etablissement.

Avertir les Administrateurs et Inspecteurs de l'Asile de tout ce qui peut être intéressant sous le rapport de la solidité ou de l'entretien des bâtimens et du mobilier de l'Établissement.

En un mot, veiller à l'ensemble et aux détails de la Maison, et en rendre compte à qui de droit.

219. La surveillance de l'Asile est continuelle et n'admet que de très rares interruptions, même les jours de dimanche et autres époques ordinairement consacrées au repos. On ne doit pas oublier que l'Asile est autant et plus Maison d'hospitalité et de secours que Maison d'éducation et d'instruction; il ne faut pas que, sous prétexte de jour férié, un enfant puisse être délaissé dans la rue lorsque ses parens sont obligés, pour un motif grave, de quitter leur domicile. La charité est une vertu de tous les jours; l'Asile doit être accessible sans interruption ni chômage.

Cependant il est convenable que le Maître puisse jouir de quelques instans de relâche, et par cette raison il faut, à certains jours de l'année, tenir l'Asile et ses préaux ouverts, mais les classes fermées, et ne recevoir, que pour cause d'urgence, les enfans qui se présentent nonobstant la suspension des exercices.

Ces jours sont :

Les cinquante-deux dimanches de l'année ;

Les premier et dernier jours de l'an ;

Le lundi de Pâques ;

L'Ascension ;

L'Assomption ;

La Toussaint ;

Noël ;

Le jour de la Fête du Roi et des autres réjouissances nationales ordonnées par l'Autorité publique.

Dans tous ces jours, le Maître d'Asile ne doit point sortir de sa maison sans une permission du Maire de la commune, et sans avoir pourvu à la garde et à la surveillance des enfans en petit nombre qui lui seraient confiés pendant la fermeture des classes.

§ II. *Division de la journée ; mouvement général de l'Asile ; soins nécessaires au développement physique des élèves.*

220. De six heures du matin à dix heures, arrivée successive des enfans.

De dix heures à midi, première classe.

De midi à deux heures, récréation.

De deux heures à quatre heures, deuxième classe.

De quatre heures au soir, heures de retraite ou d'attente,

Occupations pendant les heures de la journée.

221. Les enfans arrivent tous à des heures différentes; en vain essaierait-on de faire comprendre aux parens la nécessité d'une règle : les uns veulent les envoyer ou les conduire dès le matin, avant de partir eux-mêmes pour leur travail; les autres se reposent sur une voisine du soin de les amener à l'Asile; tels veulent ne les envoyer qu'après déjeûner. Il faut se conformer à toutes ces habitudes, exhorter continuellement les parens à envoyer les enfans de bonne heure, mais les accueillir quand ils viennent, et toujours d'une manière affable, douce, affectueuse.

222 Le Directeur d'Asile, résidant près de sa classe, doit se promener fréquemment sous les auvents qui entourent la cour de récréation, et recevoir les enfans au fur et à mesure de leur arrivée; il doit parler aux parens qui les amènent, donner quelques conseils sur la conduite à tenir envers les enfans, d'après les dispositions bonnes ou mauvaises qu'il a remarquées dans chaque élève. Il doit s'assurer si le panier apporté par l'enfant contient ou non des vivres pour la journée; il doit exiger de l'enfant qu'il donne lui-même son panier à placer sur des planches disposées à cet effet, afin qu'il sache le réclamer lors de son départ.

223. Il doit rester au milieu des enfans qui arrivent, leur parler seul à seul, diriger leurs jeux, s'opposer à toute rixe, prévenir tout danger, réprimer toute parole grossière, tout geste ou mouvement désordonné. Il doit commander le respect et la subordination des enfans, au point de les réduire subitement au silence par un coup de sifflet, lorsqu'il a un avertissement collectif à leur adresser. Il doit

se ménager leur affection, et les amener au point de recourir à lui pour toute assistance dans leurs jeux; il faut
enfin qu'il se conduise de manière à voir leur naïve physionomie s'épanouir dès qu'il paraît, et le rechercher s'il
s'éloigne.

224. Une fois entrés dans la Maison d'Asile, les enfans
ne doivent plus sortir qu'à la fin de la journée; fussent-ils
arrivés dès l'aube du matin, ils doivent rester en récréation
sous l'œil du maître, de la manière que nous venons d'indiquer.

225. Ils doivent, à moins qu'ils n'arrivent après déjeûner, faire, pendant cette première récréation, un repas
avec une portion de ce qu'ils ont apporté; le Maître doit
surveiller les demandes que chaque enfant fait de son panier, et l'usage qu'il s'en permet.

226. C'est aussi pendant cette première récréation, et
vers neuf heures et demie, que le Maître désignera, parmi
les enfans qui sont arrivés, les moniteurs de lecture et d'é-
criture qui seront chargés d'enseigner pendant le cours de
la journée; il excite l'émulation en faisant ambitionner
cette marque de distinction; il doit choisir autant de moniteurs qu'il y a de porte-tableaux, et les introduire un instant dans la classe pour leur indiquer le porte-tableau ou
centre de cercle dont chacun sera chargé.

Nous disons les introduire un instant, car la règle générale est de ne jamais entrer dans les classes hors le
temps des exercices, afin qu'elles soient maintenues en
état de propreté et considérées avec respect, comme des
lieux consacrés au travail, et dans lesquels il n'est pas permis de se livrer aux jeux de la récréation.

227. Lorsque l'Asile n'est pas peuplé d'un nombre d'en-

fans assez considérable pour qu'une femme de service y
soit attachée , c'est au Maître , par lui-même, aidé des
deux ou trois plus grands enfans, à prendre les soins
de propreté, afin que la classe soit dès le matin balayée,
aérée, époussetée, frottée, essuyée dans toutes les parties
de ses murs, de ses fenêtres et de son mobilier. Lorsqu'il y
a une femme de service, elle peut aussi se faire aider par
les enfans.

Tous ces soins devront être pris pendant les heures
d'arrivée, mais long-temps avant l'entrée en classe.

228. C'est aussi pendant ces heures d'arrivée que le
Maître doit faire, pour tous les enfans, l'inspection de
propreté pour s'assurer que le visage et les mains ont été
lavés, que les cheveux ont été coupés, que la tête est
saine et purgée de toute malpropreté ; il doit faire aux parens des observations, s'il y a négligence de leur part, et
tenir à ce que la tête des enfans soit enveloppée d'un
mouchoir, toutes les fois qu'elle n'est pas dans un état sa-
tisfaisant.

Cette inspection sera terminée à neuf heures trois quarts
environ.

Entrée en classe.

229. Quelques minutes avant dix heures, et au premier coup de cloche, les enfans se placent sur deux files,
les garçons dans un rang, les filles dans l'autre ; ils entrent
en classe à dix heures précises. Les moniteurs sont dans les
rangs ; cependant le Maître doit avoir soin que les plus
grands soient en avant, les plus petits en arrière, et que les
moniteurs, de dix en dix environ, puissent soutenir l'uni-
formité du mouvement.

Les enfans étant placés sur deux files ; aussitôt après le coup de cloche qui précède dix heures, le Maître dirige ces files vers chaque porte (*Planche* 2).

Lorsque les portes sont ouvertes et les enfans rangés, le Maître, avec une touche en bois, marque la mesure du pas qui doit être marché, et les enfans marquent le pas sur place, sans bouger, jusqu'à ce que la mesure soit uniforme.

A l'instant où il va commencer d'indiquer la mesure, il donne un coup de sifflet, et, profitant du silence que cette indication produit, il dit à haute voix : *Marquez le pas!*

Si le pas n'est pas battu juste par les enfans, il dit : *Au temps!* jusqu'à ce que le pas soit régulier.

Ce pas se soutient à la mesure, toujours indiquée par le Maître, jusqu'à ce que la file de garçons soit placée dans les bancs des garçons, et la file des filles dans les bancs des filles.

Comme cette marche dure long-temps, il est bon d'obtenir des enfans qu'ils se tiennent droit, les mains jointes derrière le dos, et qu'ils avancent lentement, en chantant en mesure du pas qu'ils marquent.

Les chants et marches les plus usités pour ce mouvement sont ci-après indiqués ; il n'est pas besoin d'ajouter qu'on peut adopter toute autre musique et toutes autres paroles. (*Voyez* à la fin du volume.)

Si le nombre d'enfans est plus considérable en longueur qu'une file de bancs, les enfans entrent en classe par la seconde file de bancs, et remontent la première jusqu'à ce que toute la file soit placée.

Dès que l'enfant qui conduit la file est arrivé à la première place du dernier banc, le Maître donne un coup de sifflet, et dit : *Halte!*

Quand le pas est bien arrêté, il dit : *Front!* et les enfans exécutent demi-tour pour faire face au milieu de la classe.

Prière.

230. Aussitôt que ce mouvement est exécuté , le Maître se place entre les deux rangs d'enfans, vers l'extrémité supérieure, et dit sur le ton du commandement : *A genoux!*

Les deux files d'enfans étant à genoux, les mains jointes, le Maître récite tout haut la prière, ou la fait réciter, en tout ou en partie, par un ou plusieurs des enfans les plus avancés (*Planche* 3).

La prière se borne à la récitation, soit de l'Oraison dominicale , soit de toute autre prière approuvée de l'Autorité locale et des bienfaiteurs de l'Asile.

A cette récitation d'habitude, le Maître doit joindre quelques interpellations aux enfans, pour leur faire comprendre l'objet de la prière.

EXEMPLE : Qui est-ce qui a fait venir le jour ce matin? Qui est ce qui a fait lever le soleil? Qui est-ce qui fait pousser les feuilles des arbres? Qui est-ce qui fait que la nuit viendra ce soir? Qui est-ce qui fera lever la lune? Qui est-ce qui fait pousser le blé avec lequel on fait du pain, etc., etc.? Ne faut-il pas remercier celui qui fait toutes ces choses, et nous bien conduire pour lui être agréable? C'est lui qui nous a donné la raison, qui nous a dit d'aimer notre père, notre mère, nos frères, nos sœurs, de ne faire de mal à personne, de faire plaisir à nos camarades quand nous le pouvons. Remercions Dieu de ses bienfaits, soyons reconnaissans et sages pour lui plaire.

C'est après une instruction de ce genre qu'on peut leur faire chanter des paroles appropriées, autant que possible, à l'intelligence des enfans, et destinées à leur inculquer

les premiers principes et les vérités immuables de la religion.

(*Voyez* la musique placée à la fin du volume.)

Classe de Lecture par épellation.

231. La prière étant finie, le Maître dit : *Levez-vous!*

Les enfans se tiennent droit, et attendent ; le Maître dit :
Moniteurs, en classe de lecture!

Les moniteurs désignés se rendent chacun à son porte-
tableau, prennent la touche de bois dans leur main droite,
et tiennent le pied du porte-tableau dans leur main gauche.

Lorsqu'ils sont tous en place, le Maître dit : *Marchez
doucement en classe de lecture!*

Les enfans quittent alors leur file, et vont se classer à
peu près comme ils étaient dans la classe précédente, reconnaissant leurs moniteurs et leurs camarades.

Il est difficile d'arriver à un meilleur classement avec
des enfans si jeunes qu'une partie d'entre eux ne comprend
pas le commandement. L'habitude de quelques jours et
l'attention du Maître font devenir ce classement aussi parfait qu'on peut le désirer, ainsi qu'on va le voir.

Les cercles étant formés autour des moniteurs, ceux-ci
montrent les lettres ou syllabes des tableaux, une à une,
avec leur touche, et doivent faire lire et épeler tout le
cercle qui les entoure (*Planche* 4).

Le Maître parcourt tous les cercles, s'assure de l'attention des moniteurs et des enfans, rectifie le classement,
s'il se trouve mal gradué, en changeant tels et tels enfans
de tels et tels cercles, et fait ainsi le tour de la classe pour
s'assurer que chaque force est bien en présence de chaque
difficulté.

Les lectures doivent se faire à assez haute voix pour qu'on
soit certain que tous les cercles travaillent, et à voix assez

modérée pour ne pas se nuire les uns aux autres, ni causer une rumeur générale trop forte. Le Maître se promène toujours des uns aux autres, et maintient cette classe aussi long-temps qu'il voit l'attention se prolonger, c'est à dire une demi-heure au moins, et plus s'il voit l'attention universellement soutenue, cas auquel il ne faut jamais interrompre un exercice.

Immédiatement après la classe de lecture, doit avoir lieu un exercice du gradin ; mais, pour y arriver, il faut exécuter une évolution que nous allons décrire.

Évolution pour passer de la lecture en cercles à l'exercice du gradin.

252. Le Maître se place en haut de la classe, entre les deux files, et donne un coup de sifflet.

Tous les enfans se tournent vers le Maître sans changer de place.

Le Maître dit : *Moniteurs, accrochez les touches!*

Les moniteurs accrochent leurs touches au clou qui est en haut de chaque porte-tableau.

Dès que les touches sont placées, le Maître dit : *Faites passer les petits au second rang!*

Les moniteurs et les plus grands restent dans la file intérieure, en dehors des bancs, et facilitent le passage des plus petits dans l'entre-deux des bancs.

Ceci exécuté, le Maître dit : *Marquez le pas!* et il frappe la mesure jusqu'à ce que le pas soit unanimement adopté.

Lorsque tous les enfans marquent le pas, le Maître avance à la tête des plus grands, et leur fait signe de s'emparer des quatre lisières du gradin ; c'est ainsi qu'on appelle les deux bords des murs et les deux bords de la séparation du milieu.

Dès que les grands sont en place, debout sur les lisières du gradin, il fait signe aux petits d'avancer ; ceux-ci, aidés par les autres, ou gravissant tout seuls, si leurs forces le comportent, couvrent bientôt tout le gradin. On fait naturellement rester les plus petits sur les marches d'en bas ; mais chacun doit être placé à côté d'un plus âgé, et les âges doivent être mélangés sur toute la superficie du gradin, pour que les plus grands soient en aide aux plus petits.

Lorsque tous les enfans sont debout sur le gradin, le Maître donne un coup de sifflet, et dit : *Fixe!*

Tous les enfans restent immobiles.

Il ajoute : *Saluez!*

Les garçons se découvrent et font un geste de salut ; les filles font la révérence.

Le Maître dit : *Asseyez-vous!*

Tous les enfans s'asseient (*Planche* 6).

Exercices du gradin.

253. C'est sur le gradin que le Maître peut causer avec ses enfans réunis tous dans un petit espace et placés sous ses yeux, à la portée de la voix ; c'est là qu'il peut varier à l'infini tous les objets d'occupation et d'amusement, faire pénétrer une foule d'idées, ouvrir l'intelligence, discerner les dispositions, et avancer d'une manière surprenante ce qu'on doit appeler l'*éducation du premier âge.*

C'est sur le gradin que s'exécutent les principaux exercices du cours d'enseignement des Salles d'Asile, on va les énumérer ici ; on ajoutera des développemens et des exemples dans le chapitre cinquième du *Manuel des Directeurs*, destiné à donner des conseils pour le développement intellectuel des élèves,

Ce sont :

Les exercices de silence et d'attention, n° 281 et suivans;

Les exercices de lecture collective, n° 285 et suivans;

Le chant (*voir* les planches de musique à la fin du *Manuel*);

Les notions d'arithmétique et les exercices du boulier-compteur, n° 293 et suivans;

Les renseignemens sur les formes géométriques, n° 295;

Les notions de géographie, histoire, musique, physique céleste, n° 300 et suivans;

Les leçons de choses, n° 305;

Les leçons par questions, n° 306;

Les leçons par contrastes et ellipses, n° 307;

Les leçons par les images, n° 308;

Les exercices mixtes de gymnastique et d'intelligence, n° 309;

Les exercices de petite gymnastique, n° 310;

Les récitations de mémoire, n° 311;

Les conversations pieuses, morales, improvisées, n° 312.

Lorsque les exercices du gradin sont finis (et ils doivent durer au moins une demi-heure), on fait une évolution pour passer en classe d'écriture, vingt minutes environ avant de sortir de la classe.

Évolution pour passer de l'exercice du gradin à la classe d'écriture ou de tracé linéaire.

234. Le Maître commande le silence par un coup de sifflet. Pendant ce silence, il dit : *Levez-vous! Grands, descendez en classe d'écriture; marquez le pas!*

Et aussitôt il indique la mesure.

Les grands, en descendant, vont se placer le long des murs, les garçons d'un côté, les filles de l'autre, et se tiennent droit en file devant les ardoises. Quand autant d'enfans

sont descendus qu'il y a de places et d'ardoises, le Maître
retient les petits au gradin.

S'il y a deux Maîtres, l'un reste au gradin, l'autre vaque
à la leçon d'écriture.

S'il n'y a qu'un Maître, il place quatre porte-tableaux
devant le gradin, laisse quatre moniteurs pour indiquer
les lettres aux plus jeunes enfans, et se rend près de ceux
qui sont debout devant les ardoises.

Dès qu'il peut leur accorder son attention, commence
la classe d'écriture ainsi qu'il suit :

Écriture.

235. Le Maître donne un coup de sifflet, et prononce les
commandemens ci-après :

Attention ! Les enfans se tiennent droit et attendent.

Demi-tour à gauche ! Les enfans font demi-tour.

Face aux ardoises ! Ils font un second demi-tour.

Prenez les crayons ! Chaque enfant prend le crayon préparé d'avance au dessus de l'ardoise, et le tient dans sa
main droite.

Prenez les ardoises ! Chaque enfant décroche une ardoise, et la soutient dans sa main gauche.

Demi-tour à droite ! Chaque enfant fait demi-tour.

Face à la classe ! Ils font un second demi-tour qui les
remet au rang naturel.

Asseyez-vous ! Ils s'asseient.

Regardez vos modèles, travaillez ! Les enfans commencent par regarder les modèles d'écriture peints sur les
murs; pendant ce temps-là, le Maître leur apporte des
porte tableaux avec des modèles d'écriture ; il passe la
revue de tous les écrivans, et dirige la main, notamment
de ceux qui ne font encore que commencer (*Planche 5*).

S'il y a plusieurs enfans assez avancés, il se fait aider par eux.

Évolution pour sortir de classe.

236. La deuxième heure de classe étant sonnée, le Maître donne un coup de sifflet, et dit : *Levez-vous!* Ils se lèvent.

Face aux ardoises! Ils se tournent.

Accrochez l'ardoise! Ils l'accrochent.

Posez le crayon! Ils le posent au dessus de l'ardoise.

Pendant tout ce temps, les petits, restés au gradin, sont debout, sans bouger.

Le Maître donne un coup de sifflet et dit : *Toute la classe au gradin; marquez le pas!*

Les grands, qui étaient en classe d'écriture, retournent au gradin au pas et s'y asseient.

Alors le Maître dit à tous les élèves réunis : *Levez-vous! Demi-tour à droite!*

Les enfans, debout, récitent une brève prière, à peu près comme celle-ci :

« Mon Dieu! nous vous remercions de la santé qui nous
» a été conservée aujourd'hui et des progrès que nous
» avons faits; bénissez la nourriture que nous allons pren-
» dre; donnez-nous la force de vous aimer et de vous
» servir. »

Aussitôt après cette prière, le Maître donne un coup de sifflet et dit : *Attention! Demi-tour à.....* selon la direction qu'il veut leur donner.

Marquez le pas! Il indique la mesure, et les enfans s'y conforment.

Marchez! Ils marchent.

Il les conduit ainsi jusqu'au milieu du préau, et leur dit à voix haute : *Halte! Rompez les rangs!*

Les enfans se dispersent; la plupart demandent leurs paniers, qui leur sont donnés avec soin.

237. On peut encore adopter un autre mode de sortie
de classe, qui prolonge l'évolution et évite au Maître l'embarras de répondre à la fois à tous les enfans qui demandent leur panier au commencement de la récréation. Ce
mode, le voici : quelques minutes avant la sortie, on fait
mettre à terre, dans le préau couvert, ou sous les auvents,
tous les paniers des enfans, et en sortant de classe on les
fait défiler *au pas* le long de ces paniers, en autorisant
chacun à prendre le sien en passant. Quand on aperçoit
que tous les paniers sont dans toutes les mains, on dit
comme ci-dessus : *Halte! Rompez les rangs!* et les élèves
se dispersent, leur panier à la main.

Observation générale sur les évolutions.

238. Pour les évolutions qu'on vient d'indiquer,
comme pour toutes celles qui pourront être indiquées par
la suite, il faut faire observer qu'il est bien de les exécuter
en chantant ou en défilant au son d'un violon, d'une flûte,
d'un orgue de Barbarie ou de tout autre instrument, et
qu'on peut aussi animer la marche en distribuant à quelques enfans des petits drapeaux. Les marches et évolutions
doivent être considérées comme des intermèdes d'exercices
propres à raviver l'attention et la bonne humeur; on peut
sans crainte leur donner une expression de gaieté et de
mouvement, ce qui n'exclut ni l'ordre ni le respect qui doivent se conserver en classe.

Récréation de midi à deux heures.

239. Cette récréation, comme la précédente et comme
toutes les autres, demande la plus grande surveillance de la

part du Maître, pour qu'il ne puisse résulter aucun danger du rapprochement d'un grand nombre d'élèves ; elle doit être partagée en plusieurs sections ou exercices.

PREMIER EXERCICE.

Distribution d'alimens, et avertissemens sur la conduite morale.

A midi, plusieurs heures se sont écoulées depuis que les élèves sont arrivés dans l'Asile; IL FAUT AVOIR SOIN QU'ILS AIENT TOUS PRIS QUELQUE NOURRITURE DANS LA RÉCRÉATION DE MIDI A DEUX HEURES.

Tous ont dû apporter des alimens; mais ces alimens sont de diverse nature, selon la position des familles. Il en est qui ne possèdent que quelques bouchées de pain; il en est d'autres dont le panier n'est que trop garni.

C'est un devoir pour le Maître de savoir cantonner les enfans par pelotons, de manière à ce qu'ils prennent leur nourriture en vue d'enfans qui ne soient pas mieux approvisionnés qu'eux, à moins que ceux-ci ne soient assez bons camarades pour partager la bonne chère, disposition qu'il faut encourager sans en faire une loi et sans l'ébruiter; car il est peu de parens disposés à approuver la générosité de leurs enfans : et si l'on savait que ces partages ont souvent lieu, ce serait pour le Maître un sujet de fréquentes explications avec les parens.

Lorsque les enfans sont ainsi partagés en pelotons, assis sur de petits bancs séparés, ou même par terre, dans la belle saison, il en est qui ne trouvent que du pain dans leur sac, quelques uns même n'en trouvent point, ou si peu, que cela ne pourrait suffire à leur nourriture. C'est au Maître qu'il appartient de pourvoir à ce déficit soit en obtenant quelques bouchées de pain de ceux qui en ont trop, soit en ayant recours à quelques portions de purée ou de bouillie de pommes de terre, inépuisable ressource du pauvre. Un sac de pommes de terre, par mois, du prix de 2 à 3 fr., motive dans l'année une dépense de 50 fr., et donne le moyen d'apaiser plusieurs milliers de fois la faim des enfans qui se trouvent en détresse.

Si le Bureau de bienfaisance, si quelque bienfaiteur particulier peuvent procurer cette ressource au Maître d'Asile, jamais denier n'aura été placé à meilleur profit, jamais secours n'aura été appliqué à des besoins plus réels et plus immérités.

Il est important que les parens des élèves ne soient pas informés positivement de ce qu'on augmente la portion de leurs enfans lorsqu'elle est trop faible ; alors bientôt toutes les parts seraient sciemment rendues insuffisantes, et des artisans, même vivant dans l'aisance, ne rougiraient pas d'envoyer leurs enfans sans pain, pour les faire nourrir sur la bourse commune de l'Ecole. C'est là le danger de tous les secours publics qui se distribuent sans condition. Il faut, au contraire, reprocher vivement aux parens de ne pas garnir assez le panier de leurs enfans (quand ils méritent ce reproche), et les menacer de ne plus les recevoir si le panier n'est pas mieux approvisionné. Il faut même tenir parole sur cette menace, et refuser quelquefois les enfans quand leur panier ne contient qu'un morceau de pain insuffisant pour les soutenir pendant leur séjour, ou, à plus forte raison, lorsqu'il n'en contient pas du tout. Il n'y a pas de dureté à agir ainsi, car si l'Asile n'existait pas, il faudrait toujours trouver du pain pour l'enfant, et être encore embarrassé de sa garde ; on le recueille, on le soigne, on l'instruit : c'est bien le moins que les parens le nourrissent.

Voilà pourquoi le sac de pommes de terre ou de farine de pommes de terre suffit pour un si long espace de temps ; c'est qu'il s'agit de suppléer seulement à des cas rares de surprise ou d'impossibilité temporaire et bien avérée.

240. Il faut avoir soin aussi que les enfans puissent boire de l'eau saine pendant leurs repas. Il est difficile de leur servir à boire à tous, ou de leur confier une fontaine; le mieux est de disposer un certain nombre de baquets ou jattes, de les remplir d'eau très pure, très claire, et de les entourer d'un certain nombre de sébiles de bois ou gobelets de fer-blanc, pour que les enfans puissent y puiser et boire.

241. Le repas fait, il faut remettre chaque panier en place sur les tablettes, et laisser les enfans jouer, en surveillant leurs jeux.

242. L'heure de la récréation offre des occasions favorables pour faire à certains enfans des instructions ou des remontrances sur leur propreté, leur tenue extérieure, sur leur conduite, en basant la morale qu'on leur fait sur les événemens récens qui se sont passés autour d'eux, auxquels ils ont pris part, et en les éclairant sur leurs devoirs pour former leur conscience et diriger leur prévoyance. Telle récréation ainsi passée ne sortira jamais des souvenirs d'un enfant, et lui sera la plus salutaire des leçons.

C'est surtout dans la récréation de midi à deux heures, qui offre le plus long espace de temps, et qui a lieu avec l'ensemble de tous les enfans présens chaque jour, qu'il convient plus particulièrement de distribuer les avis maternels. Il faut, autant que possible, en trouver le texte dans les incidens de chaque journée. Ces incidens prennent ainsi la valeur d'un apologue, dont le Directeur doit déduire et faire valoir le trait moral.

DEUXIÈME EXERCICE.

Contrôle ou appel.

243. A une heure et demie, le Maître, qui a surveillé

les enfans depuis le matin, qui vient de les assister, de leur donner leurs paniers, et de les recevoir de nouveau de leur main, doit prendre le Registre-Matricule et tenir note du nom des enfans absens, afin de s'informer plus tard des causes de leur absence. Il serait impossible de faire subir un appel à des enfans si jeunes, dont plusieurs ignorent leur nom; mais il est facile au Maître de suppléer à cet appel par la lecture de tous les noms de son Registre, et, en se faisant aider le plus souvent par quelques enfans des plus âgés, il parvient à se rendre compte des absences. On verra plus tard ce qu'il doit faire pour en connaître les causes.

Deuxième classe, de deux à quatre heures.

244. Après la récréation de midi à deux heures, on rentre en classe de la même manière que le matin à dix heures (*voyez* ci-dessus, n° 229), et la classe doit se diviser de même en *prière, lecture, exercice du gradin, écriture, prière;* après quoi les enfans sortent pendant une longue sonnée de cloche, et peuvent se retirer chez eux.

Heures d'attente après quatre heures du soir.

245. Les enfans doivent (pour la plupart) se retirer après la seconde classe; cependant toutes les fois que les parens ont exprimé le désir de faire garder leurs enfans jusqu'à ce qu'ils reviennent eux-mêmes les chercher après l'heure de leur travail, on doit déférer à ce désir, afin de ne pas exposer les enfans à attendre leurs parens dans la rue.

L'hiver surtout, il peut être fort intéressant de garder

ces jeunes petites créatures dans un endroit chauffé, tel que le préau couvert, ou toute autre disposition des lieux.

Ces enfans, ainsi déposés jusqu'au soir, appartiendront ordinairement aux familles les plus dépourvues de ressources. Le Maître d'Asile doit s'estimer heureux d'avoir été mis à portée de soulager les parens dans la personne de leurs enfans : il peut connaître les circonstances de leur misère, et être un utile intermédiaire, auprès de l'Autorité municipale, pour faire cesser ou adoucir leur détresse, en leur procurant du travail et même des protecteurs lorsque leur conduite est honorable.

Si l'absence d'un enfant les inquiète, c'est vers ce moment, de quatre à six heures, que les Maîtres d'Asile doivent aller chez les parens s'informer de ce qui a pu motiver cette absence.

Que les Maîtres d'Asile soient dévoués à une vie charitable; qu'ils agissent, non par intérêt, mais pour le plaisir d'être utiles à leurs semblables; qu'ils ne craignent pas d'augmenter leurs fatigues. Quand ils passeraient douze heures par jour à soutenir la faiblesse de leurs élèves et à soulager la misère des parens, douze heures encore leur resteraient pour le repos du corps et le contentement de l'ame. Bien des puissans de la terre pourraient envier leur sort!

Emploi du dimanche.

246. Les Maîtres d'Asile pourront, selon le nombre de leurs élèves les plus avancés, et selon le désir des Autorités locales et des bienfaiteurs des Etablissemens qu'ils dirigent, réunir le dimanche plusieurs de leurs élèves pour les conduire à l'office divin. Si le jeune âge de ces enfans, ou d'autres circonstances rendent cette réunion inutile, les Maîtres d'Asile doivent au moins employer une partie de ce

jour de repos à aller visiter ceux de leurs élèves qui sont
malades, à s'informer de ceux qui ont été absens plusieurs
jours de la semaine; à instruire les parens sur les circonstances de la conduite de leurs enfans, qui méritent attention, correction ou au moins surveillance, et à appeler
l'assistance du Maire et des personnes les plus bienfaisantes
de la commune sur la détresse bien vérifiée des plus
pauvres enfans qui fréquentent l'Asile et sur les causes
de la misère de leurs parens. C'est en prenant tous ces
soins que les Maîtres d'Asile mériteront la confiance dont
il est désirable de voir revêtus ceux que toute une commune appelle à suppléer, envers les enfans, les devoirs de
l'autorité paternelle et les soins de la tendresse maternelle.

Division de la journée dans le cas d'un Asile de nouvelle fondation.

247. Il est évident que l'ensemble des exercices que
nous venons d'indiquer ne peut s'exécuter avec facilité ni précision dès le premier jour de l'ouverture
d'un Asile. Ce serait vouloir augmenter sans nécessité les
difficultés, que de commander ces évolutions à un grand
nombre d'enfans qui n'en auraient pas l'habitude. Il est
donc nécessaire de n'admettre en commençant qu'un petit
nombre d'enfans, et de les choisir de préférence dans l'âge
de cinq à sept ans, c'est à dire capables de comprendre,
et de s'assujettir à un commandement.

Si l'Asile est destiné à cinquante enfans, il faut en admettre d'abord dix, et les bien former; promptement vingt,
et les bien former; assez promptement trente, et rester
quelque temps sur ce nombre jusqu'à ce qu'ils soient tous
d'une docilité parfaite. Alors les vingt autres peuvent être
amenés successivement un à un, deux à deux, au fur et à

mesure des occasions, et en laissant constamment quelques jours d'intermittence pour chaque admission. Si l'Asile est de proportion moyenne, on peut commencer par vingt, et augmenter progressivement d'après le système que nous venons d'indiquer.

Si l'Asile est de la plus grande proportion, on peut ouvrir avec quarante enfans, et admettre les autres peu à peu.

Aussi long-temps que dure l'organisation, c'est à dire aussi long-temps que le nombre des élèves n'est pas complet, et que la précision de leur obéissance n'est pas entière, il faut se résoudre à faire des classes de très petite durée. L'attention ne pouvant se soutenir sans ensemble, il faut renvoyer fréquemment au préau les enfans qui troublent l'ordre, pour rester avec ceux qui l'observent; puis les faire rentrer quand les mouvemens s'exécutent au mieux, pour les entraîner par là puissance de l'exemple de toute une petite troupe qui manœuvre régulièrement.

Il faut aussi quelquefois dissoudre la classe entière, et ne réserver qu'un ou deux pelotons d'enfans inattentifs, les mélanger avec des enfans plus exercés, et rompre ainsi des pelotons entiers, de manière à rendre habile la majorité des enfans qui fréquentent la classe.

Pour les exercices de lecture, d'écriture, pour tous ceux dans lesquels il faut le concours des moniteurs, le Maître doit commencer avec un petit nombre d'enfans, faire lui-même l'office de moniteur, se faire imiter, et répéter tous les exercices avec patience à de petits pelotons d'auditeurs, jusqu'à ce que les habitudes soient contractées.

On est étonné de voir combien d'évolutions peuvent être apprises, et combien de correspondances peuvent être établies en une semaine sous un Maître habile et exercé.

III. *Soins nécessaires à la santé et au développement physique des enfans.*

248. La lecture de ce qui précède doit avoir fait suffisamment comprendre que les enfans sont dans l'Asile plutôt en continuel mouvement qu'en continuelle étude : récréation du préau, évolutions, gymnastique, pantomime, gestes et langage par signes, tout entretient l'activité du corps en même temps que celle de l'esprit.

Cependant, il convient d'appeler l'attention sur quelques soins hygiéniques, et sur les exercices corporels les plus convenables pour le jeune âge.

Les enfans doivent vivre le plus possible au grand air, et la tête découverte toutes les fois qu'une maladie quelconque n'oblige pas à leur envelopper la tête d'un mouchoir. La casquette ne doit servir qu'en temps de pluie, et pour circuler dans les rues ; le bonnet des petites filles doit servir dans les mêmes occasions que les casquettes des garçons. Tête nue et cheveux longs de quelques pouces tout au plus, c'est l'habitude la plus favorable à la santé.

249. L'air des Salles doit être renouvelé souvent, et tous moyens de ventilation doivent être facilités ; mais les enfans ne doivent jamais être laissés dans un courant d'air.

L'eau qu'ils boivent doit être filtrée et, en été, édulcorée de racine de réglisse.

250. Il faut interdire toute espèce de rixe et de lutte grossière. Les meilleurs exercices, pendant la récréation, sont la course, le saut à petites distances, la marche ou saut avec une corde, appelé vulgairement *Jeu à la corde*.

251. On peut aussi disposer dans le préau une tête de bague, d'où pendent plusieurs cordes ; les enfans grimpent et s'y suspendent en tournant. Ce jeu est très usité dans les préaux des Écoles d'Angleterre, parce qu'il représente un mât et des cordages, et offre, en ce point, l'occasion d'imiter des exercices fréquens et utiles à la population de ce pays.

On peut aussi disposer de petits portiques ou barres parallèles, selon la méthode du colonel Amoros. Des portiques d'un mètre de haut, sous lesquels on place une forte couche de sable, permettent de se livrer sans danger à une foule d'exercices d'agilité qui développent les forces musculaires.

Les portiques et barres parallèles sont la portion la plus élémentaire de la collection de gymnastique du colonel Amoros. On peut voir cette collection dans son gymnase civil et militaire du parc de Grenelle, près la barrière de l'École Militaire, à Paris.

252. Lorsque les localités procurent la facilité de mettre un jardin à la disposition des enfans et de leur donner des outils de jardinage, les exercices auxquels ils se livrent alors ont l'avantage de les intéresser beaucoup et de développer à la fois leurs forces et leur intelligence ; mais lorsqu'on ne peut leur offrir ce genre de plaisir, au moins faut-il leur livrer un préau sablé dans lequel ils puissent rester long-temps en plein air et s'adonner aux jeux et exercices qu'on vient d'indiquer sommairement.

253. Les Directeurs d'Asile n'ont pas besoin d'être initiés à la connaissance des maladies, et ils doivent s'abstenir de concourir à leur traitement. Il leur est expressément défendu de recevoir des enfans malades, et surtout ceux dont les maladies présenteraient un caractère contagieux. L'inspection de propreté qu'ils font tous les matins, avant l'entrée en classe (n° 228), doit avoir surtout pour objet de s'assurer de l'état de santé de leurs élèves. Dès qu'ils aperçoivent de la fièvre, des vertiges, des vomissemens ou quelque autre symptôme alarmant, ils séquestrent immédiatement l'enfant et font avertir quelqu'un de sa famille, pour qu'il soit repris et que des soins lui soient donnés sans retard. Si la famille est absente, l'enfant sera enveloppé, et couché sur le lit de camp jusqu'à ce qu'on vienne le chercher. Lorsqu'ils aperçoivent des maladies qui peuvent se propager par le contact, comme la gale, la teigne et toutes les ulcérations purulentes, ils se refuseront à l'admission de l'enfant jusqu'à ce qu'il soit guéri. Enfin, ils s'efforceront de concilier les précautions que demande l'utilité du plus grand nombre des élèves avec les soins réclamés par l'enfant atteint d'une maladie quelconque.

254. Les Directeurs d'Asile demanderont à l'Administration municipale qu'un Médecin leur soit désigné pour visiter l'Établissement, et qu'un Chirurgien leur soit également indiqué pour toutes les opérations qui peuvent réclamer des soins urgens, même en l'absence des parens.

Le Médecin ou Chirurgien désigné doit être considéré comme un des Inspecteurs habituels de la Maison ; il visitera la Salle d'Asile tous les jours, s'il réside dans la commune, ou toutes les fois qu'il traverse le territoire, s'il n'y est point domicilié. Les avis qu'il donne sur la santé des enfans seront par lui consignés sur le *Registre d'inspection* ou sur celui de *notes,* dont on a parlé au n° 214. Ces notes seront communiquées aux parens. Les Maîtres d'Asile s'abstiendront de toute exécution d'ordonnance et de toute opération chirurgicale ; ils doivent seulement pré-

venir les familles et laisser agir les Médecins eux-mêmes,
sans se mêler de les assister en aucun autre soin que ceux
de pure bienveillance.

CHAPITRE IV.

CONSEILS POUR L'INSTRUCTION MORALE DES ÉLÈVES.

255. C'est à donner des habitudes et à inspirer des sentimens que se réduit l'éducation des premières années.

Les penchans s'annoncent de bonne heure par des actes extérieurs : les combattre par des habitudes contraires, et non par des paroles, c'est le plus sûr chemin du succès.

Les enfans de l'Asile y vivent à l'abri de tous mauvais exemples ; ils n'entendent que des expressions de douceur et de bienveillance ; ils sont placés continuellement en état de subordination tant envers le Maître qu'envers l'ordre général de la classe : ils sont ainsi conduits au progrès d'une manière inaperçue, par l'influence de tous les élémens d'ordre qui les entourent.

256. Il est rare qu'une faute individuelle, une résistance, une volonté de mal faire soient assez prononcées de la part d'un enfant isolément, pour mériter attention. Si ce fait a lieu, le Maître doit s'occuper de la répression avec calme, justice, bonté ; non seulement il doit éviter toute violence, tout emportement, toute colère, mais encore tout acte qui trahirait l'humeur ou l'irritation. En cas d'impatience, le Maître fera prudemment de sortir un moment de la Salle plutôt que de laisser voir une seule fois aux enfans le mouvement désordonné de la colère ou de l'emportement.

Il faut agir sur les enfans par le raisonnement accompagné de douceur et de fermeté, leur faire comprendre qu'il est de leur intérêt d'éviter telle ou telle mauvaise action et de pratiquer les actions inverses de leurs mauvais penchans; il faut leur faire voir en quoi leur conduite est contraire à l'ordre, à la justice, et en quoi ils s'écartent de la bonne voie. Si un enfant résiste d'une manière inconvenante, il faut l'isoler, le mettre seul dans un coin de la classe, si on est en classe, et du préau, si on est en récréation; le laisser se calmer sur l'objet de sa faute, et compléter les réflexions qu'il peut faire en s'approchant de lui, aussitôt qu'il peut entendre la raison, pour l'éclairer et obtenir de lui satisfaction, et, s'il y a lieu, réparation. Par ce moyen, et par d'autres analogues, on peut, sans frapper les enfans, sans les effrayer et sans les irriter par la dérision ou par le dédain, rompre leur caractère, les rendre souples et soumis, et éviter facilement les occasions d'une sérieuse remontrance.

C'est, au surplus, ce que prouve l'expérience des Salles d'Asile ouvertes depuis quelques années : on peut y voir des enfans qui étaient indomptés, sauvages, cruels, violens, entêtés, et qui sont devenus, par la seule habitude de l'Asile, dociles, modérés, complaisans et attentifs.

257. Il faut éviter à tout prix qu'un châtiment quelconque autorise un mouvement de haine ou de cruauté chez ces jeunes élèves envers leur camarade qui se serait rendu coupable d'une faute. Les enfans deviennent insensibles par l'habitude du châtiment, et cruels par le spectacle de la souffrance. Il faut, au contraire, leur inspirer compassion pour ceux qui souffrent, et savoir leur suggérer de demander grâce pour leur condisciple, en se réservant de l'accorder quelquefois, et de la refuser aussi librement, mais en expliquant les motifs de ce refus, et en sachant tirer de cet incident l'occasion d'une instruction profitable à tous.

De même que les châtimens corporels doivent être évités

pour faire place aux avertissemens et aux paternelles remontrances, de même aussi ne doit-on pas multiplier certaines récompenses, telles qu'une pièce de monnaie ou
toute autre valeur de ce genre.

258. Les récompenses de tous les jours doivent consister
dans quelques préférences méritées par un succès, dans
l'approbation motivée et annoncée à la généralité des élèves, et dans les caresses paternelles et maternelles qu'il
faut savoir attirer sur l'enfant qui se conduit bien.

Les choses qui peuvent se donner à titre de secours, telles
que vêtemens et nourriture, ne doivent jamais être la récompense d'un succès moral. C'est à la misère, à l'infortune qu'on doit les accorder, encore est-il convenable que
les enfans ignorent d'où leur vient ce bien-être. Il faut,
le plus souvent, le leur faire donner par leurs père et
mère, ou le donner en leur nom, afin de ménager la dignité morale qui est une base de vertu, surtout à l'égard
des classes pauvres et laborieuses.

Pour préciser les observations que nous avons faites dans
les Salles d'Asile, nous dirons un mot sur chacun des sujets les plus susceptibles de réflexion. Le talent du Maître
saura faire fructifier les semences dont ce *Manuel* ne peut
contenir que le germe,

Justice.

259. Les enfans éprouvent pour la justice un sentiment
très vif et très précoce ; ils comparent, avec une habileté
surprenante, ce qu'on fait pour chacun d'eux et pour chacun
de leurs camarades : la moindre partialité est remarquée ;
elle fait naître un sentiment d'envie ou de dégoût. Le
Maître doit donc s'abstenir de tout ce qui pourrait donner
lieu au reproche de partialité ou d'injustice. L'un des

meilleurs moyens pour éviter ce danger consiste à consulter les enfans eux-mêmes sur ce qui paraît motiver de leur part tel ou tel objet de réclamation, et à recueillir attentivement leurs réponses, en leur faisant lever les mains par épreuve et par contre-épreuve. Avec du tact, de l'esprit et de la loyauté, un Directeur d'Asile peut habituer ses élèves à juger sainement d'une foule d'objets. La difficulté consiste à poser nettement la question, et à présenter à la fois les deux faces du doute proposé.

Cet exercice est une source de triomphes utiles et satisfaisans pour le Directeur qui sait le pratiquer avec habileté.

Véracité.

260. Dire *ne mentez pas*, c'est donner l'idée du mensonge; il faut donc habituer les enfans à dire la vérité, en leur faisant toujours trouver de l'intérêt à la dire, et ne jamais leur défendre le mensonge d'une manière générale, au risque de n'être pas compris ou d'appeler l'attention sur un mot qu'ils doivent ignorer le plus long-temps possible.

La manière la plus efficace de faire régner la véracité consiste à inspirer la confiance, à faire disparaître tout intérêt à dissimuler; il faut que l'enfant soit heureux pour devenir confiant, bienveillant et ouvert : les douleurs, les mauvais traitemens, et surtout les injustices, peuvent pervertir l'ingénuité naturelle de l'enfance.

Le mensonge devait être fréquent dans les anciennes Ecoles où la moindre faute était suivie d'un châtiment corporel; mais il doit être rare dans les Ecoles où l'enfant n'a pas d'intérêt à dissimuler, et où les fautes qu'il commet ne sont réprimées que par une humiliation morale momentanée, suivie d'une utile et favorable instruction.

Les enfans mentent quelquefois dans l'intention de se

nuire les uns aux autres ; cet inconvénient se corrige facilement en n'accueillant aucune délation sans la faire suivre
de confrontation et d'explications, soit à haute voix, soit
à voix basse, selon les circonstances.

Obéissance, docilité.

261. Cette qualité essentielle ne s'obtient que par l'habitude de la confiance ; il ne faut point, par conséquent,
l'exiger des enfans nouvellement arrivés dans l'Asile ; il faut
les laisser jouer pendant plusieurs jours et ne les incorporer
que graduellement aux exercices. Tous ces mouvemens
nouveaux les inquiètent d'abord, mais bientôt ils désirent
s'y mêler, et lorsqu'ils sont certains qu'aucun mal ne les at-
tend, et qu'au contraire le plaisir et la diversité leur sont
offerts, ils arrivent au point de désirer l'heure des exercices et de se conformer ponctuellement à l'ordre général
de la Maison ou au commandement du Maître.

Les enfans de l'Asile se trouvent entraînés dans un
cercle d'activité dont ils n'éprouvent bientôt plus la tentation de s'écarter. Ils y prennent de bonnes directions,
sans que leur intention préalable soit nécessaire ; ils y
perdent, sans correction, les habitudes qu'ils avaient ap-
portées du dehors, et deviennent ainsi obéissans et dociles
sans contrainte. Si un enfant, par exception, commettait
une faute grave d'opiniâtreté, il conviendrait de ne s'y
point arrêter, et surtout de ne point le forcer immédiatement à obéir ; la violence qu'il faudrait exercer sur lui
serait sans résultat et d'un fâcheux exemple : il faut l'écarter, le faire sortir et l'amener, en plusieurs jours, par réflexion ou par entraînement.

Nous avons vu des enfans devenir moniteurs de choses
qu'ils avaient d'abord refusé de faire ; le plus souvent, ce
qu'ils ont voulu un jour est oublié le lendemain. Le point

important pour le Maître est de ne jamais céder aux enfans, de ne jamais se départir de l'ordre qu'il a adopté, et
d'éluder promptement, sans bruit, mais avec réserve ta-
cite d'obtenir plus tard, selon le temps et l'occasion, ce
qui a été refusé une fois, la plus grande partie de ces refus ne pouvant s'expliquer par le raisonnement.

Probité.

262. On peut donner aux enfans des idées justes et des
sentimens profonds relativement au respect dû à la propriété.

Tous les Directeurs d'Asile que nous avons visités, et
toutes les personnes qui ont écrit des notices sur leurs visites aux Asiles, sont unanimes sur ce point.

On accoutume promptement les enfans à remettre à
leur Maître les objets qu'ils trouvent, et même à relever
soigneusement les morceaux de pain qui se trouvent par
terre après les repas, morceaux de pain qui ont suffi quelquefois pour devenir la base de soupes et de secours distribués à propos et pour d'extrêmes nécessités.

On les accoutume facilement à respecter les fleurs et
même les fruits qui germent et naissent dans leur préau.
Le respectable Régent M. Monod atteste, dans sa notice
sur l'Ecole des petits enfans de Genève (page 43), que cent
enfans ont respecté, pendant tout un automne, un espalier
couvert de raisins, même en prenant plaisir à constater
chaque jour les progrès de la maturité. L'incomparable
Master *Brown* de l'Asile de Spitalfied, à Londres, fait voir,
aux personnes qui le visitent, son jardin garni de plantes
intactes autour du lieu où les enfans prennent leurs exercices de récréation, et plusieurs Asiles de Paris, notam-

ment celui de la rue de Varennes, offrent les mêmes exemples (1).

Ces résultats s'obtiennent en éclairant la confiance des enfans par des notions simples sur ce qui est juste et sur ce qui ne l'est pas, en soutenant ces avertissemens et ces avis, non seulement par la prohibition de tout ce qui est détournement de la propriété d'autrui, mais par les exemples les plus frappans et les plus réitérés de restitution de ce qui est induement possédé, de réparation de dommages, et de redressement prompt et entier de tout ce qui ressemble à l'iniquité. Le Maître doit multiplier sur ce point les récits, les anecdotes, les jugemens, les réflexions; il doit notamment, pendant les récréations, prendre les enfans un à un, deux à deux, en petit nombre, et les intéresser par des anecdotes et par des expériences : il peut, par exemple, perdre exprès une chose, la faire trouver et se la faire rendre; défendre de toucher telle ou telle autre chose, en dire le motif, et répéter ce précepte successivement, selon les occasions. Les enfans deviennent promptement moniteurs les uns des autres pour la vertu comme pour le vice, et la probité exacte peut devenir en peu de temps comme un mot d'ordre auquel ils distinguent leurs camarades de ceux, la plupart nouveau-venus, qui ne méritent pas encore ce nom.

Décence, propreté et maintien.

263. Les enfans, même très pauvres, peuvent être tenus avec propreté, les mains et le visage lavés, les cheveux

---

(1) Il y a au milieu du préau de l'École de garçons, dans la Maison-Cochin, à Paris, une corbeille de fleurs et de fruits; les fraises, les groseilles, les cerises y mûrissent et y sont ecueillies par le Maître, sans que les enfans y commettent le moindre dommage.

coupés, les habits raccommodés, le linge bien rangé, les
souliers noués, les sabots bridés ; toutes ces choses s'obtiennent par une seule revue, et contribuent, plus qu'on
ne peut le croire, à la santé et à l'habitude de conservation
de ce qu'on possède.

La bonne direction du corps en marchant, en s'arrê-
tant, en travaillant, et dans tout le cours des exercices de
la journée, s'obtient par les évolutions soigneusement dirigées et surveillées.

Les enfans ignorent ce que nous entendons par décence
ou pudeur, et il faut les maintenir le plus long-temps
possible dans cette ignorance, en leur donnant des habitudes qui reculeront encore pour eux l'époque à laquelle
leur attention s'éveillera naturellement.

Il faut, pour arriver à ce but, réprimer immédiatement,
mais sans explications, sans vivacité, et comme avec indifférence, tous les actes qui peuvent paraître sur la route
de l'indécence ou de l'immoralité.

Si on se croit obligé de parler dans ces occasions, il faut
toujours couvrir sous le mot de propreté et de maintien
tout ce qui concourt à la clôture des habits, et à l'adoption
des attitudes honnêtes. Un seul coup-d'œil donné à propos suffit pour faire rentrer un enfant dans l'ordre, quand
le Maître sait prendre influence et inspirer respect à ceux
qui l'entourent.

Tout enfant qui aurait contracté des habitudes vicieuses,
ou dont l'enfance aurait été flétrie par de dégoûtantes obs-
cénités, devrait être immédiatement rendu à ses parens,
et les supérieurs immédiats de la maison seuls prévenus
de ce motif de renvoi.

Ordre, exactitude, subordination.

264. Il faut que la volonté des enfans se plie et ne fasse qu'une seule et même chose avec la volonté générale qui préside à l'Asile : c'est là le triomphe de l'ordre.

On peut appeler aussi ordre le soin de mettre à leur place les choses usuelles qui, chaque jour, peuvent être mises en circulation. La devise des Écoles d'enseignement mutuel : « *Une place pour chaque chose, et chaque chose à sa place,* » peut être avec fruit adoptée pour les Asiles.

C'est encore concourir à l'ordre que d'habituer les enfans à venir exactement à l'École à l'heure qu'on leur indique, et à s'y acquitter ponctuellement des devoirs qu'on leur impose, et des missions de diverses espèces qu'on peut leur confier. Exiger l'acquit le plus ponctuel de toutes les promesses est une base morale excellente.

Enfin, et ceci est une portion essentielle de la tâche du Directeur d'Asile, il faut obtenir des élèves une subordination exacte envers les moniteurs et envers le Maître.

C'est un des avantages des Asiles et de l'Enseignement mutuel que d'appeler les enfans à être successivement et réciproquement moniteurs les uns des autres, chacun s'empressant de prêter à son condisciple l'obéissance qu'il veut obtenir de lui lorsque son tour viendra de lui rendre les leçons qu'il en aura reçues.

Bienveillance mutuelle, politesse.

265. La crainte est le premier sentiment que témoigne l'enfant introduit au milieu d'un grand nombre d'autres enfans qu'il n'a peut-être jamais vus ; toutefois laissez-le à lui-même, c'est plutôt parmi les enfans que parmi les adultes qu'il ira chercher un protecteur.

Il faut profiter de cette disposition pour établir entre les enfans des relations de bienveillance, et pour corriger quelquefois l'étourderie d'un enfant plus anciennement admis, en lui confiant dans la surveillance de cet enfant un dépôt qui lui donne de l'importance et de la responsabilité.

Si l'harmonie s'établit bien, elle a ordinairement quelque durée; si elle se rompt, cette rupture devient pour tous les deux une occasion d'utiles leçons.

En général, il faut stimuler l'affection que les enfans se portent, et établir entre eux une communauté de bons soins et de bienveillance; il faut que tous soient tristes lorsque l'un d'eux est puni, et qu'ils demandent sa grâce avec d'autant plus d'instance qu'elle est plus facile à accorder par la nature de l'action. On les accoutume ainsi à peser la moralité des actes.

Il faut leur inspirer de la compassion pour leurs condisciples dans toutes les occasions qui en méritent. Enfin, il faut établir entre eux un esprit de fraternité et de dévouement, qui sera par la suite le germe des actions les plus généreuses.

La politesse, aussi bien entre eux qu'envers leurs supérieurs, est encore une habitude dans laquelle il faut les élever, non pas qu'on doive exiger d'eux une civilité prétentieuse, mais au moins un langage simple, purgé de tout mot grossier, de toute intonation aigre, acerbe, violente; que le calme règne dans leur physionomie, dans leur ensemble et dans leurs expressions; que leur conversation soit douce, raisonnable, vive comme leur âge, mais sans arrogance, et comme il convient à des enfans bien élevés.

Dignité morale.

266. Il est une espèce d'orgueil qui rend insociable, qui aliène toutes les affections, symptôme d'ignorance et d'incapacité, capable de détruire à lui seul le mérite d'une foule de bonnes qualités.

Il est, au contraire, un sentiment d'estime de soi-même qui fait qu'on ne veut pas se salir par une bassesse, qu'on supporte l'injure sans en être blessé lorsqu'elle est lancée sans réflexion ou par besoin de nuire. Ce sentiment intérieur met l'homme qui le possède au niveau de tous les événemens; le malheur surtout le trouve préparé à recevoir ses atteintes. Celui qui en est animé reçoit l'aumône avec l'intention de la rendre à qui la lui a faite, lorsque la fortune aura changé sa position. Cette hauteur d'ame peut, jusqu'à un certain point, se rencontrer chez un enfant. Nous en avons connu qui, en proie à toutes les privations, n'auraient rien accepté sans le consentement de leurs parens, et rien demandé au delà du plus absolu nécessaire. Ces ames nobles méritent des égards particuliers.

C'est ici l'occasion de dire aux Maîtres d'Asile qu'il faut toujours se garder de prendre un ton protecteur en faisant le bien, et de les engager à multiplier les efforts de leur charité comme s'ils avaient en vue le soulagement non de leurs élèves, mais de leurs propres enfans.

CHAPITRE V.

CONSEILS POUR L'INSTRUCTION RELIGIEUSE DES ÉLÈVES.

267. Il n'y a rien à dire dans ce chapitre qui soit applicable aux Salles d'Asile particulières ou Pensions : elles sont dirigées par des Maîtres brevetés ; elles peuvent être organisées, comme toutes autres Écoles, sous l'influence des personnes ou des associations qui font les frais de leur fondation et de leur entretien. C'est aux Comités de surveillance locale et aux Comités d'arrondissement à savoir et à décider si l'instruction religieuse qui s'y donne est compatible avec l'ordre public, ou si au contraire des théories révolutionnaires ou immorales n'y sont pas débitées sous couleur apparente de religion. C'est à eux, d'après la Loi de 1833, que la société confie la surveillance de la conduite des Instituteurs, le pouvoir disciplinaire qui peut les retenir dans les voies sociales, et enfin l'autorité compétente pour avertir le Ministère public dans les cas où il peut paraître nécessaire de provoquer la punition ou l'interdiction des Maîtres d'École qui exerceraient leur profession d'une manière dangereuse pour la société, ou qui se rendraient coupables de délits.

268. Quant aux Salles d'Asile communales, l'Administration ne doit pas y permettre d'autre instruction religieuse que celle des cultes reconnus par l'État.

Les difficultés qui peuvent se présenter pour la tenue des Salles d'Asile dans les localités où la population se trouve partagée en plusieurs cultes sont beaucoup moins graves que celles qui se présentent pour les Écoles d'un âge plus avancé, néanmoins elles demandent des ménagemens.

Les Maîtres d'Asile doivent expressément se garder de vouloir enseigner ou expliquer aucun des dogmes spéciaux de tels ou tels cultes religieux ; ils réserveront ce ministère aux Prêtres, Pasteurs ou Ministres dont la prédication est autorisée par les Lois de l'État, et invoquée par l'autorité paternelle ; mais en cette matière comme en toute autre ils sont appelés à préparer le terrain pour favoriser les progrès de l'éducation ultérieure, et il n'est pas inutile d'indiquer les bases d'après lesquelles ils peuvent convenablement protéger le développement de l'instruction religieuse d'une manière conforme à l'esprit de la Loi du 28 juin 1833.

269. S'il y a dans une commune un certain nombre d'enfans israélites et d'enfans chrétiens, le mieux est de leur faire faire la prière à des heures distinctes, et d'employer pour cet acte religieux les expressions les plus universellement adoptées par les familles et le clergé de la localité. Il suffit pour cela de les faire entrer en deux ou plusieurs fois, et sortir en deux ou plusieurs fois, toujours en suivant le mode d'évolution indiqué plus haut, n°s 229 et 236.

270. S'il n'y a dissidence de culte qu'entre plusieurs communions chrétiennes, le mieux serait d'adopter des formules de prières qui ne fussent réprouvées ni par les unes ni par les autres; ou si la tolérance ne peut aller jusque-là de la part des clergés respectifs, d'adopter la séparation des prières à des heures distinctes, comme cela vient d'être indiqué à l'égard des israélites dans le n° précédent.

271. Si ce mode ou toute autre espèce de fusion déplaisait aux parens et tuteurs, la Loi (*art.* 2) a ordonné de déférer ponctuellement au vœu des chefs de famille, en ce qui concerne la participation de leurs enfans à l'instruction religieuse ; il faudrait donc laisser dehors, dans les préaux , les enfans des parens qui auraient ordonné de ne pas les mêler aux exercices de prière publique et collective dans la Salle d'Asile.

272. La difficulté est plus sérieuse lorsque les parens désirent que leurs enfans soient aussi exclus des autres exercices d'instruction religieuse. La prière ne durant que quelques instans, il est facile de séparer les enfans en deux ou trois pelotons successifs et de les faire entrer séparément, en faisant réciter la prière soit dans des lieux différens, soit en les admettant dans la même salle les uns après les autres ; mais quant à l'instruction de morale religieuse, elle est de tous les momens , et il est impossible de promettre aux parens qu'une instruction d'un caractère plus ou moins spécial à tel ou tel principe religieux ne sera pas donnée en présence de leurs enfans.

Dans les Écoles d'un âge plus avancé , on peut et on doit promettre aux parens de laisser accéder les Ministres de tous les cultes autorisés par la Loi (1), et de laisser donner l'instruction par les Ministres et Pasteurs institués dans

----

(1) La Loi de 1833 emploie, art. 9, § 2, l'expression, *cultes reconnus par l'État*, et art. 19, § 5, l'expression, *cultes reconnus par la Loi* ; ces deux expressions doivent être entendues dans le même sens, mais la seconde est plus exacte. Il appartient à la Loi seulement de reconnaître l'existence publique d'un culte, et surtout d'autoriser le paiement de ses Ministres sur les fonds de l'Etat.

chaque circonscription. On doit même favoriser ces con-
férences et instructions religieuses en donnant aux enfans
de chacun des cultes dissidens la facilité de se réunir dans
une salle séparée du courant des exercices et destinée aux
lectures individuelles, aux concours spéciaux et aux leçons particulières (1); mais pour les Salles d'Asile, cette
division est impossible, et heureusement elle n'est pas nécessaire.

On dit qu'elle est impossible, parce qu'il n'est pas pra-
ticable de rompre continuellement des exercices qui sont
tous collectifs, et de faire sortir des masses d'enfans peu
raisonnables pour les confier à des personnes qui n'auraient pas l'habitude des exercices, indispensable pour
amener un grand nombre d'enfans à l'unité d'action.

On ajoute qu'elle n'est pas nécessaire, parce qu'habituellement les parens ne se montreront pas assez exigeans
pour vouloir que des enfans au dessous de sept ans soient
séparés pour recevoir des instructions religieuses différentes. Néanmoins, comme un grand nombre de parens
chrétiens peuvent penser que les enfans sont admissibles
avant l'âge de sept ans à quelques unes des impressions
déduites du Nouveau-Testament, il peut devenir nécessaire
de les séparer des enfans israélites, et comme il est dans
l'esprit de la Loi non seulement de ne pas violenter, mais
encore de protéger les croyances des cultes légalement autorisés, il faut, quand les parens insistent, prendre le parti
soit de fonder deux Etablissemens séparés, soit d'ordonner au

____

(1) C'est avec cette destination qu'a été construite *la Bibliothèque* ou
Salle d'émulation, dont on peut voir la disposition au plan de la Maison-
Cochin (ci-après *Planche* 9, n° 35 *bis*). Elle est chaque jour accessible aux enseignemens particuliers, religieux ou autres, et notamment aux leçons particulières que doivent recevoir les moniteurs et mo-
nitrices après l'heure des classes générales pour préparer une plus forte
masse d'instruction à répandre dans ces classes.

Maître d'enseigner selon sa foi et ses lumières ce qu'il enseignerait à ses propres enfans, et observer avec soin combien cette détermination fera retirer d'enfans de la part des parens, afin de prendre telles mesures que les besoins de la population de chaque culte pourraient indiquer. Au surplus, les Comités locaux donneront sur ces points des instructions, et soumettront au Ministre les circonstances qui pourraient motiver des décisions particulières, selon l'attribution qui leur appartient. (*Voir* le n° 164 et suiv.)

273. Quant aux enfans de toutes les communions chrétiennes, ils peuvent être aussi séparés en plusieurs Écoles communales spécialement affectées à tels ou tels cultes reconnus par la Loi (*art.* 9, § 3) ; mais il serait beaucoup plus extraordinaire qu'on ne pût pas, au moins pour les Salles d'Asile, arriver à une conciliation. Les enfans avant sept ans ne doivent pas et ne peuvent pas encore être initiés, d'une manière vraiment utile, aux difficultés qui ont excité les protestations d'une partie de l'Europe contre l'autorité de l'Église romaine, et ce serait un spectacle digne du XIXe siècle que de voir les arrière-petits-fils des hommes qui ont été persécutés et proscrits par une intolérance déplorable, réunis aujourd'hui dans les mêmes berceaux avec les enfans des hommes que le fanatisme avait armés, se nourrissant de la même foi et des mêmes espérances, et leurs parens se félicitant de ce qu'une même croyance réunit encore tous les chrétiens, sur un assez grand nombre d'articles de Loi non controversés, pour que tous les enfans soient admis à une même instruction, jusqu'à ce que la raison et l'éducation du second âge viennent les appeler à décider eux-mêmes quel est l'autel qui doit recevoir leurs sermens.

Que cet avenir désirable puisse ou non se réaliser, le *Manuel* doit indiquer les principaux sujets sur lesquels

un Maître ou une Maîtresse d'Asile doivent être appelés
à préparer l'instruction religieuse des enfans chrétiens.
Voici à cet égard quelques conseils.

274. Diriger continuellement le cœur des enfans vers
la reconnaissance qu'ils doivent à Dieu, en leur rappelant
que c'est de lui seul qu'ils tiennent la vie, la santé, l'air, la
lumière et tous les biens généraux dont les hommes jouissent en commun dans l'univers.

275. Leur expliquer suffisamment les merveilles des
alternatives du jour et de la nuit, celles du retour des
saisons et des productions de la terre, pour leur donner foi
dans la providence de Dieu.

276. Leur inspirer le respect et la soumission envers
leurs parens et leurs Maîtres, considérés comme Ministres
de Dieu à leur égard, pour leur procurer la nourriture, le
vêtement et l'instruction.

277. Leur faire comprendre qu'au dessus de l'autorité
paternelle, qui est celle de la famille, il en est une autre
qui est celle de la commune, soumise elle-même à l'autorité du Gouvernement; que ces trois degrés de puissance
sont institués pour faire régner le bon ordre et protéger
tout ce qui est juste. Leur imprimer de bonne heure
respect et déférence pour cette hiérarchie générale
et pour les magistrats de tous ordres, qui concourent à la
maintenir dans l'intérêt de la paix des nations.

278. Les accoutumer à la douceur, à l'aménité, et à
l'affection envers leurs camarades, en leur faisant considérer tous les hommes comme enfans d'un même père qui
est Dieu.

279. Leur donner le sentiment des devoirs qu'ils ont à remplir envers Dieu, Souverain Maître du Monde, envers toutes les Autorités sociales, envers la Loi de l'Établissement dans lequel ils sont reçus, envers leurs parens, leurs Instituteurs, leurs camarades, envers eux-mêmes : bien caractériser ces devoirs, et leur en faire apprécier la sainteté, en même temps que la nécessité.

Et, quant aux devoirs envers Dieu, revenir continuellement sur les sentimens qui sont le véritable esprit de la prière : leur démontrer que nous ne sommes rien par nous-mêmes; que nous tenons de Dieu l'existence; que nous vivons en sa présence; qu'il est le juge continuel de nos actions; que nous sommes constamment entourés de biens qui ne viennent que de lui dans l'ordre moral comme dans l'ordre matériel; que, recevant tout de lui, nous devons tout lui demander; que la prière et l'action de grâces sont nos relations naturelles avec Dieu; que l'homme étant la seule créature à laquelle il ait donné une intelligence supérieure pour le connaître et l'honorer, il doit se montrer sans cesse reconnaissant de ce bienfait.

Les sentimens affectueux doivent être soigneusement cultivés chez les enfans ; ils sont capables d'aimer dès l'âge le plus tendre : or, il y a sûreté et profit pour l'avenir à diriger ce besoin d'attachement vers l'auteur de tout bien, et à le déverser ensuite en son nom sur leurs parens, leurs frères, et leurs semblables. Le sentiment religieux qui s'attache à l'accomplissement des devoirs est la base la plus solide de toutes les vertus.

280 Le respect envers Dieu conduit promptement au respect envers l'Autorité, et l'Autorité, d'accord avec la raison, fait connaître les devoirs, les fait accepter volontairement et de cœur. Ce n'est pas toujours sous la forme austère d'un précepte que la vérité peut se faire com-

prendre et sentir. Le Législateur des chrétiens a eu sans
cesse recours à l'apologue et à la parabole pour toucher le
cœur et éclairer l'esprit des hommes. Il faut, non seulement
l'imiter, mais se servir de ses propres paroles : on éveillera des sentimens excellens dans l'ame des enfans par la
lecture de morceaux détachés des allocutions simples et
sublimes qui se trouvent dans le texte des évangiles. Lire
des phrases de ce texte, les faire suivre d'une application
pratique aux relations ordinaires de la vie, sans métaphy-
sique, sans pédantisme et avec le naturel d'une belle ame,
est un exercice dont sont capables toutes personnes intelligentes et distinguées, telles que celles qu'on doit approcher de l'enfance. Rien ne saurait apporter plus de foi
et de conviction dans de jeunes cœurs.

Les lectures d'extraits de l'Ancien et du Nouveau-Testament sont une source intarissable d'intérêt et de sages réflexions. Toutes les puissances littéraires ne sauraient produire des récits plus touchans que ceux de Joseph, de To-
bie, de Joas, de Daniel, ni inspirer de meilleurs sentimens
que ceux qui dominent dans les paraboles de l'enfant pro-
digue, du mauvais riche, du Samaritain, du Pharisien et
du Publicain, et d'autres sujets si graves et si attachans.

Que chacune de ces lectures soit l'occasion de paroles
de consolation, d'espérance, de confiance, d'affection, de
générosité, de dévouement ; que jamais la controverse ni
l'esprit de domination n'en puissent sortir. Rendez les enfans meilleurs, plus doux, plus sages, plus aimans ; ne
cherchez jamais à surcharger leur esprit de choses inintel-
ligibles, ni à flétrir leur ame par de vaines et sottes terreurs.
Faites-leur sentir le bonheur par la vertu et le travail ; dé-
montrez-leur que tous les maux viennent de la perversité
des hommes, et de l'abus qu'ils font des grâces de Dieu ;
faites-leur haïr le vice, comme la source de toutes les
douleurs, de toutes les adversités.

Appelez la sanction de Dieu pour encourager aux bonnes actions et pour détourner des mauvaises.

Provoquez tous les sentimens qui conduisent à la paix, à l'union, à la concorde; abaissez l'orgueil par l'humilité, corrigez les penchans vicieux par la pureté, la haine par la fraternité, la cupidité par les sentimens nobles et généreux : tel est l'esprit de la morale évangélique.

Démontrez que le travail est la seule source des richesses; que, sans lui, les riches deviennent pauvres ; que par lui les pauvres s'enrichissent.

Cherchez dans les personnes que vos élèves connaissent des appuis et des exemples pour la démonstration de toutes ces vérités.

Rappelez-leur que Dieu seul donne la santé et l'intelligence, sans lesquelles le travail n'est pas possible, et concluez, avec la nature entière pour preuve de vos assertions, que tout bien vient d'en haut, c'est à dire du Créateur, en présence duquel nous devons vivre et mourir.

Il y a bénédiction particulière pour ceux qui s'occupent de l'enfance, et qui lui enseignent le bien et la vérité sans faste, sans préjugés et sans arrière-pensée. Rendre les hommes meilleurs et plus heureux, la société plus riche et plus pacifique, cultiver et rendre plus parfaite l'œuvre principale de la création, n'est-ce pas avoir reçu de Dieu la plus haute de toutes les missions?

On ne pourrait trop répéter aux Directeurs et Directrices d'Asile qu'en se maintenant dans ce genre d'enseignement ils seront entourés de l'approbation universelle, et suppléeront dignement l'enseignement domestique du père de famille; qu'au contraire, en abordant les questions controversées du christianisme, ils anticiperont sans motif sur l'éducation d'un âge plus avancé, et entreront sans mission dans une carrière difficile qui doit être réservée aux Ministres des autels.

CHAPITRE VI.

CONSEILS POUR LE DÉVELOPPEMENT INTELLECTUEL DES ÉLÈVES, ET INDICATION SOMMAIRE D'EXERCICES.

281. Les premières dispositions nécessaires pour recevoir toute espèce d'enseignement sont le silence et l'attention.

Du silence.

Les Directeurs de Salles d'Asile obtiennent le silence d'une manière qui dépasse toute croyance ; il faut avoir assisté à des *exercices de silence* pour concevoir tout ce qu'on peut obtenir d'une classe de petits enfans, quelque nombreuse qu'elle soit. Voici la méthode à suivre :

Pour donner d'abord aux enfans l'idée du silence qu'on veut obtenir d'eux, il ne faut pas se borner à le demander, car plusieurs des auditeurs pourraient ne pas comprendre la signification de ce mot ; il faut leur faire entendre le tic-tac d'une montre, d'un grelot ou de toute autre chose retentissante, en paraissant vouloir soi-même l'entendre, et ne pas pouvoir y parvenir à cause du bruit qui se fait. Si la montre sonne, ou si le grelot retentit, la curiosité se manifestera au même moment, mais il faudra continuer d'indiquer qu'il se fait trop de bruit pour qu'on puisse entendre de nouveau. Par cet exercice répété, on obtiendra un tel silence, que toute la classe pourra entendre le mouvement de la montre et à plus forte raison une sonnerie quelconque.

15

Ce point obtenu, l'idée de la montre ou du grelot et l'idée du silence se présenteront en même temps à la mémoire des enfans.

Dès qu'on sera parvenu à ce rapprochement d'idées, il faudra y joindre l'usage du sifflet ou de la sonnette, et ne plus recommencer l'exercice de la montre sans le faire précéder d'un coup de sifflet ou d'un coup de sonnette.

Le premier coup de sifflet ou de sonnette produira de l'étonnement; l'apparition de la montre indiquera qu'on désire du silence : par ce moyen on obtiendra qu'un silence profond et instantané soit toujours la suite du signal donné par le sifflet ou la sonnette.

Cette convention faite, on peut la fortifier par la sanction de l'habitude, en faisant succéder brusquement le silence au bruit par un exercice de convention, qui consiste à permettre aux enfans de faire entendre toutes leurs voix ensemble, pourvu qu'ils s'arrêtent ensuite au premier coup de sifflet. On prolongera avec avantage cet exercice (qu'on peut appeler de voix martelée, parce qu'il présente des interruptions alternatives de bruit et de silence, comme ferait un marteau lentement et tout à coup descendu) en donnant aux jeunes voix, pendant tout le temps de l'élévation du marteau, la permission de se faire entendre, pourvu qu'elles cessent aussitôt que le coup se frappe.

Dès que les enfans ont bien compris par cet exercice la puissance du signal, on doit y ajouter la condition de regarder le Maître fixement aussitôt le signal donné, disposition très nécessaire pour que tous entendent ce qu'il veut dire.

Cette puissance obtenue, c'est au Maître à ne plus la perdre par l'abus qu'il ferait du sifflet ou de la sonnette; il ne doit jamais s'en servir que pour obtenir un silence instantané et absolu, et il doit profiter de ce silence pour adresser une observation ou un commandement à la géné-

ralité des enfans; autrement il aurait promptement compromis son autorité par des appels inutiles, et il ne pourrait facilement retrouver l'équivalent de ce moyen pour
procurer l'ordre, le calme et l'obéissance d'une manière
vive et ponctuelle.

Au contraire, un Maître intelligent peut perfectionner
ce procédé, et obtenir à volonté de longues tenues de silence, que certains Directeurs d'Asile, en Suisse et en Angleterre, ont appelées *leçons de silence*.

282. Règle générale : les enfans ne doivent aucunement
causer pendant les classes, et ne peuvent parler que sur les
sujets d'attention collective, soit pour toute la classe, soit
pour un groupe, lorsqu'ils sont classés par division.

283. S'ils ont quelque permission à demander, ils lèvent
la main, ou font quelques autres signes convenus, selon la
permission qu'ils désirent; le Maître leur répond par un
signe d'affirmation ou de négation.

De l'attention.

284. L'attention ne peut se commander par l'autorité;
les récompenses ne peuvent l'obtenir complétement, les
punitions ne peuvent la faire naître : il faut qu'elle se donne
d'elle-même, et qu'elle soit soutenue par la curiosité et le
désir d'apprendre, dispositions heureusement habituelles
chez les enfans.

Il faut donc baser leur instruction sur des objets conformes à leurs goûts et à la portée de leur esprit, trouver
des sujets propres à éveiller leur intelligence, les traiter, dès qu'ils se présentent, et les démontrer de manière

à fixer leur attention, ou au moins à la soutenir quelques
instans.

Il importe peu de commencer par un mode d'enseignement de préférence à un autre, et il faut bien se garder de
les tenir long-temps sur un même sujet ou sur une même
méthode; la variété, au contraire, est un moyen puissant
de les fixer. La difficulté principale est de les empêcher de
dormir ou de s'ennuyer, et le moyen de les tenir en ha-
leine se trouve dans le mouvement perpétuel des bras, des
mains, de la tête, dans un assis et un lever continuels, dans
un ensemble de chant et de musique, entremêlé d'appel à
l'attention par des explications nouvelles, des récits, des
surprises, et tout un ingénieux concert de moyens pour les
faire continuellement écouter, agir, parler et changer de
place; il faut sans cesse varier le sujet et le mode d'enseignement. Un Maître exercé s'aperçoit promptement de
l'instant où l'attention va faire place à l'indolence, à l'ennui et au sommeil; il prévient cet assoupissement par des
transitions et des contrastes. Si un enfant s'endort, il le
porte sur un lit de camp, sans aucun reproche, et continue
la leçon à l'auditoire éveillé. Si tout l'auditoire se fatigue,
il lève le siége, commande des évolutions, des chants, et
ramène ses pelotons à un nouvel exercice d'attention quand
il s'aperçoit que les mouvemens physiques commencent à
fatiguer ses jeunes bataillons.

Il ne faut pas croire, au surplus, que le nombre d'objets
dont on peut entretenir les enfans soit restreint dans des
limites étroites; on peut leur parler de toutes choses au
monde, en se bornant à ne leur donner que des notions
justes et proportionnées à leur âge : la manière de donner
ces enseignemens peut varier à l'infini.

Nous indiquerons quelques unes de ces leçons et de ces
modes d'enseignement, afin de mettre tous les amis de

l'enfance sur la voie de ce qu'on peut faire pour la culture intellectuelle du premier âge.

Commençons par indiquer la méthode de lecture, d'écriture, de calcul, et nous passerons ensuite en revue quelques autres parties de ce cours d'études élémentaires.

Lecture.

285. On apprend à lire par le mode d'épellation ordinaire, par le chant et par les exercices de la planche noire.

Par la méthode ordinaire, l'épellation se fait aux groupes ou cercles qui entourent un porte-tableau, d'une manière tout à fait analogue à ce qui se passe dans les écoles d'enseignement mutuel. (Voyez *Planche* 4.)

L'enfant désigné comme moniteur tient une touche ou baguette et indique aux autres les lettres et syllabes; le Maître parcourt les cercles, déplace le moniteur lorsqu'il n'est pas suffisamment attentif ou assez instruit par rapport à ceux auxquels il enseigne, substitue au moniteur déplacé l'enfant qui lui paraît le mieux disposé à remplir cette fonction, fait placer les enfans dans l'ordre et le degré de leur force, fait changer de cercles ceux qui lui paraissent trop faibles ou trop forts par proportion à ceux qui les entourent, les transporte quelquefois à deux et trois cercles de distance selon la disposition d'esprit et d'attention dans laquelle ils se trouvent, entretient l'émulation en plaçant les enfans en concours, tantôt avec d'autres élèves moins avancés et tantôt avec des élèves plus avancés qu'eux, surveille l'attention et la prononciation de tous les élèves moniteurs et non moniteurs.

Cet exercice est suivi du plus heureux résultat; il peut être exécuté aussi parfaitement que dans les Écoles d'enseignement mutuel, auxquelles il sert de préparation.

286. La lecture par chant s'exécute au gradin : le Maître se pose à sa place ordinaire du milieu, la main gauche sur un porte-tableau auquel est accroché une planche ou carton représentant les lettres de l'alphabet; il les indique en mesure, et les enfans chantent. (Voyez *Planche* 7, *fig.* 3.)

A, B, C, D, E, F, G, H, I, J, K, L, M, N, O, P, Q, R, S, T, U, V, X, Y, Z.

287. Lorsque toutes les lettres sont ainsi connues, on change le carton ou tableau pour en substituer un autre, couvert de syllabes de deux lettres, et on fait chanter ces syllabes à la totalité des enfans comme on leur a fait chanter les lettres.

Le tableau est ainsi conçu :

ba	ca	da	fa
be	ce	de	fe
bi	ci	di	fi
bo	co	do	fo
bu	cu	du	fu

On le chante sur la musique indiquée aux planches finales du *Manuel*.

Toutes les syllabes peuvent être successivement apprises et chantées de cette manière.

288. Les syllabes de trois lettres s'apprennent pareillement sur la même musique, en variant les paroles du chant ainsi qu'il suit :

BLA
BLE

BLI
BLO
BLU
B L, avec un A, BLA, etc.

289. Aller au delà de l'assemblage des mots serait anticiper sur l'Ecole élémentaire du second âge : c'est à ce point que doit se terminer le cours d'étude en lecture.

290. Les exercices de la planche noire permettent quelquefois d'aller au delà des mots et de tracer des phrases; mais cet exercice est passager, il est au dessus de la sagacité de presque tout l'auditoire, et ne doit être employé que de temps à autre pour diversifier les exercices et soutenir l'at-tention.

Écriture et Tracé.

291. Il est rare qu'un enfant avant cinq ans soit assez maître du mouvement de ses doigts pour imiter avec quelque succès les contours de l'écriture sur l'ardoise, et encore moins sur le papier; aussi, jamais papier ne doit-il être confié aux enfans dans la Salle d'Asile.

Vers cinq ou six ans, les plus avancés peuvent être détachés en classes d'écriture après quelques évolutions qui ont été expliquées n° 234. Leur main se trouve armée d'un crayon d'ardoise ou d'une plume de bois ferrée du bout et façonnée avec trois entailles pour placer le pouce, l'index et le médius de la main droite, dans la position où ils doivent se trouver en écrivant. On leur donne successivement des ardoises où sont creusées par avance les lettres cursives, et des ardoises polies où rien n'est écrit par avance : ils suivent avec la plume de bois ferrée le contour des lettres creusées, et imitent ensuite, avec le crayon, ce qu'ils ont d'abord fait avec la plume de bois.

De plus, ils ont sous les yeux des exemples de lettres cursives, soit attachées aux porte-tableaux, soit pintes sur les murailles. (Voyez ci-après *Planche* 5.)

292. On peut, par le même moyen, leur apprendre à tracer des lignes avec et sans règles ni compas; on sera surpris de la précision que les enfans parviennent à atteindre promptement. Il est bien, pour les accoutumer à cette imitation, de faire peindre sur les murs des figures géométriques, et notamment des figures rectilignes. (Voyez *Planche* 5.)

Notions d'arithmétique et de géométrie, exercice du Boulier-Compteur.

293. Les exercices d'arithmétique et de géométrie offrent des ressources infinies pour attirer et fixer l'attention des enfans. Il faut d'abord leur faire connaître leurs chiffres, puis leur donner l'idée des nombres, puis celle des figures et de l'utilité d'application de ces figures : le tout se fait successivement, et par divers moyens que nous devons indiquer ici.

294. On trace sur la planche noire les chiffres romains et les chiffres arabes; on les nomme et on les fait reconnaître.

295. Avec un instrument nommé *Boulier-Compteur,* et qui consiste dans un cadre sectionné par des fils de fer parallèles qui portent des boules de diverses couleurs (voyez *Planche* 7, n°s 6, 7 et 8), on apprend à distinguer la couleur et le nombre de ces boules. Si le nombre de ces boules est de dix sur chaque fil et de cent au total, on peut porter très loin les exercices de numération, et faire comprendre les effets de l'addition et de la soustraction.

296. On apprend par cœur la table de Pythagore en la chantant sur différens airs, ou en la martelant en mesure.

297. Enfin, avec le crayon blanc sur la planche noire, on fait des calculs en présence et avec le concours de ceux des enfans qui peuvent suivre de petits rapprochemens ou des opérations très élémentaires. Ces exercices se font en causeries, qui sont interrompues par le chant de la table de Pythagore ou d'autres comptes tout faits, et par ces évolutions de petite gymnastique qu'on emploie toujours pour soutenir l'attention, éviter le sommeil et entretenir l'activité du corps.

298. Dès que les premières notions d'arithmétique ont pénétré dans leur esprit, il est très utile de leur apprendre à faire des comptes chez les marchands en achetant et en se faisant rendre ce qui leur appartient sur telle ou telle pièce de monnaie : c'est un enseignement usuel et de fréquente application, qui consiste surtout à leur faire connaître la valeur absolue et relative des diverses pièces de monnaie.

299. On trace des figures de géométrie, on les nomme et on les fait reconnaître.

On peut aussi, sans le secours de la planche noire, figurer des lignes, des angles, des triangles et des polygones, avec une simple feuille de papier.

Exemple. On plie une feuille de papier en deux ; le pli forme une ligne droite. La même feuille se plie de manière à former à volonté des angles droits, aigus ou obtus.

Avec une feuille de papier pliée à angle droit, on fait comprendre l'usage de l'équerre. On lui donne aussi et successivement la forme d'un triangle, d'un carré, d'un rectangle, d'une losange, d'un trapèze, des divers polygones, et l'on a soin d'indiquer les différens caractères qui forment la définition de ces figures et les distinguent les unes des autres.

Quant aux lignes courbes et surfaces curvilignes, on peut aussi les tracer, soit sur la planche noire, soit sur le papier, et familiariser les enfans, tant avec ces opérations de tracé qu'avec leurs résultats.

On peut également placer sous leurs yeux la figure des solides en bois ou en carton, pour leur en donner une idée exacte.

Géographie, Histoire, Musique, Physique céleste.

500. On peut dessiner des portions de cartes de géographie sur la planche noire, ou des costumes, ou des tracés de monumens, ou des arbres et plantes de diverses contrées;

Faire connaître le nom de ces contrées;

Faire réciter le nom des pays, des capitales, des provinces, des chefs-lieux de portions notables de la terre, et fixer l'attention par quelques récits de mœurs, coutumes et productions de chacun de ces pays : le tout d'une manière très succincte, très nette, très positive et très élémentaire.

Conseils pour les exercices de Géographie.

501. Il faut d'abord donner aux enfans une idée de la ville qu'ils habitent, et mettre cet endroit en relation, dans leur esprit, avec les villes ou villages environnans, et avec les quatre points cardinaux. Le Maître peut, à cet effet, tracer grossièrement sur une feuille de papier le plan du lieu, emmener quelques uns de ces enfans en promenade, soit un dimanche, soit dans tout autre moment où il se trouve suppléé à l'intérieur de l'École, et faire comprendre la relation du plan qu'il a tracé avec les lieux qu'il fait parcourir. Lorsqu'il a ainsi expliqué pourquoi les quatre points cardinaux ont reçu le nom de *levant*, de *couchant*, de *midi* et de *nord*, et lorsqu'il a fait application de ce renseignement au plan qu'il a tracé, il a transmis une idée sensible d'une carte, et il lui devient plus facile de faire admettre par les enfans la grandeur de la terre, la possibilité d'en tracer la forme sur des cartes générales, et d'indiquer le partage et la division des diverses contrées, pour rappeler le nom des pays et de leurs gouvernemens. Il peut également, par des démonstrations sensibles, donner l'idée de rivières, de montagnes, de forêts, et composer ainsi successivement le vocabulaire qui lui est nécessaire pour être compris lorsqu'il abordera les élémens de géographie.

Il est inutile de donner ici des exemples de leçons de géographie : on a voulu seulement rappeler aux Directeurs qu'avant de parler de pays, de capitales, de départemens et de provinces, il faut savoir donner l'idée d'une carte, et attacher un sens à toutes les expressions.

Conseils pour les exercices d'Histoire.

302. Comme il n'est pas permis d'espérer que les enfans de la Salle d'Asile puissent retenir et apprécier une longue série de faits historiques, il faut se borner à leur faire des récits d'anecdotes intéressantes, tirées de l'Histoire sainte, de l'Histoire ancienne et de l'Histoire moderne. Lorsqu'on veut, à ces récits détachés, joindre quelques idées de chronologie ou de suite des temps, il est plus naturel de com-

mencer par l'Histoire contemporaine et de remonter vers les siècles précédens que de suivre la marche inverse.

Lorsqu'on cite un trait historique détaché, il faut d'abord le raconter en termes brefs, simples, et qui fassent connaître promptement le résultat. Si l'anecdote est redemandée par l'auditoire, il faut enrichir la seconde narration de détails que ne présentait pas la première, et chercher à exciter des sentimens et des réflexions par la manière dont cette seconde narration est présentée. Le même texte peut être reproduit plusieurs fois avec de nouveaux ornemens, et servir de cadre pour placer des enseignemens de plusieurs genres.

Lorsqu'on veut faire une leçon d'Histoire chronologique, on parle d'abord du roi régnant; on fait valoir les bienfaits de son règne, les progrès qui se sont opérés depuis qu'il est dépositaire de la puissance publique; on fait désirer de connaître les événemens qui avaient préparé ces progrès. On indique quelques uns des caractères saillans du règne précédent. On remonte ainsi dans le passé, en procédant du plus connu au moins connu.

De même, si en parlant de roi, d'autorité, de règne, survient une question pour savoir ce qu'on doit entendre par ces mots, les exemples doivent être tirés, d'abord, de l'autorité paternelle, de celle du Maître d'Ecole, puis de celle du Maire de la commune, et successivement des grandes Autorités qui s'étendent sur toute la surface d'un royaume.

Au lieu d'exalter les jeunes esprits par la peinture des passions qui ont déchiré la terre, les Maîtres d'Asile doivent surtout s'attacher à faire connaître les progrès des arts et de l'agriculture, à inspirer de la reconnaissance pour les services rendus à l'humanité. Dans les occasions si fréquentes où le nom d'Henri IV peut être cité, on ne doit pas se borner à signaler les éminentes qualités de

ce prince; il faut, au nombre des événemens qui ont si-
gnalé son règne, mentionner d'une manière spéciale les encouragemens donnés à l'industrie, et notamment à l'une de
ses branches les plus essentielles, la culture de la soie.
S'il est question d'un grand Ministre, Colbert doit leur
être indiqué; mais il ne suffit pas de citer les actes de son
administration les plus généralement admirés, tels que la
réforme des abus de finances ou autres faits non moins re-
marquables dont les enfans ne comprendraient pas toute
l'importance : on doit encore rattacher à ce grand nom les
éloges mérités pour l'introduction en France de la fabri-
cation de la faïence, du fer-blanc, de la bonneterie, etc.,
toutes inventions dont l'application correspondait à de si
nombreux besoins, et qui sont encore aujourd'hui d'une
utilité universelle. Enfin, parmi les noms illustres et po-
pulaires qui ont pu concourir à la gloire du règne fa-
buleux de Napoléon, il ne faut pas oublier ceux d'Ober-
kampf et de Ternaux pour la révolution qu'ils ont opérée
dans le prix des vêtemens du pauvre.

Conseils pour les exercices de Musique.

505. Les élèves de la Salle d'Asile apprendront à chanter de mémoire et par écho avant de pouvoir lire une
phrase musicale. La valeur des notes, la distance des tons,
et tous les premiers élémens de la musique, ont été rendus
matériellement sensibles dans les premiers tableaux de la
méthode de M. Wilhem, inventée par lui pour l'usage
des écoles lancastriennes de Paris; les degrés de la gamme
y sont figurés sous la forme de ceux d'un escalier; les
tons, les demi-tons, les transpositions de clefs, y sont
démontrés par des signes manuels. Cette application d'une
idée abstraite à un signe sensible convient parfaitement

aux enfans et doit recommander cette méthode pour l'usage de toutes les Salles d'Asile.

Conseils pour les exercices de Physique céleste.

504. Il n'est pas proposable d'admettre les enfans à la révélation de la physique céleste ; mais il est possible de leur donner quelques idées justes, relativement au cours des astres qui frappent tous les jours leurs yeux, et au mouvement des principales planètes. La petite machine nommée géosicle est la dernière limite des renseignemens qu'on peut donner sur ce point. Un globe noir et un globe blanc, entourés chacun d'un méridien, peuvent aider à figurer la position des astres pendant la durée des éclipses.

Les Maîtres doivent s'abstenir, en cette matière, de parler des choses qu'ils ne comprendraient pas nettement.

Leçons de choses.

505. On peut étendre à volonté le cercle des études de la Salle d'Asile, en offrant sans cesse aux enfans de nouveaux sujets d'attention et de conversation ; l'Histoire naturelle et l'Industrie fournissent, à cet égard, une matière inépuisable.

Apporter un oiseau, dire tout ce que cet oiseau fait ordinairement, parler de ses voyages d'hiver et d'été, de sa nourriture, de son attention pour ses petits, de la couleur de son plumage, de l'usage dont ce plumage est susceptible, soit comme ornement, soit comme objet de commerce et de consommation ;

Apporter, un autre jour, une plante, une pierre, une machine, une pièce de monnaie ; parler des caractères et des usages de chacune de ces choses d'une manière intelligible pour l'enfance : c'est évidemment un moyen assuré de faire pénétrer une foule d'idées dans une jeune intelligence.

Ces leçons de choses ont pour résultat d'apprendre aux enfans un grand nombre de mots avec les idées précises qui doivent s'y rattacher.

Elles ont aussi pour effet de donner aux Maîtres des occasions toujours renaissantes d'appeler l'intérêt des enfans sur la connaissance de toutes les choses qui les environnent.

Avis aux fondateurs pour placer à la tête des Salles d'Asile des personnes qui sachent parler correctement, s'énoncer facilement, et dont l'esprit, cultivé par l'application, ait pu s'approprier par l'étude les connaissances les plus utiles à répandre.

Leçons par questions.

506. L'interrogation est le mode le plus usuel de communication entre l'intelligence du Maître et celle des enfans ; elle met en circulation des élémens toujours nouveaux de dissertation, sans fatiguer aucun enfant en particulier, et en provoquant l'attention de tous.

Une question s'adresse à Pierre ; il répond mal, Paul répond bien : le Maître insiste envers Paul, qui vient bientôt à faillir. Jacques succède et répond mieux sur tel point, il est plus faible sur tel autre, et une bonne réponse de Louis appelle à lui l'interlocution. Chemin faisant, le Maître raconte, s'arrête, doute, appuie, affirme, insiste, et fait entrer l'enseignement sous toutes les formes possibles. La moitié de la classe, au moins, écoute et veut dire son mot ; l'autre moitié est inattentive, mais silencieuse. Demain, tel qui était inattentif sera très préoccupé de ce qui se dira; ou même, si l'on répète ce qu'on a dit la veille, il fera voir que, quoique n'ayant pas paru écouter, il a cependant fait acquisition d'une ou plusieurs des idées qui ont été répandues par le Maître pour l'instruction générale de ses élèves.

Leçons par contrastes et par ellipses.

507. On indique un mot à l'enfant : on lui demande quel est le mot le plus contrastant par sa signification, noir = blanc, grand = petit, jour = nuit; on fait à la fois sur ces mots des exercices de synonymes et de contrastes de manière à exercer l'intelligence, et à faire saisir les diverses nuances qui distinguent la valeur des mots.

La méthode par ellipses présente des avantages analogues : on lit une phrase, puis on supprime un mot de cette phrase; on demande quel est le mot qui manque, et on fait voir son influence sur la phrase en faisant remarquer cette absence. La conversation s'établit, elle est fertile en enseignemens et fait pénétrer plus d'idées que n'en éveillerait souvent la lecture d'un livre, les idées étant expliquées dès qu'elles se présentent, et pouvant naître avec une sorte de spontanéité.

Leçons par images.

508. On peut dessiner sur la planche noire l'image de choses usuelles dont on veut donner l'idée; on peut aussi réunir dans un porte-feuille une collection d'images représentant des traits d'histoire, des portraits d'hommes célébres, des paysages, des fleurs, des animaux, qui deviennent des sujets de conversation, et qui aident à placer auprès des mots des idées justes, à inculquer des souvenirs profonds.

Exercice de petite gymnastique.

509. Le Maître fait un geste : les enfans l'imitent. Il frappe ses genoux de ses deux mains; il élève les bras au dessus de la tête ; il remue alternativement l'un ou l'autre bras.

On peut exécuter ces divers mouvemens sans y attacher aucune autre intention que celle de commander l'imitation. On peut aussi attacher une idée à un signe et parler à l'intelligence en donnant du mouvement au corps. Par exemple, en élevant le bras, le maître peut dire *Hauteur!* et expliquer au même instant quelle est la signification de ce mot. Il peut, en faisant un mouvement du bras vers la terre, prononcer le mot *Profondeur! - Largeur!* en étendant les deux bras; *Extension!* en ouvrant sa main; *Contraction!* en la fermant avec force.

510. On leur explique les principales facultés du corps connues sous le nom de sens : quand ils ont compris, on les invite à indiquer quel est l'organe de l'*ouïe* ou de l'audition; ils portent leurs doigts sur leurs oreilles; la *vue*, ils les portent à leurs yeux; l'*odorat*, ils touchent leur nez; le *goût*, ils indiquent la bouche; le *toucher*, ils se frottent les mains.

Cette méthode leur procure un exercice salutaire et elle anime le langage. Les Maîtres peuvent augmenter, par leur talent, l'intérêt de cette pantomime; elle peut même se continuer lorsque le Maître leur fait imiter un certain nombre de gestes, soit pour les amuser seulement, soit pour les instruire en les amusant.

Récitations de mémoire.

311. La méthode des Salles d'Asile étant essentiellement collective, et les enfans qui la fréquentent ne sachant
pas encore lire, il ne peut pas être question de leur faire
apprendre par cœur des textes écrits, et de se livrer à ce
qu'on entend, dans les autres Écoles, par récitations de mémoire ; mais il est très facile de leur faire apprendre des
chansons, et il faut user de cette faculté pour confier à
leurs souvenirs des choses qui puissent leur être habituellement utiles.

Les Salles d'Asile d'Angleterre retentissent continuellement de la récitation chantée de tous les calculs élémentaires des quatre règles de l'arithmétique. Ils chantent fréquemment sur des airs différens :

<blockquote>
Deux fois deux font quatre,
Dix fois dix font cent, etc.
</blockquote>

(Voyez les *Planches de musique*, à la fin de ce *Manuel.*)

Les Maitres prétendent que le souvenir de ces calculs
tout faits donne de la facilité pour la pratique des règles
de l'arithmétique. L'expérience de ce procédé n'a pas été
faite en France d'une manière soutenue.

En général, les Directeurs d'Asile auraient tort de vouloir charger la mémoire de leurs élèves de définitions et de
phrases symétriquement préparées. Le point important
consiste à leur communiquer des idées : les expressions
viennent d'elles-mêmes quand les idées sont acquises, et
les enfans se souviennent toujours des choses dont ils ont
élaboré eux-mêmes les définitions.

Conversations pieuses, morales, improvisées.

312. Ce genre d'exercice n'est pas à la portée de tous

les Maîtres ; il doit être plus particulièrement réservé aux
Inspecteurs et Administrateurs de l'Établissement: leur visite
est toujours un événement qui augmente la curiosité et vi-
vifie l'attention. Les observations qu'ils doivent faire soit
aux Maîtres, soit aux élèves, sur la tenue de l'Établissement
ou sur les circonstances dans lesquelles ils se présentent,
seront naturellement appuyées des motifs religieux ou mo-
raux qui les font agir. Il ne faut jamais oublier, dans ces
occasions, de mettre les enfans en scène, de les interpeller,
de les faire agir, de leur demander s'ils ont à se plaindre,
de les consoler ou de les gronder, et dans ces diverses occasions, les leçons peuvent être ménagées, si les divers in-
terlocuteurs de ces colloques savent profiter des circonstances.

CONCLUSION.

313. Tous les objets qui doivent fixer l'attention des
Fondateurs et des Directeurs de Salles d'Asile viennent
d'être énumérés dans les 312 numéros qui précèdent. On
n'a pas eu la prétention de composer, sur chacun de ces
nombreux objets, un traité approfondi; on a voulu, au contraire, provoquer l'étude et accélérer le progrès en résu-
mant les principes et les idées nécessaires pour entrepren-
dre l'exécution d'une loi bienfaisante, qui vient d'ouvrir
une carrière nouvelle à l'éducation populaire.

Il faut laisser les faits se produire avant de vouloir les
réglementer. L'expérience du passé peut mettre sur la voie
de l'avenir, mais en matière d'instruction primaire, et surtout d'éducation du premier âge, les souvenirs se rédui-
sent à peu de chose, puisqu'ils se bornent au récit de quelques expériences fugitives, et par conséquent on a dû se
résigner à ne proposer que quelques directions et quelques
conseils en attendant que toute la portée de la législation

nouvelle se soit manifestée par une exécution large, appuyée de l'assentiment universel.

En attendant cet avenir prospère, et dans l'intention d le préparer, le *Manuel des Salles d'Asile* aura réuni une grand nombre de préceptes et les aura présentés avec méthode et clarté. On ose espérer qu'il sera consulté pendant l'année qui va s'ouvrir, année si fertile en fondations, et dans le cours de laquelle toutes les Administrations municipales de France sont appelées à organiser de nouveaux Etablissemens d'éducation et à choisir des Maîtres capables de les diriger.

Aussitôt que cette première organisation sera faite, il sera nécessaire d'indiquer aux Directeurs de Salles d'Asile une série de leçons composée pour l'instruction de leurs Élèves. Cette encyclopédie du premier âge n'aurait pu trouver une place convenable dans un livre de théories et d'études préparatoires; mais il fera l'objet d'un volume séparé qui, sous le titre d'*Exercices pour les Salles d'Asile*, formera la suite du présent *Manuel,* et le complément des instructions nécessaires à donner pour la direction de ce nouveau genre d'Etablissemens.

LOI

DU 28 JUIN 1833,

SUR L'INSTRUCTION PRIMAIRE.

TEXTE.

RELATION DU TEXTE DE LA LOI AVEC LA SÉRIE DES NUMÉROS DU *Manuel.*

TITRE Ier.

De l'instruction primaire et de son objet.

Article Ier. L'instruction primaire est élémentaire ou supérieure.

L'instruction primaire élémentaire comprend nécessairement l'instruction morale et religieuse, la lecture, l'écriture, les élémens de la langue française et du calcul, le système légal des poids et mesures.

L'instruction primaire supérieure comprend nécessairement, en outre, les élémens de la géométrie et ses applications usuelles, spécialement le dessin linéaire et l'arpentage; des notions des sciences physiques et de l'histoire naturelle, applicables aux usages de la vie; le chant; les élémens de l'histoire et de la géographie; et surtout de l'histoire et de la géographie de la France.

Selon les besoins et les ressources des localités, l'instruction primaire pourra

N°s 1, 3, 4. 5, 7. 8. 9, 10, 11. 12, 13, 14, 15, 16. 17, 59, 194, 204, 213 et suiv., jusqu'à la fin du *Manuel.*

recevoir les développemens qui seront jugés convenables.

267 à 280 inclus.   Art. 2. Le vœu des pères de famille sera toujours consulté et suivi en ce qui concerne la participation de leurs enfans à l'instruction religieuse.

18, 19, 20, 21, 22, 23.   Art. 3. L'instruction primaire est ou privée ou publique.

TITRE II.

Des Écoles primaires privées.

154, 196.   Art. 4. Tout individu âgé de dix-huit ans accomplis pourra exercer la profession d'Instituteur primaire, et diriger tout Etablissement quelconque d'instruction primaire, sans autres conditions que de présenter préalablement au Maire de la commune où il voudra tenir École :

1°. Un brevet de capacité obtenu, après examen, selon le degré de l'École qu'il veut établir ;

2°. Un certificat constatant que l'impétrant est digne, par sa moralité, de se livrer à l'enseignement. Ce certificat sera délivré, sur l'attestation de trois conseillers municipaux, par le Maire de la commune ou de chacune des communes où il aura résidé depuis trois ans.

200.   Art. 5. Sont incapables de tenir École :

1°. Les condamnés à des peines afflictives ou infamantes ;

2°. Les condamnés pour vol, escroquerie, banqueroute, abus de confiance ou attentat aux mœurs, et les individus qui auront été privés par jugement de tout ou partie des droits de famille mentionnés aux paragraphes 5 et 6 de l'article 42 du *Code pénal;*

3°. Les individus interdits en exécution de l'article 7 de la présente Loi.

Art. 6. Quiconque aura ouvert une École primaire en contravention à l'article 5, ou sans avoir satisfait aux conditions prescrites par l'article 4 de la présente Loi, sera poursuivi devant le Tribunal correctionnel du lieu du délit, et condamné à une amende de 5o à 2oo francs : l'École sera fermée.

En cas de récidive, le délinquant sera condamné à un emprisonnement de quinze à trente jours et à une amende de 100 à 4oo francs.

Art. 7. Tout Instituteur privé, sur la demande du Comité mentionné dans l'article 19 de la présente Loi, ou sur la poursuite d'office du Ministère public, pourra être traduit, pour cause d'inconduite ou d'immoralité, devant le Tribunal civil de l'arrondissement, et être interdit de l'exercice de sa profession à temps ou à toujours.

Le Tribunal entendra les parties, et statuera sommairement en chambre du Conseil. Il en sera de même sur l'appel, qui devra être interjeté dans le délai de dix jours, à compter du jour de la notification du jugement, et qui, en aucun cas, ne sera suspensif.

Le tout sans préjudice des poursuites qui pourraient avoir lieu pour crimes, délits ou contraventions prévus par les Lois.

TITRE III.

Des Écoles primaires publiques.

29.

Art. 8. Les Écoles primaires publiques sont celles qu'entretiennent, en tout ou en partie, les communes, les départemens ou l'État.

45, 46, 47. 48, 49, 50, 51, 52, 53, 54, 55, 56.

Art. 9. Toute commune est tenue, soit par elle-même, soit en se réunissant à une ou plusieurs communes voisines, d'entretenir au moins une École primaire élémentaire.

Dans le cas où les circonstances locales le permettraient, le Ministre de l'Instruction publique pourra, après avoir entendu le Conseil municipal, autoriser, à titre d'Écoles communales, des Écoles plus particulièrement affectées à l'un des cultes reconnus par l'État.

57.

Art. 10. Les communes chefs-lieux de département, et celles dont la population excède six mille âmes, devront avoir en outre une École primaire supérieure.

109, 110, 111, 112, 113, 151, 162.

Art. 11. Tout département sera tenu d'entretenir une École normale primaire, soit par lui-même, soit en se réunissant à un ou plusieurs départemens voisins.

Les Conseils généraux délibéreront sur les moyens d'assurer l'entretien des Écoles normales primaires. Ils délibéreront également sur la réunion de plusieurs départemens pour l'entretien d'une seule École normale. Cette réunion devra être autorisée par ordonnance royale.

29, 60. 61, 62, 63, 69, 70, 71, 72, 73, 74.

Art. 12. Il sera fourni à tout Instituteur communal :

1°. Un local convenablement disposé,

tant pour lui servir d'habitation que pour
recevoir les élèves;

2°. Un traitement fixe, qui ne pourra
être moindre de 200 fr. pour une École
primaire élémentaire, et de 400 francs
pour une École primaire supérieure.

Art. 13. A défaut de fondations, donations ou legs, qui assurent un local et un
traitement, conformément à l'article précédent, le Conseil municipal délibérera
sur les moyens d'y pourvoir.

45, 67, 115, 152 et suiv., jusqu'à 180 inclus.

En cas d'insuffisance des revenus ordinaires pour l'établissement des Écoles
primaires communales élémentaires et
supérieures, il y sera pourvu au moyen
d'une imposition spéciale, votée par le
Conseil municipal, ou, à défaut du vote
de ce Conseil, établie par ordonnance
royale. Cette imposition, qui devra être
autorisée chaque année par la Loi des
finances, ne pourra excéder 3 centimes
additionnels au principal des contributions foncière, personnelle et mobilière.

Lorsque des communes n'auront pu,
soit isolément, soit par réunion de plusieurs d'entre elles, procurer un local et
assurer un traitement au moyen de cette
contribution de 3 centimes, il sera pourvu
aux dépenses reconnues nécessaires à l'instruction primaire, et, en cas d'insuffisance des fonds départementaux, par une
imposition spéciale votée par le Conseil
général du département, ou, à défaut du
vote de ce Conseil, établie par une ordonnance royale. Cette imposition, qui
devra être autorisée chaque année par la
Loi des finances, ne pourra excéder 2 centimes additionnels au principal des con-

tributions foncière, personnelle et mobilière.

Si les centimes imposés aux communes et aux départemens ne suffisent pas aux besoins de l'instruction primaire, le Ministre de l'Instruction publique y pourvoira au moyen d'une subvention prélevée sur le crédit qui sera porté annuellement pour l'instruction primaire au budget de l'État.

Chaque année, il sera annexé, à la proposition du budget, un rapport détaillé sur l'emploi des fonds alloués pour l'année précédente.

63. 64, 65, 66, 116, 117, 118 et suiv., jusqu'à 151 inclus, 198.

Art. 14. En sus du traitement fixe, l'Instituteur communal recevra une rétribution mensuelle dont le taux sera réglé par le Conseil municipal, et qui sera perçue dans la même forme et selon les mêmes règles que les contributions publiques directes. Le rôle en sera recouvrable mois par mois, sur un état des élèves certifié par l'Instituteur, visé par le Maire et rendu exécutoire par le Sous-Préfet.

Le recouvrement de la rétribution ne donnera lieu qu'au remboursement des frais par la commune, sans aucune remise au profit des agens de la perception.

Seront admis gratuitement dans l'École communale élémentaire, ceux des élèves de là commune, ou des communes réunies, que les Conseils municipaux auront désignés comme ne pouvant payer aucune rétribution.

Dans les Écoles primaires supérieures, un nombre de places gratuites, déterminé par le Conseil municipal, pourra être réservé pour les enfans qui, après concours, auront été désignés par le Comité d'Instruction primaire, dans les familles qui seront hors d'état de payer la rétribution.

Art. 15. Il sera établi, dans chaque département, une caisse d'épargne et de prévoyance en faveur des Instituteurs primaires communaux.

Les statuts de ces caisses d'épargne seront déterminés par des ordonnances royales.

Cette caisse sera formée par une retenue annuelle d'un vingtième sur le traitement fixe de chaque Instituteur communal. Le montant de la retenue sera placé au compte ouvert au Trésor royal pour les caisses d'épargne et de prévoyance ; les intérêts de ces fonds seront capitalisés tous les six mois. Le produit total de la retenue exercée sur chaque Instituteur lui sera rendu à l'époque où il se retirera, et, en cas de décès dans l'exercice de ses fonctions, à sa veuve ou à ses héritiers.

Dans aucun cas, il ne pourra être ajouté aucune subvention, sur les fonds de l'État, à cette caisse d'épargne et de prévoyance ; mais elle pourra, dans les formes et selon les règles prescrites pour les Établissemens d'utilité publique, recevoir des dons et legs dont l'emploi, à défaut de dispositions des donateurs ou des testateurs, sera réglé par le Conseil général.

Art. 16. Nul ne pourra être nommé Instituteur communal, s'il ne remplit les conditions de capacité et de moralité prescrites par l'article 4 de la présente Loi, ou

199.

29.

s'il se trouve dans un des cas prévus par l'article 5.

TITRE IV.

Des autorités préposées à l'instruction primaire.

157. 163, 167, 172, 185, 186.

Art. 17. Il y aura près de chaque École communale un Comité local de surveillance composé du M ire ou Adjoint, président ; du Curé ou Pasteur, et d'un ou plusieurs habitans notables désignés par le Comité d'arrondissement.

Dans les communes dont la population est répartie entre différens cultes reconnus par l'État, le Curé ou le plus ancien des Curés, et un des Ministres de chacun des autres cultes, désigné par son consistoire, feront partie du Comité communal de surveillance.

Plusieurs Écoles de la même commune pourront être réunies sous la surveillance du même Comité.

Lorsqu'en vertu de l'article 9, plusieurs communes se seront réunies pour entretenir une École, le Comité d'arrondissement désignera, dans chaque commune, un ou plusieurs habitans notables pour faire partie du Comité. Le Maire de chacune des communes fera en outre partie du Comité.

Sur le rapport du Comité d'arrondissement, le Ministre de l'Instruction publique pourra dissoudre un Comité local de surveillance et le remplacer par un Comité spécial, dans lequel personne ne sera compris de droit.

186.

Art. 18. Il sera formé dans chaque arrondissement de sous-préfecture un Comité spécialement chargé de surveiller et d'encourager l'instruction primaire.

Le Ministre de l'Instruction publique pourra, suivant la population et le besoin des localités, établir dans le même arrondissement plusieurs Comités dont il déterminera la circonscription par cantons isolés ou agglomérés.

Art. 19. Sont membres des Comités d'arrondissement :   **211, 212.**

Le Maire du chef-lieu ou le plus ancien des Maires du chef-lieu de la circonscription ;

Le Juge de Paix ou le plus ancien des Juges de Paix de la circonscription ;

Le Curé ou le plus ancien des Curés de la circonscription ;

Un Ministre de chacun des autres cultes reconnus par la loi, qui exercera dans la circonscription, et qui aura été désigné, comme il est dit au second paragraphe de l'article 17 ;

Un Proviseur, Principal de collége, Professeur, Régent, Chef d'Institution, ou Maitre de Pension, désigné par le Ministre de l'Instruction publique, lorsqu'il existera dés colléges, Institutions ou Pensions dans la circonscription du Comité ;

Un Instituteur primaire, résidant dans la circonscription du Comité, et désigné par le Ministre de l'Instruction publique ;

Trois membres du Conseil d'arrondissement ou habitans notables désignés par ledit Conseil ;

Les membres du Conseil général du département qui auront leur domicile réel dans la circonscription du Comité

Le Préfet préside, de droit, tous les

Comités du département, et le Sous-Préfet tous ceux de l'arrondissement : le Procureur du Roi est membre, de droit, de tous les Comités de l'arrondissement.

Le Comité choisit tous les ans son Vice-Président et son Secrétaire; il peut prendre celui-ci hors de son sein. Le Secrétaire, lorsqu'il est choisi hors du Comité, en devient membre par sa nomination.

172.

Art. 20. Les Comités s'assembleront au moins une fois par mois ; ils pourront être convoqués extraordinairement sur la demande d'un délégué du Ministre : ce délégué assistera à la délibération.

Les Comités ne pourront délibérer s'il n'y a au moins cinq membres présens pour les Comités d'arrondissement, et trois pour les Comités communaux ; en cas de partage, le Président aura voix prépondérante.

Les fonctions des notables qui font partie des Comités dureront trois ans : ils seront indéfiniment rééligibles.

164, 165, 166, 168, 169, 170, 172, 184, 196, 197, 201, 202, 205, 206, 207, 208, 209, 210.

Art. 21. Le Comité communal a inspection sur les Écoles publiques ou privées de la commune. Il veille à la salubrité des Écoles et au maintien de la discipline, sans préjudice des attributions du Maire en matière de police municipale.

Il s'assure qu'il a été pourvu à l'enseignement gratuit des enfans pauvres.

Il arrête un état des enfans qui ne reçoivent l'instruction primaire ni à domicile, ni dans les Écoles privées ou publiques.

Il fait connaître au Comité d'arrondissement les divers besoins de la commune sous le rapport de l'instruction primaire.

En cas d'urgence, et sur la plainte du Comité communal, le Maire peut ordonner provisoirement que l'Instituteur sera suspendu de ses fonctions, à la charge de rendre compte dans les vingt-quatre heures, au Comité d'arrondissement, de cette suspension, et des motifs qui l'ont déterminée.

Le Conseil municipal présente au Comité d'arrondissement les candidats pour les Écoles publiques, après avoir préalablement pris l'avis du Comité communal.

Art. 22. Le Comité d'arrondissement inspecte, et au besoin fait inspecter, par des délégués pris parmi ses membres ou hors de son sein, toutes les Écoles primaires de son ressort. Lorsque les délégués ont été choisis par lui hors de son sein, ils ont droit d'assister à ses séances avec voix délibérative.

157, 171, 172, 173, 174, 175, 177, 178, 179, 180, 181, 182, 183, 197, 200.

Lorsqu'il le juge nécessaire, il réunit plusieurs Écoles de la même commune sous la surveillance du même Comité, ainsi qu'il a été prescrit à l'article 17.

Il envoie chaque année, au Préfet et au Ministre de l'Instruction publique, l'état de situation de toutes les Écoles primaires du ressort.

Il donne son avis sur le secours et les encouragemens à accorder à l'instruction primaire.

Il provoque les réformes et les améliorations nécessaires.

Il nomme les Instituteurs communaux sur la présentation du Conseil municipal, procède à leur installation, et reçoit leur serment.

Les Instituteurs communaux doivent être institués par le Ministre de l'Instruction publique.

157, 171, 185, 197, 200.

Art. 23 En cas de négligence habituelle ou de faute grave de l'Instituteur communal, le Comité d'arrondissement, ou d'office, ou sur la plainte adressée par le Comité communal, mande l'Instituteur inculpé; après l'avoir entendu ou dûment appelé, il le réprimande ou le suspend pour un mois avec ou sans privation de traitement, ou même le révoque de ses fonctions.

L'Instituteur frappé d'une révocation pourra se pourvoir devant le Ministre de l'Instruction publique, en Conseil royal. Ce pourvoi devra être formé dans le délai d'un mois, à partir de la notification de la décision du Comité, de laquelle notification il sera dressé procès-verbal par le Maire de la commune. Toutefois, la décision du Comité est exécutoire par provision.

Pendant la suspension de l'Instituteur, son traitement, s'il en est privé, sera laissé à la disposition du Conseil municipal pour être alloué, s'il y a lieu, à un Instituteur remplaçant.

171, 197, 200.

Art. 24. Les dispositions de l'article 7 de la présente Loi, relatives aux Instituteurs privés, sont applicables aux Instituteurs communaux.

160, 161, 176, 196.

Art. 25. Il y aura dans chaque département une ou plusieurs Commissions d'instruction primaire, chargées d'examiner tous les aspirans aux brevets de capacité, soit pour l'instruction primaire élémentaire, soit pour l'instruction primaire supérieure , et qui délivreront lesdits brevets sous l'autorité du Ministre. Ces Commissions seront également chargées de faire les examens d'entrée et de sortie des élèves de l'École normale primaire.

Les membres de ces Commissions seront nommés par le Ministre de l'Instruction publique.

Les examens auront lieu publiquement et à des époques déterminées par le Ministre de l'Instruction publique.

La présente loi , discutée , délibérée et adoptée par la Chambre des Pairs et par celle des Députés , et sanctionnée par nous cejourd'hui, sera exécutée comme loi de l'État.

Donnons en mandement , etc.

ORDONNANCE DU ROI.

LOUIS-PHILIPPE, Roi des Français,

A tous présens et à venir, salut.

Sur le rapport de notre Ministre secrétaire d'État au département de l'Instruction publique.

<table>
<tr><td>RELATION DES ARTICLES DE L'ORDONNANCE AVEC LES ARTICLES DE LA LOI.</td><td>TITRE Ier.</td></tr>
</table>

RELATION DES ARTICLES DE
L'ORDONNANCE AVEC LES
ARTICLES DE LA LOI.

TITRE Ier.

De l'organisation des Écoles primaires publiques.

Art. 9, 13, 14, 21.

Art. 1er. Les Conseils municipaux délibéreront chaque année, dans leur session du mois de mai, sur la création ou l'entretien des Écoles primaires communales, élémentaires ou supérieures, sur le taux de la rétribution mensuelle, et du traitement fixe à accorder à chaque Instituteur, et sur les sommes à voter soit pour acquitter cette dernière dépense, soit pour acquérir, construire, réparer ou louer des maisons d'École. Ils dresseront annuellement, dans leur session du mois d'août, l'état des élèves qui devront être reçus gratuitement à l'École primaire élémentaire. Ils détermineront, s'il y a lieu, dans cette même session, le nombre des places gratuites qui pourront être mises au concours pour l'École primaire supérieure.

1,

Art. 2. Dans le cas où des communes limitrophes ne pourraient entretenir, chacune pour son compte, une École primaire élémentaire, les Maires se concerteront pour établir une seule École à l'usage desdites communes. La réunion des communes à cet effet ne pourra être opérée que du consentement formel des Conseils municipaux, et avec l'approbation de notre Ministre de l'Instruction publique. A défaut de conventions contraires de la part des Conseils municipaux, les dispenses auxquelles l'entretien des Écoles donnera lieu seront réparties entre les communes réunies, proportionnellement au montant de leurs contributions foncière, personnelle et mobilière. Cette répartition sera faite par le Préfet. Une réunion de communes ainsi opérée pourra être dissoute par notre Ministre de l'Instruction publique, sur la demande motivée d'un ou plusieurs Conseils municipaux, mais à condition que ces Conseils prendront l'engagement de pourvoir sans délai à l'établissement et à l'entretien des Écoles de leurs communes respectives.

Art. 3. Les Maires des communes qui ne possèdent point de locaux convenablement disposés tant pour servir d'habitation à leurs Instituteurs communaux que pour recevoir les élèves, et qui ne pourraient en acheter ou en faire construire immédiatement, s'occuperont sans délai de louer des bâtimens propres à cette destination. Les conditions du bail seront soumises au Conseil municipal et à l'approbation du Préfet. Pendant la durée du bail, qui ne pourra excéder six années, les Conseils municipaux prendront les mesures nécessaires pour se mettre en état d'acheter ou de faire construire des maisons d'École, soit avec leurs propres ressources, soit avec les secours qui pourraient leur être accordés par le département ou par l'État.

13.

Art. 4. Lorsqu'une commune, avec ses ressources ordinaires , ainsi qu'avec le produit des fondations, donations ou legs qui pourraient être affectés aux besoins de l'Instruction primaire , ne sera pas en état de pourvoir au traitement des Instituteurs et de procurer le local nécessaire, le Conseil municipal sera appelé à voter, jusqu'à concurrence de 3 centimes additionnels au principal des contributions foncière , personnelle et mobilière , une imposition spéciale à l'effet de pourvoir à ces dépenses.

9, 11, 13.

Art. 5. Les délibérations par lesquelles les Conseils municipaux auront réglé le nombre des Écoles communales , fixé le traitement des Instituteurs , arrêté les mesures ou les conventions relatives aux maisons d'École, et voté les fonds, seront envoyées avant le 1er juin, pour l'arrondissement chef-lieu , au Préfet , et pour les autres arrondissemens , aux Sous-Préfets , qui les transmettront dans les dix jours au Préfet avec leur avis.

13.

Art. 6. Les Préfets inséreront sommairement les résultats de ces délibérations sur un tableau dont le modèle leur sera transmis par notre Ministre de l'Instruction publique , et qui indiquera les sommes qu'ils jugeront devoir être fournies par le département, pour assurer le traitement des Instituteurs communaux , et pour procurer des locaux convenables. Ces tableaux seront présentés aux Conseils généraux dans leur session ordinaire annuelle.

Art. 7. Dès que l'Ordonnance royale   **13.**
de convocation des Conseils généraux et
des Conseils d'arrondissement, pour leur
session ordinaire annuelle, aura été publiée, les Préfets enverront à notre Ministre de l'Instruction publique une copie
de ces tableaux.

Ils enverront en même temps l'état des
communes qui n'auraient pas encore fixé
le traitement de leurs Instituteurs communaux, ni assuré un local pour l'École,
avec indication des revenus de chaque
commune, du produit annuel des fondations, donations ou legs, et de la portion
de ce produit et de ces revenus que la
commune pourrait affecter à cette dépense.

Art. 8. Dans le cas où les votes de com-   **13.**
munes n'auraient pas pourvu au traitement de l'Instituteur et à l'établissement
de la maison d'École, une Ordonnance
royale autorisera, s'il y a lieu, dans les limites fixées par la loi, une imposition
spéciale sur ces communes, à l'effet de
pourvoir à ces dépenses.

La somme ainsi recouvrée ne pourra
sous aucun prétexte être employée à d'autres dépenses qu'à celles de l'instruction
primaire.

Art. 9. Si des Conseils généraux de département ne votaient pas, en cas d'insuffisance de leurs revenus ordinaires,
l'imposition spéciale destinée à couvrir,
autant qu'il se pourra, les dépenses nécessaires pour procurer un local et assurer un traitement aux Instituteurs, cette
imposition sera établie, s'il y a lieu, par

Ordonnance royale, dans les limites fixées par la loi.

11, 13.

Art. 10. Lorsque, dans le cas d'insuffisance des revenus ordinaires des communes et des départemens, et des impositions spéciales qu'ils sont autorisés à voter, l'État devra concourir au paiement du traitement fixe des Instituteurs, ce traitement ne pourra excéder le *minimum* fixé par l'article 12 de la loi du 28 juin dernier.

14.

Art. 11. Au commencement de chaque mois, l'Instituteur communal remettra au Maire l'état des parens des élèves qui auront fréquenté son École pendant le mois précédent, avec l'indication du montant de la rétribution mensuelle due par chacun d'eux. Le recouvrement de ce rôle sera poursuivi par les mêmes voies que celui des contributions directes. Tous les frais, autres que ceux de poursuites, seront remboursés par la commune. Les réclamations auxquelles la confection du rôle pourrait donner lieu seront rédigées sur papier libre, et déposées au secrétariat de la Sous-Préfecture. Elles seront jugées par le Conseil de préfecture, sur l'avis du Comité local et du Sous-Préfet, lorsqu'il s'agira de décharges ou de réductions; par le Préfet, sur l'avis du Conseil municipal et du Sous-Préfet, lorsqu'il s'agira de remises et de modérations.

9, 13.

Art. 12. Les dépenses des Écoles primaires et les diverses ressources qui y sont affectées font partie des recettes et dépenses des communes; elles doivent être comprises dans les budgets annuels et dans les comptes des Receveurs municipaux; elles sont soumises à toutes les règles qui régissent la comptabilité communale.

Art. 13. Divers plans d'Écoles primaires pour les communes rurales, accompagnés de devis estimatifs détaillés, seront dressés par les soins de notre Ministre de l'Instruction publique, et déposés au secrétariat des Préfectures, des Sous-Préfectures, des Mairies, des chefs-lieux de canton et des Comités d'arrondissement, ainsi qu'au secrétariat de chaque Académie.

Art. 14. Le tableau de toutes les communes du royaume, avec l'indication de leur population et de leurs revenus ordinaires et extraordinaires, divisé par départemens, arrondissemens et cantons, sera adressé tous les cinq ans, par notre Ministre du Commerce et des Travaux publics, à notre Ministre de l'Instruction publique.

Art. 15. Chaque année, notre Ministre de l'Instruction publique fera dresser un état des communes qui ne possèdent point de maisons d'École, de celles qui n'en ont point en nombre suffisant, à raison de leur population ; et enfin de celles qui n'en ont point de convenablement disposées. Cet état fera connaître les sommes votées par les communes et par les départemens en exécution de l'article 1ᵉʳ et suivans de la présente Ordonnance, soit pour les Instituteurs, soit pour les maisons d'École. Il indiquera généralement tous les besoins de l'Instruction primaire, et sera distribué aux Chambres.

TITRE II.

Des Ecoles primaires privées.

Art. 16. Aussitôt que le Maire d'une commune aura reçu la déclaration à lui faite, aux termes de l'article 4 de la loi, par un individu qui remplira les conditions prescrites et qui voudra tenir une École, soit élémentaire, soit supérieure, il inscrira cette déclaration sur un registre spécial, et en délivrera récépissé au déclarant. Il enverra au Comité de l'arrondissement et au Recteur de l'Académie des copies de cette déclaration, ainsi que du certificat de moralité que doit présenter l'Instituteur.

Art. 17. Est considérée comme École primaire toute réunion habituelle d'enfans de différentes familles, qui a pour but l'étude de tout ou partie des objets compris dans l'enseignement primaire.

Art. 18. Tout local destiné à une École primaire privée sera préalablement visité par le Maire de la commune ou par un des membres du Comité communal, qui en constatera la convenance et la salubrité.

Art. 19. Les Instituteurs privés qui auront bien mérité de l'Instruction primaire seront admis, comme les Instituteurs communaux, sur le rapport des Préfets et des Recteurs, à participer aux encouragemens et aux récompenses que notre Ministre de l'Instruction publique distribue annuellement.

TITRE III.

Des Écoles normales primaires.

Art. 20. Les Préfets et les Recteurs prépareront chaque année un aperçu des dépenses auxquelles donnera lieu l'École normale primaire que chaque département est obligé d'entretenir, soit par lui-même, soit en se réunissant à un ou plusieurs départemens voisins. Cet aperçu sera présenté aux Conseils généraux dans leur session ordinaire annuelle.

Art. 21. Lorsque plusieurs départemens se réuniront pour entretenir ensemble une École normale primaire, les dépenses de cette École, autres que celles qui seront couvertes par le produit des bourses fondées par les communes, les départemens ou l'État, seront réparties entre eux dans la proportion de la population, du nombre des communes et du montant des contributions foncière, personnelle et mobilière. Cette répartition sera faite par notre Ministre de l'Instruction publique.

Art. 22. Lorsqu'un Conseil général n'aura pas compris, dans le budget des dépenses du département, la somme nécessaire pour l'entretien de l'École normale primaire, une Ordonnance royale prescrira de l'y porter d'office, au chapitre des dépenses variables ordinaires.

Art. 23. Dans les départemens d'une étendue considérable, et dont les habitans professent différens cultes, notre Ministre de l'Instruction publique, sur la demande des Conseils généraux, ou sur celle des Conseils municipaux, qui offriraient de concourir au paiement des dépenses nécessaires, et sur la proposition des Préfets et des Recteurs, pourra autoriser, après avoir pris l'avis du Conseil royal, outre les Écoles normales, l'établissement d'Écoles modèles qui seront aussi appelées à former des Institutions primaires.

TITRE IV.

Des Autorités préposées à l'Instruction primaire.

19. Art. 24. Les Comités d'arrondissement fixeront annuellement, dans leur réunion du mois de janvier, l'époque de chacun des autres mois où ils s'assembleront. La séance ainsi indiquée aura lieu sans qu'aucune convocation spéciale soit nécessaire.

19. Art. 25. En l'absence du Président de droit et du Vice-Président nommé par le Comité d'arrondissement, le Comité est présidé par le doyen d'âge.

Art. 26. Tout membre élu d'un Comité qui, sans avoir justifié d'une excuse valable, n'aura point paru à trois séances ordinaires consécutives, sera censé avoir donné sa démission, et sera remplacé conformément à la loi.

9, 11. Art. 27. Les frais de bureau des Comités communaux sont supportés par la commune, et ceux des Comités d'arrondissement par le département.

22. Art. 28. Lorsque le Comité d'arrondissement nommera un Instituteur, il enverra immédiatement au Recteur l'arrêté de nomination avec l'avis du Comité

local, la délibération du Conseil municipal, la date du brevet de capacité, et une
copie du certificat de moralité. Le Recteur transmettra ces pièces à notre Ministre de l'Instruction publique, qui donnera l'Institution, s'il y a lieu. L'Instituteur
ne sera installé, et ne prêtera serment,
qu'après que notre Ministre de l'Instruction publique lui aura conféré l'Institution ; mais le Recteur pourra l'autoriser
provisoirement à exercer ses fonctions.

TITRE V.

Dispositions transitoires.

Art. 29. Les Conseils municipaux dé- **11.**
libéreront , dans leur session ordinaire
du mois d'août prochain , sur l'organisation de leurs Écoles primaires publiques
pour 1834. Ils s'occuperont de tous les
objets sur lesquels , aux termes du paragraphe 1er de l'article 1er de la présente Ordonnance, ils devront annuellement délibérer dans la session du mois de mai.
Les délibérations seront envoyées immédiatement aux Préfets et aux Sous-Préfets , au plus tard avant le 20 août.

Art. 30. Les divers états que les Préfets **8, 22.**
sont tenus d'adresser à notre Ministre de
l'Instruction publique , aux termes de
l'article 8 de la présente Ordonnance ,
aussitôt que l'Ordonnance royale de convocation des Conseils généraux et d'arrondissement a été publiée, lui seront envoyés
en 1833, avant le 5 septembre.

Art. 31. Les Préfets présenteront aux **12.**
Conseils généraux , dans leur prochaine
session , un aperçu des sommes nécessai-

res pour aider les communes à procurer un local et à assurer un traitement à leurs Instituteurs pendant l'année 1834. Les Conseils généraux seront appelés à voter, conformément à l'article 13 de la loi du 28 juin dernier sur l'Instruction primaire, un crédit ou une imposition destiné à l'acquittement de cette dépense.

15.

Art. 32. Les Conseils généraux délibéreront également dans leur prochaine session sur les projets de statuts des caisses d'épargnes et de prévoyance qui doivent être établies dans chaque département en faveur des Instituteurs primaires communaux.

22.

Art. 33. Dans le délai de trois mois, notre Ministre de l'Instruction publique réglera, conformément à l'article 18 de la loi du 28 juin dernier, le nombre et la circonscription des Comités d'arrondissement. Dans les trois mois qui suivront l'installation des Comités d'arrondissement, il sera procédé à l'organisation des Comités communaux. Jusqu'à l'installation des nouveaux Comités, les Comités actuels continueront leurs fonctions.

22.

Art. 34. Pareillement, jusqu'à l'installation des nouveaux Comités, et lorsqu'il s'agira de nommer un Instituteur communal, le Conseil municipal présentera les candidats au Comité placé au chef-lieu de l'arrondissement, après avoir pris l'avis du Comité dont la commune ressort immédiatement. Le Comité du chef-lieu d'arrondissement nommera l'Instituteur, et se conformera aux dispositions de l'article 28 de la présente Ordonnance.

Art. 35. Dans le cas prévu par l'art. 23 **23.**
de la loi du 28 juin dernier, le droit de
suspension ou de révocation sera de même
exercé par le Comité placé au chef-lieu de
l'arrondissement, ou d'office, ou sur la
plainte adressée par le Comité dont res-
sortira immédiatement l'Instituteur inculpé.

Art. 36. Nos Ministres, etc.

TABLE

DES PRINCIPALES DIVISIONS

DU MANUEL.

Pages

INTRODUCTION.   7

PREMIÈRE PARTIE.

MANUEL DES FONDATEURS.

CHAPITRE PREMIER.

MOTIFS DE LA FONDATION DES SALLES D'ASILE ET DE LA
DÉNOMINATION QUI LEUR A ÉTÉ DONNÉE EN FRANCE. . .   23

CHAPITRE II.

DES DIVERSES ESPÈCES DE SALLES D'ASILE.   29
   Fondation de la Salle d'Asile communale. . .   30
   — *Des Salles d'Asile particulières.*   32
   — *Des Asiles-Pensions.*   34
   Fondations d'origine mixte. . . . .   ib.
*Avantages et inconvéniens de ces diverses origines;—
   conciliation de plusieurs avantages par voie d'a-
   bonnement*   35

CHAPITRE III.

DE L'INFLUENCE DES SALLES D'ASILE SUR LE BIEN-ÊTRE
DES FAMILLES.   41

Pages

De leur influence sur les familles pauvres. 42

 — *Sur les familles qui vivent dans l'aisance.* 43

 — *Sur les habitans des communes rurales.* . . 45

 — *Sous le rapport de l'aisance des familles.* . 46

CHAPITRE IV.

DE L'INFLUENCE DES SALLES D'ASILE SUR L'ADMINISTRATION DES SECOURS PUBLICS. 48

 Abus du rôle des indigens. . . . . *ib.*

 Abus résultant de l'hospitalité illimitée accordée aux enfans trouvés. 49

 Progression de la dépense des enfans trouvés et de celle du rôle des indigens dans le département de la Seine. 51

 Nécessité et moyens d'une réforme. 53

CHAPITRE V.

INFLUENCE DES SALLES D'ASILE SUR LES AUTRES ÉCOLES PRIMAIRES. 63

CHAPITRE VI.

APERÇU DES DÉPENSES DES SALLES D'ASILE. 75

 § Ier. Dépenses générales de fondation et d'entretien . . . . *ib.*

 § II. Dépenses relatives aux constructions et locations 81

 § III. Programme de la Salle d'Asile , ou indication de la nature des dépenses à faire pour préparer un local et le rendre convenable pour cette destination.. 90

 § IV. Du mobilier de la Salle d'Asile, et des dépenses à faire pour l'achat et l'entretien de ce mobilier 94

 § V. Des dépenses relatives aux Écoles normales. 97

CHAPITRE VII.

APERÇU DES RECETTES DESTINÉES A SUBVENIR AUX DÉPENSES DES SALLES D'ASILE. 99

§ Ier. De la rétribution mensuelle, ou prix d'Écolage. . . . . *ib.*

§ II. Des fondations, dons et legs. 108

CHAPITRE VIII.

BUDGET DE L'INSTRUCTION PRIMAIRE DANS LES COMMUNES. 112

CHAPITRE IX.

DES FORMALITÉS PRÉALABLES A L'EXERCICE DE LA PROFESSION D'INSTITUTEUR PRIMAIRE.—COMMISSIONS D'EXAMEN. —ÉCOLES NORMALES. 123

§ Ier. Formalités préalables.. . . . . *ib.*

§ II. Commissions d'examen. 128

§ III. Ecoles normales. 131

CHAPITRE X.

DE L'INSPECTION LOCALE. — SURVEILLANCE DU MAIRE. — SURVEILLANCE DES COMITÉS LOCAUX. 133

§ Ier. Surveillance municipale. . . . . *ib.*

§ II. Surveillance spéciale dans chaque commune. 135

CHAPITRE XI.

COMITÉS D'ARRONDISSEMENT. — CHOIX DES MAITRES. — INSPECTION ET DÉLÉGATION D'INSPECTEURS ET INSPECTRICES.. 137

§ Ier. Choix des Maîtres.. 138

§ II. Inspection et délégation d'Inspecteurs et Inspectrices. 141

§ III. Discipline. 146

CHAPITRE XII.

Pages

DES RÉGLEMENS FAITS POUR LES SALLES D'ASILE DE
PARIS AVANT LA LOI DE 1833 ; INDICATION SOMMAIRE
DE LA RÉFORME INTRODUITE PAR CETTE LOI. 148

SECONDE PARTIE.
MANUEL DES DIRECTEURS.

— — —

CHAPITRE PREMIER.

DE LA NÉCESSITÉ D'UNE MÉTHODE SPÉCIALE POUR LA DI-
RECTION DES PREMIÈRES ÉCOLES DE L'ENFANCE. 157

CHAPITRE II.

DE LA POSITION SOCIALE DES DIRECTEURS D'ASILE. . . . 163

§ Ier. Des droits de l'Instituteur primaire de
tous les degrés 164

§ II. Des devoirs de l'Instituteur primaire (et
notamment du Directeur de Salle d'Asile),
dans l'ordre social 169

CHAPITRE III.

DES DEVOIRS QUOTIDIENS DES DIRECTEURS ET DIRECTRICES
D'ASILE. 177

§ Ier. Devoirs généraux . . . . ib.

§ II. Division de la journée ; mouvement général de l'Asile , soins nécessaires au développement physique des Elèves. 181
— Occupations pendant les heures de la
journée. 182
— Entrée en classe. 184
— Prière 186

Pages

— Classe de lecture par épellation.   187
— Évolution pour passer de la lecture en cercles à l'exercice du gradin.   188
— Exercices du gradin   189
— Évolution pour passer de l'exercice du gradin à la classe d'écriture ou de tracé linéaire   190
— Ecriture. . . . , ...   191
— Evolution pour sortir de classe.   192
— Observations générales sur les évolutions.   194
— Récréation de midi à deux heures. . .   *ib.*

PREMIER EXERCICE. = *Distribution d'alimens, et avertissemens sur la conduite morale.* . . . . .   *ib.*

DEUXIÈME EXERCICE. = *Contrôle ou appel.*   196
— Deuxième classe, de deux à quatre heures.   197
— Heures d'attente après quatre heures du soir. . . . .   *ib.*
— Emploi du dimanche.   198
— Division de la journée dans le cas d'un Asile de nouvelle fondation.   199

§ III. Soins nécessaires à la santé et au développement physique des Enfans.   201

CHAPITRE IV.

CONSEILS POUR L'INSTRUCTION MORALE DES ÉLÈVES. . . .   205
— Justice.   207
— Véracité   208
— Obéissance, docilité.   209
— Probité.   210
— Décence, propreté et maintien. . . .   211
— Ordre, exactitude, subordination. . .   213
— Bienveillance mutuelle, politesse. . .   *ib.*
— Dignité morale.   215

CHAPITRE V.

Pages

CONSEILS POUR L'INSTRUCTION RELIGIEUSE DES ÉLÈVES. . 216

CHAPITRE VI.

CONSEILS POUR LE DÉVELOPPEMENT INTELLECTUEL DES
ÉLÈVES, ET INDICATION SOMMAIRE D'EXERCICES. 225
— Du silence.. . . . . *ib.*
— De l'attention. 226
— Lecture. 229
— Ecriture et tracé. 231
— Notions d'arithmétique, de géométrie,
  exercices du boulier-compteur.. 232
— Géographie, histoire, musique, phy-
  sique céleste. 234
— Conseils pour les exercices de géogra-
  phie. . . . . *ib.*
— Conseils pour les exercices d'histoire . 235
— Conseils pour les exercices de musique 237
— Conseils pour les exercices de physique
  céleste. 238
— Leçons de choses . . . . *ib.*
— Leçons par questions. 239
— Leçons par contrastes et ellipses. . . . 240
— Leçons par images. . . . . *ib.*
— Exercice de petite gymnastique . . . 241
— Récitations de mémoire 242
— Conversations pieuses, morales, im-
  provisées. . . . . *ib.*
CONCLUSION. 243
LOI *du 23 juin 1833, sur l'Instruction primaire.* . 245
ORDONNANCE DU ROI, *sur le même objet.* 258

TABLE

ANALYTIQUE ET ALPHABÉTIQUE

DES MATIÈRES CONTENUES DANS LE MANUEL.

[Les chiffres renvoient aux N⁰ˢ du MANUEL.]

Abandon. (*Voyez* Secours publics.)

Abonnemens. Circonstances qui peuvent y donner lieu, 29. — Ceux des communes avec les Instituteurs doivent être autorisés par le Conseil municipal, 124, 125, 126 et 130.

Administration communale. (*Voyez* Conseils généraux et municipaux, Maires, Préfets.)

Age auquel les enfans sont reçus dans les Asiles, 8. — Aptitude spéciale du premier âge, 9. — Caractère du développement physique dans la première enfance, 10; — du développement moral, 11; — du développement intellectuel, 12.

Arithmétique. (*Voyez* Développement intellectuel.)

Attention. (*Voyez* Développement intellectuel.)

Bals. Les produits de ceux qui sont donnés en faveur des Pauvres figurent parmi les recettes des Bureaux de bienfaisance, 148.

Bancs latéraux. Leur usage, 80.

Brevet. Il doit être exhibé au Maire avant l'exercice de la profession, 154. — Il est de plusieurs degrés, *ibid.* — Il est délivré par des Commissions départementales, 160; — après examen public, 161, 162. (*Voyez* Commissions d'examen.)

Boulier-compteur. Sa forme, 90; — son usage, 295.

Budget de l'instruction primaire dans les communes. La première recette est la rétribution mensuelle, 137. — Viennent ensuite les fondations, dons et legs, 138; — et subsidiairement les subventions, 139. — Celles-ci peuvent provenir de diverses origines, 140, 141, 142, 143, 144, 145, 146. (*Voyez* Subvention.) — Les revenus des secours à domicile sont applicables en premier ordre à la dépense des Ecoles, 147. — Ils peuvent concourir à cette dépense de deux manières, 148. — Immédiatement après peuvent être employés les fonds d'hospices, 149. — Ensuite les fonds communaux, 150. — Essai d'application de ces principes à un département, celui du Loiret pris pour exemple, 151. (*Voyez* Fondations, dons et legs, Rétribution, Subvention.)

Bureaux de bienfaisance. Ils peuvent concourir aux dépenses des Salles d'Asile, 186; — sur leurs ressources spéciales ou générales, *ibid.* (*Voyez* Secours publics)

Cabinets d'aisance. Dispositions y relatives, 84.

Caisse d'épargne. Il en existe pour les Instituteurs communaux dans chaque département, 199.

Certificat de moralité. Il est nécessaire pour demander le brevet d'Instituteur, 154. — Il doit être délivré par trois Conseillers municipaux, *ibid.*

Choix des Maîtres. (*Voyez* Comités d'arrondissement, Inspection locale.)

Cloche. Il doit en exister une dans le préau, 85; — Son usage, *ibid.*

Comités d'arrondissement. Leurs attributions, 173.—Choix des Maîtres, 174. — Difficulté de ce choix, 175. — Conseils donnés à cet égard, *ibid.* — Recommandations aux Comités locaux et aux Conseils municipaux chargés de la présentation des Instituteurs, 176. — Délégations d'Inspecteurs et d'Inspectrices, 177. — Utilité des inspections gratuites, 178. — Devoirs des Inspecteurs et Inspectrices, 179. — Utilité des inspections salariées, 180. — Mode de délégation en cas d'inspection gratuite, 181.—Séance des Inspecteurs dans les Comités, 182. — Nécessité de vivifier l'instruction par une inspection régulière et éclairée, 183. — Les Comités d'arrondissement sont la seule autorité compétente pour statuer sur les suspensions provisoires prononcées par les Maires pour suivre certaines accusations, et prononcer certaines révocations, 185. — Les peines de discipline ne dispensent pas de l'application des autres peines encourues, 186.

Comité de surveillance communale. (*Voyez* Inspection locale.)

Commission d'examen. L'art. 25 de la Loi ne dit pas si les femmes pourront en faire partie, 160. — Cette adjonction serait nécessaire pour plusieurs motifs, *ibid.* — Elle serait indispensable pour la délivrance des brevets de Directeur et Directrice de Salles d'Asile, *ibid.* — Le texte de l'art. 25 permet cette adjonction, 161. — Les brevets ne doivent être délivrés qu'après épreuves subies en public, *ibid.* — Indication des qualités à rechercher et à constater par les épreuves publiques, 162. (*Voyez* Brevet.)

Communes. Leurs revenus peuvent tous être affectés aux dépenses des Écoles, 150. — (*Voyez* Conseils municipaux, Constructions et acquisitions d'immeubles, Locations, Maires, Police municipale.)

Congé (Jours de). 220 et suiv.

Conseil général des hospices de Paris. C'est sur sa recommandation que les Salles d'Asile se sont propagées à Paris, 16. — Il a préparé les Réglemens qui ont jusqu'à présent dirigé l'Administration de ces Etablissemens dans la capitale, 187. — Réglement du 28 octobre 1829, 188. — Réglement du 3 février 1830, 189. — Règles de comptabilité, 190. — Règles pour le choix des Maîtres, 191. — Indication sommaire des modifications que ces Réglemens vont subir par l'effet de la Loi de 1833, 192.

Conseils généraux de département. Ils doivent délibérer sur le meilleur emploi à faire des ressources départementales, 67 et 68 (*voyez* Subvention et Administration communale), et appeler l'attention des Préfets sur l'insuffisance de ces ressources, 151.

Conseils municipaux. Ils peuvent accorder des subventions aux Ecoles privées, et les convertir ainsi en Ecoles communales, 29. — Ils doivent délibérer sur le meilleur emploi à faire des ressources communales, 67. — Conseils à cet égard, 68. (*Voyez* Subvention et Administration communale.) — Ils fixent la quotité des rétributions mensuelles dues aux Instituteurs, 117. — Ils exemptent du paiement de cette rétribution, 121. — Ils font le rôle de recouvrement de cette contribution, *ibid.* — Ils doivent être consultés sur les abonnemens à faire avec les Instituteurs communaux, 124, 125, 126 et 130. — Recommandations aux Conseils municipaux chargés de la présentation des Instituteurs, 174.

Constructions et acquisitions d'immeubles. Difficulté de s'y livrer dans toutés les communes moyennes et petites, 69.—Inconvéniens des constructions, même à l'égard des grandes communes, 70. — Nécessité pour les Administrateurs de se soumettre habituellement à ces inconvéniens, 71. — Moyen d'en éviter une partie, 72 et 73. — Autre moyen appuyé sur l'exemple de la fondation de la Maison-Cochin, 74.

Contribution. Il en doit être voté une spéciale pour les Écoles, en cas d'insuffisance des revenus communaux, 150. — Son produit doit figurer dans les Budgets communaux, *ibid.*

Délégation. (*Voyez* Inspection.)

Départemens. La majorité des départemens de France ne sont pas assez riches pour couvrir le défaut de ressources des communes, 151.

Dépenses de la Salle d'Asile. En quoi elles consistent, d'après le vœu de la Loi, 60. — On ne doit pas regretter les charges qu'elles imposent, 61. — Elles varient selon la population des communes, 62. (*Voyez* Population des communes.)

Développement intellectuel. Comment il doit s'opérer, 12. — Du silence, 281, 282, 283. — De l'attention, 284. — De la lecture, 285, 286, 287, 288, 289, 290. — Écriture ei tracé, 291, 292. — Notions d'arithmétique et de géométrie, 293 à 299, — Géographie, 300. — Histoire, *ibid.* — Musique, *ibid.* — Physique céleste, *ibid.* — Leçons de choses, 305. — Leçons par questions, 306. — Leçons par contrastes et ellipses, 307. — Par images, 308. — Par gymnastique, 309, 310. — Par récitations, 311; — par conversation, 312.

Développement moral. Nécessité de le favoriser, 10. — Comment on doit y procéder, *ibid.* — Avantages des Salles d'Asile sous ce rapport, 255. — Elles agissent par entraînement, 256. — Punitions, 257. — Récompenses, 258. — Justice, 259. — Véracité, 260. — Obéissance, docilité, 261. — Probité, 262. — Décence, propreté et maintien, 263. — Ordre, exactitude, subordination, 264.—Bienveillance mutuelle, politesse, 265. — Dignité morale, 266.

Développement physique. Soins hygiéniques, 248. — Ventilation, *ibid.* — — Boisson, 249. — Jeux, 250. — Exercices, *ibid.* —Exercices gymnastiques, 251. — Jardin, 252. (*Voyez* Gymnastique.)

Devoirs des Directeurs et Directrices. Devoirs généraux, 213 et suiv.— Soin du matériel de l'Etablissement, 213. — Relations avec le public, 214. —Tenue des Registres, *ibid.* — Compétence du Maître, *ibid.*— De la Maîtresse, 215. — De la femme de service, 216.—Composition du personnel en proportion du nombre d'enfans, 217. — Enumération des principaux devoirs de la direction, 218.—Caractère spécial de la surveillance du Directeur, 219. — Jours de congé, *ibid.* — Emploi du temps, 220 et suiv.

Directeurs et Directrices d'Asile. De quoi se compose leur logement, 83. — Leur mobilier, 108. — Droits résultant de leur position sociale, 196. — Différence entre l'Instituteur privé et l'Instituteur communal, 198. — Leurs devoirs généraux, 203, 204, 205. — Leurs relations sociales, 206, 207, 208, 209. — Leurs relations administratives, 210, 211, 212. — Leurs devoirs quotidiens, 213. — Surveillance qu'ils doivent exercer, 219 et suiv.

Dignité morale. (*Voyez* Développement moral.)

Discipline. Elle s'exerce par le Comité local, 184, — et par le Comité d'arrondissement, 185.

Disposition du local des Salles d'Asile. Longueur et largeur, 75. —Situation au rez-de-chaussée, 76. — Fenêtres et circulation de l'air, 77.—

Forme des Salles, 78. — Nombre et placement des portes, 81.

DIVISION DE LA JOURNÉE, 220. (*Voyez* EMPLOI DU TEMPS.)

DONS ET LEGS. (*Voyez* FONDATIONS.)

ÉCOLES NORMALES. Il est inutile de fonder des Écoles normales proprement dites pour former les Directeurs d'Asile, 109, 110, 163. — Preuves de cette assertion, 111, 112. — Il suffit de vérifier leur capacité par des épreuves publiques, 162. — Indication de l'une de ces épreuves, *ibid.* et 163.

ÉCOLES PRIVÉES DEVENUES COMMUNALES PAR SUBVENTION. Cette conversion doit être précédée d'une convention régulièrement approuvée par l'Autorité administrative, 29, 130. (*Voyez* ABONNEMENT.) — L'Instituteur communal ou devenu tel a droit au paiement de la contribution et au recouvrement comme en matière de contribution publique, 130.

ÉCRITURE. (*Voyez* DÉVELOPPEMENT INTELLECTUEL.)

ÉDUCATION. Elle doit être graduelle selon les âges, 1. — Elle est purement physique jusqu'au sevrage, 2. — Elle est plus spécialement intellectuelle au dessus de sept ans, 3. — L'époque intermédiaire entre la nourrice et le Maître d'École est cultivée dans les Salles d'Asile, 4.

EMPLOI DU TEMPS. Partage des heures, 220. — Arrivée des enfans, 221. — Leur réception, 222. — Relations du Maître et des élèves, 223. — Temps de séjour des élèves, 224. — Premier repas, 225. — Désignation des moniteurs, 226. — Soins de propreté, 227. — Inspection de propreté, 228. — Entrée en classe, 229. — Prière, 230. — Lecture par épellation, 231. — Évolution de la lecture au gradin, 232. — Exercice du gradin, 233. — Évolution du gradin à la classe d'écriture, 234. — Écriture, 235. — Sortie de classe, 236. — Autre mode de sortie, 237. — Évolutions, 238. — Récréation, 239. —

Distribution d'alimens, et conduite à tenir, *ibid.* — Eau potable, 240. — Soin des paniers, 241. — Avertissemens donnés aux élèves, 242. — Contrôle ou appel, 243. — Seconde classe, 244. — Heure d'attente après les classes, 245. — Emploi du dimanche, 246. — Division de la journée dans le cas d'une nouvelle fondation, 247.

ENFANS TROUVÉS. Abus de l'hospitalité illimitée à leur égard, 37. — Progression de la dépense qu'ils occasionent, 51. (*V.* SECOURS PUBLICS.)

ENTRÉE EN CLASSE. (*Voyez* EMPLOI DU TEMPS.)

ÉPONGES. Leur usage, 106.

ÉVOLUTIONS. (*Voyez* EMPLOI DU TEMPS.)

EXAMENS. (*Voyez* COMMISSIONS D'EXAMEN et BREVETS.)

EXEMPTION DE LA RÉTRIBUTION MENSUELLE. (*Voyez* RÉCLAMATIONS, RÉTRIBUTION MENSUELLE.)

EXERCICES DU GRADIN, 233.

EXERCICES (*Voyez* DÉVELOPPEMENT PHYSIQUE, GYMNASTIQUE.)

FEMME DE SERVICE. Ses devoirs, 216.

FEMMES. (*Voyez* COMMISSIONS D'EXAMEN, INSPECTION.)

FONDATEURS DES SALLES D'ASILE. Leur persévérance peut produire un grand bienfait national, 17. (*Voyez* MAISON-COCHIN.)

FONDATION DES SALLES D'ASILE. Formalités préparatoires de la Salle d'Asile communale, 19; — de la Salle d'Asile particulière, 21; — de la Salle d'Asile particulière dans une manufacture, 20; — pour la Salle d'Asile-Pension, 23; — pour les fondations d'origine mixte, 24. — Avantages de ces dernières, 25. — Avantages des Salles d'Asile-Pension, 28. — Des Salles particulières, 27. — Avantages et inconvéniens des Salles d'Asile communales, 26. — Influence des subventions sur ces diverses natures de fondations, 28. (*V.* MAISON-COCHIN.)

FONDATIONS, DONS ET LEGS. Ceux faits en

faveur des Écoles communales doivent être acceptés par les communes dans les formes de droit, 132. — Les Asiles particuliers et Pensions ne peuvent en accepter sans avoir été préalablement reconnus comme Établissemens d'utilité publique par des Ordonnances royales, 133.—Les libéralités faites en faveur des Écoles, mais sans destination explicite et spéciale, n'obligent pas à la fondation de nouveaux Établissemens, 134. — Les souscriptions faites par des particuliers sont considérées comme donations manuelles, 135.

GÉOGRAPHIE. (*Voyez* DÉVELOPPEMENT INTELLECTUEL.)

GÉOMÉTRIE. (*Voyez* DÉVELOPPEMENT INTELLECTUEL.)

GRADIN. Sa destination, 79.

GYMNASTIQUE. Indication de divers exercices, 251, 309, 310.

HANGAR. Son utilité, 99.

HISTOIRE. (*Voyez* DÉVELOPPEMENT INTELLECTUEL.)

HOSPICES. Leurs immeubles peuvent être loués et affectés au service des Salles d'Asile, 149.

HYGIÈNE. Soins nécessaires à la santé des enfans, 248, 249, 250. (*Voyez* DÉVELOPPEMENT PHYSIQUE, GYMNASTIQUE ET MÉDECIN.)

INSPECTION LOCALE. Elle s'exerce par un Comité, sous le rapport scolaire, 164; —et par le Maire, sous le rapport de police municipale, *ibid.* — Composition du Comité, 168. — Ses attributions, 169 et suiv. — Il donne son avis sur la présentation des candidats à la direction des Écoles publiques, 170. — Il veille à la salubrité des Écoles et au maintien de la discipline, 171. — Il s'assure qu'il a été pourvu à l'enseignement gratuit des enfans pauvres, 172. — Il fait connaître au Comité d'arrondissement les besoins des Écoles de la commune, *ibid.* — Recommandations aux Comités locaux chargés de la présentation des Instituteurs, 174. — Délégation d'Inspecteurs et d'Inspectrices, 177. — Utilité des inspections gratuites, 178. —Devoirs des Inspecteurs, 179.— Salariés, 180. — Leurs droits et leur utilité, 181, 182 et 183. — Le maintien de la discipline qui est confié au Comité autorise ses membres à adresser des interpellations et admonitions, 184.

INSTITUTEUR COMMUNAL. Il a droit à un local pour son habitation et pour ses classes, ainsi qu'à un traitement fixe, 60. — Il doit recevoir tous les enfans indigens de la commune sans rétribution, 129. — Il est présenté par le Comité de surveillance au Conseil municipal et par le Conseil municipal au Comité d'arrondissement, nommé et installé par ce Comité, 197.

INSTITUTEURS PRIMAIRES. Formalités préalables à l'exercice de leur profession, 152 et suiv. — Difficultés de l'ancienne législation à cet égard, 153. — Simplicité de la législation nouvelle, 154. — Exhibition du brevet de capacité et du certificat de moralité, *ibid.* — Déclaration à l'autorité municipale, 155. — Visite des locaux, *ibid.* — Les Instituteurs privés peuvent exercer pour leur propre compte ou pour le compte d'autrui, 155. — Publics ou privés, ils sont tous soumis à l'inspection de deux ordres de Comités, 157. — Ils ne peuvent être déchus, que par jugement, du droit d'enseigner, 158.— Le talent d'Instituteur est l'effet d'une vocation particulière, 195. — Leur sort a été amélioré par la Loi de 1833, *ibid.* — Sous cette législation, ils exercent leur profession de plein droit, 196; — et peuvent être choisis et appelés à la direction des Écoles publiques, 197. — Dignité de leur caractère, 198, 200, 201, 202. — Caisse d'épargne instituée dans leur intérêt, 199. — Dévouement nécessaire dans leurs fonctions, 203. — Caractères spéciaux des Directeurs et Directrices d'Asile, 204, 205, 206. — Convenances à observer par tous les Instituteurs, 207, 208, 209, 210, 211, 212.

INSTRUCTION MORALE. (*Voyez* DÉVELOPPEMENT MORAL.)

INSTRUCTION PRIMAIRE. Les Salles d'Asile en forment le premier degré, 45. —Elles prêtent secours aux Ecoles des degrés ultérieurs, 46; — aux Ecoles simultanées, 47 et 48; — aux Ecoles mutuelles, 49 et 50. — Elles sont nécessaires dans l'intérêt des enfans, 51; — et dans celui des Maîtres, 52. Elles sont préférables aux petites classes des Ecoles simultanées, 55. — Pourquoi elles n'avaient pas été organisées jusqu'à présent, 56. — Leurs relations avec les autres Ecoles, 54 et 57. — Comment elles diviseront les populations scolaires, 58. — Comment elles compléteront la série des Etablissemens d'éducation primaire, 59.

INSTRUCTION RELIGIEUSE. Surveillance, 267. —Séparation des exercices, 268. — Fusion, 270. — Exigence des familles, 271, 272. — Vœu de conciliation, 273. — Esprit de l'instruction religieuse, 274, 275, 276, 277, 278, 279, 280.

JUSTICE. (*Voyez* DÉVELOPPEMENT MORAL.)

LATRINES. Dispositions nécessaires, 84.

LEÇONS. De choses, 305; — par questions, 306; — par contrastes et par ellipses, 307; par images; 308; — avec mouvemens gymnastiques, 309; 310; par récitations, 311; — par conversations, 312. (*Voyez* DÉVELOPPEMENT MORAL.)

LECTURE. (*Voyez* DÉVELOPPEMENT INTELLECTUEL.)

LIT DE CAMP. Sa forme, 102. — Son utilité, 284.

LOCATIONS. Elles deviennent pour les propriétaires des motifs de construction d'immeubles, 72. — Stipulations diverses à ce sujet, *ibid.* et 73.

LOCAUX. Avantages pour les communes de réunir dans un même voisinage ceux affectés à toutes les espèces d'Ecoles et d'Asiles, 59, 63, 86. (*Voyez* DISPOSITION DU LOCAL.)

LOGEMENT. Il est dû à chaque Instituteur, 60.

LOI du 28 juin 1823, son texte.

MAIRES. Propositions qu'ils doivent adresser aux Conseils municipaux et aux Bureaux de bienfaisance pour assurer la fondation des Salles d'Asile communales, 19, 164.—Ils doivent inspecter toutes les Ecoles ouvertes dans leur commune, 164. — Ils doivent saisir le pouvoir disciplinaire et le pouvoir judiciaire de la connaissance des faits relatifs aux Ecoles, *ibid.* — Ils font des Réglemens pour interdire le vagabondage des enfans, 165. — Ils refusent l'ouverture des Ecoles dans les localités insalubres ou dangereuses, *ibid.* — Ils peuvent prononcer la suspension provisoire des Instituteurs, 166.

MAISON-COCHIN. Pensée dans laquelle cet Etablissement a été fondé, 59. — Renseignemens sur sa fondation, 74. — Conseils aux Administrateurs et Fondateurs d'Asiles, *ibid.*—Plan de la Maison-Cochin, 86.

MALADIES. Les Directeurs d'Asile ne doivent point se mêler de les traiter, 253. — Devoirs des Directeurs à l'égard des élèves malades, *ibid.*

MANUFACTURES. Elles présentent des circonstances favorables à la fondation des Salles d'Asile privées, 20.

MANUFACTURIERS. Moyens qu'ils possèdent pour fonder des Salles d'Asile, 20. — Exemple cité à cet égard, *ibid.*

MÉDECIN. Son utilité, ses fonctions, 253, 254. (*Voyez* MALADIES.)

MENDICITÉ. Des classes analogues à celles des Salles d'Asile doivent être introduites dans les maisons des jeunes détenus pour cause de vagabondage et de mendicité, 44. (*V.* Prisons.)

Méthode. La méthode simultanée et la méthode mutuelle se partagent toutes les Ecoles de France, 47. — La première convient mieux aux petites communes, 48. — Analyse des procédés qu'elle emploie, 47. — La deuxième convient mieux aux grandes communes, 50. — Analyse des procédés qu'elle emploie, 49. — La Salle d'Asile est à la fois préparatoire des Ecoles dirigées d'après l'une et l'autre méthode par la nature de ses exercices, et auxiliaire de ces deux genres d'Ecoles par ses effets, 51, 52, 53, 54, 55 et 57. — Motifs qui ont empêché, jusqu'à la Loi de 1833, la création d'une méthode pour les Salles d'Asile, 56. — L'article 1er de la Loi de 1833 ne pourrait s'exécuter à l'égard de la première enfance sans la création de cette méthode, 60. — La *Maison-Cochin* avait été fondée en 1827 dans la même pensée qui a dicté cet article de Loi, 59. — A défaut d'une méthode spéciale, les Salles d'Asile seraient de simples dépôts, 194. — Elles sont au contraire des Ecoles préparatoires de tous les objets auxquels doivent s'étendre plus tard l'enseignement élémentaire et l'enseignement supérieur, *ibid.* — La méthode indiquée au *Manuel des Directeurs* est éprouvée par six ans d'expérience, *ibid.* — Il n'est pas nécessaire que le Maître d'Asile soit capable de créer une méthode ; il faut seulement qu'il puisse l'exécuter, *ibid.*

Ministre de l'Instruction publique. L'art. 13 de la Loi du 28 juin a placé dans ses mains la clef de tous les succès, par l'application de la subvention nationale, 136.

Mobilier. Il se compose de poêle, 87 ; — chaises, 88 ; — chevalet, 89 ; — boulier-compteur, 90 ; — porte-tableaux, 91 ; — tableaux et planchettes, 92 ; — carton ou boîte, 93 ; — ardoises, 94. — table à écrire debout, 95 ; — trois registres, 96 ; — un sifflet ou une clochette, 97 ; — un claquoir en bois, 98 ; — rayons pour porter les paniers, 100 ; — champignons pour suspendre les vêtemens, 101 ; — lit de camp, 102 ; — barres pour la gymnastique, 103 ; — baquets, jattes et sébiles, 104 ; — tabliers, 105 ; — éponges, 106 ; — meubles meublans du Directeur ou de la Directrice, 107. — Prix de tout le mobilier, 108.

Nourriceries. Il en existe en Angleterre, 2. — Leur objet, *ibid.* — Elles n'entrent pas dans le cercle de l'instruction primaire, *ibid.*

Occupations pendant la journée, 221 et suiv. (*V.* Emploi du temps.)

Octrois municipaux. Leurs produits sont, de tous les revenus communaux, ceux qui sont le plus naturellement affectés à l'indigence, 150.

Ordonnance royale du 16 juillet 1823. Son texte.

Paiement de la rétribution mensuelle. (*V.* Réclamation, Rétribution mensuelle.)

Physique céleste. (*Voyez* Développement intellectuel.)

Plan de la *Maison-Cochin*, 86.

Plans et gravures. Leur utilité, 86.

Poêle. Doit être entouré de grilles, 87.

Police municipale. Elle s'exerce plus facilement quand tous les Etablissemens scolaires sont réunis dans des locaux rapprochés, 86.

Politesse. (*Voyez* Développement moral.)

Population des communes. Il peut exister des Salles d'Asile dans toutes les communes, quelle que soit leur population, 57. — Calculs à l'appui de cette assertion, 58. — De l'utilité des Salles d'Asile en proportion de cette population, 63 et suiv. — Communes de 300 habitans et au dessous, 63. — Communes de 1,500 habitans et au dessous, 64. — Communes composées de plusieurs hameaux, 65. — Communes de 6,000 ames et au dessous, 66.

Porte-tableaux. Leur forme, 91.

Préau. — Il est indispensable d'en établir un à côté de chaque Asile, 82.

Prisons. Celles de l'enfance doivent être des lieux de protection et non de punition, 44. (V. Mendicité.)

Préfets. C'est à eux qu'il appartient de calculer les ressources des communes et d'appeler les départemens et le Trésor public à leur aide en cas d'insuffisance des ressources, 151. — Ils doivent garantir les communes du danger des dépenses de construction, ibid.; — et appeler l'attention du Ministre de l'Instruction sur l'insuffisance des ressources de leurs départemens.

Prière. Comment on la fait, 230.

Prix d'écolage. (Voyez Rétribution mensuelle.)

Probité. (Voyez Développement moral.)

Propreté. (Voyez Développement moral.)

Punitions. Celles qu'on doit infliger et celles dont il faut s'abstenir, 257. — Effet qu'elles produisent sur les enfans, ibid.

Quêtes. Celles qui sont faites en faveur des Pauvres peuvent s'appliquer aux Salles d'Asile, 148.

Réclamations. Par qui sont jugées celles des parens sur la rétribution mensuelle, 122;—et celles sur la confection du rôle, ibid. — Elles sont rédigées sur papier libre, ibid.—A qui elles doivent être adressées, ibid. (V. Rétribution mensuelle.)

Récompenses. Ce qu'elles doivent être, 258.—Dans quels cas et de quelle manière il faut les accorder, ibid.

Recouvrement du prix d'écolage. (Voyez Rétribution mensuelle.)

Registres. Ils sont de trois espèces, 214.

—Leur objet, ibid. — Manière de les tenir, ibid.

Ressources destinées aux dépenses des Salles d'Asile. Moyens d'assurer leur bon emploi, 61, 67, 68.— Elles proviennent de trois origines, 114, 115.

Rétribution mensuelle ou prix d'écolage. Sa définition, 116.—Sa quotité est fixée par le Conseil municipal, 117. — Elle peut être de plusieurs prix, 118, 120.—Elle peut s'acquitter en argent ou en équivalent, 119. — Le Conseil municip. peut seul exempter du paiement de cette rétribution, 121;—et faire droit administrativement aux réclamations sur le classement des contribuables dans les rôles, ibid. et 122. — Les réclamations en décharge et remise doivent être adressées au Conseil de préfecture, 122. — Les exceptions au paiement de cette rétribution doivent être rares, 123. — Abonnement des communes pour l'éducation des enfans indigens, 124. — Il est défendu aux particuliers de s'abonner avec l'Instituteur communal pour payer une rétribution inférieure à celle fixée par le Conseil municipal, 125. —Examen de la question de savoir si cette prohibition est applicable aux Instituteurs privés, 126. — Cette question n'existe pas, si l'Inst. privé reçoit une subvention, 127. — L'Instituteur peut recevoir au delà du taux fixé par le Conseil municipal; mais pour l'excédant, il ne jouit pas du privilége qui lui est accordé par l'art. 14 de la Loi, 128. — L'Instituteur devenu communal par l'acceptation d'une subvention a droit au paiement de la rétribution comme en matière de contribution publique, 130. — Mode spécial de ce recouvrement, 131.

Rôle des indigens. (Voyez Secours publics.)

Salles d'Asile. Motifs de leur fondation, 1, 2, 3, 4, 5, 6, 7, 8, 9, 10, 11, 12. —Leur dénomination en Angleterre, en France et en Suisse, 13. — Inconvéniens de cette dénomination, 14. Ses motifs et ses avantages, 15, 16 — Résumé des idées qui s'y rattachent, 17.—Les Salles d'Asile sont privées ou publiques, 18;—particulières ou Pensions, *ibid.*;—communales, départementales, nationales, *ibid.*;—fondées, par souscriptions ou par associations, 22.—Leur influence sur la population, 30.—Elles adoucissent la condition du pauvre, 17 et 31. — Elles améliorent l'éducation des enfans riches, 17 et 32.—Elles garantissent les habitans des campagnes de nombreux dangers, 33.—Elles diminuent la dépense du riche et augmentent la recette du pauvre, 34.— Elles peuvent devenir l'occasion d'une réforme dans l'administration des secours publics, 40, 41;—et dans celle des enfans trouvés, 42. — Résumé des avantages qu'elles produisent, 43.—Le régime et la méthode des Salles d'Asile pourront être introduits dans les prisons et hospices spéciaux à l'enfance, 44. —Nombre des enfans que les Salles d'Asile peuvent contenir, 217.(*Voyez* DISPOSITION DU LOCAL, MAISON-COCHIN.)

SECOURS PUBLICS. Influence des Salles d'Asile à leur égard, 35. — Rôle des indigens, ses abus, 36.—Enfans trouvés, abus de l'hospitalité qui leur est donnée, 37.—Progression de la dépense des enfans trouvés dans le département de la Seine, 38.—Progression du rôle des indigens dans le même département, 39. —L'aumône augmente la plaie du paupérisme, les Salles d'Asile la diminuent, 40. — L'application des secours devient plus directe et plus satisfaisante par les Salles d'Asile, *ibid.* et 61. — L'hospice des Enfans - Trouvés provoque l'abandon, la Salle d'Asile fait disparaître jusqu'à la tentation de le consommer, *ibid.* et 42.—La moindre quotité de secours annuel que puisse distribuer un Bureau de bienfaisance suffit pour subvenir à la dépense d'un enfant dans une Salle d'Asile, 41.— Calcul à l'appui de cette assertion, *ib.*

SILENCE. (*Voyez* DÉVELOPPEMENT INTELLECTUEL.)

SOUSCRIPTIONS. Les Salles d'Asile soutenues par des souscriptions de particuliers rentrent dans la catégorie des Écoles privées, 22.

SUBVENTION. (*Voyez* ABONNEMENT.) Une subvention, en perpétuant un établissement d'origine privée, peut être un moyen d'économie pour une commune, 67. — La subvention nationale, promise par l'article 13 de la Loi, assure à jamais les dépenses de l'Instruction primaire en France, 136. — Les subventions départementales et communales proviennent de plusieurs origines, savoir : revenus municipaux, 140;—d'hospices, 141; — de secours à domicile, 142. — Indication des autorités auxquelles il faut les demander, 143, 144, 145, 146.

TENDRESSE MATERNELLE. Elle est le génie de la Salle d'Asile, 5.—Il est souvent nécessaire de la suppléer, 6. — La nécessité de cette suppléance a fait naître les Salles d'Asile, 7.

TRACÉ LINÉAIRE. (*Voyez* DÉVELOPPEMENT INTELLECTUEL.)

TRIBUNAUX. Sont appelés à prononcer la déchéance et l'interdiction des Directeurs d'Asile, 158, 196.

VÉRACITÉ. (*Voyez* DÉVELOPPEMENT MORAL.)

VAGABONDAGE DES ENFANS. Doit être prohibé par l'Autorité municipale, 165.

VOISINAGE. Avantage de réunir les Ecoles et Salles d'Asile dans des localités voisines, 59, 63, 86.

N° 1.

PLAN-PLAN.

MARCHE POUR ENTRER EN CLASSE

Paroles de M. BATTELLE, Musique par M. B. WILHEM.

(A 3 parties dans le 16e cahier de l'*Orphéon*.)

Pas de route.

2.	**3.**	**4.**
Il faut qu'on apprenne	Quand on sait bien lire	La leçon commence
Lorsqu'on est enfant :	C'est très amusant ;	Dans quelques instans :
Le travail amène	Quand on sait écrire	Qu'un profond silence
Le contentement.	On n'est plus enfant.	Succède à nos chants.

N° 2.

CHANT DE RECONNAISSANCE.

PRIÈRE.

(Chœur de la méthode de M. B. WILHEM.)

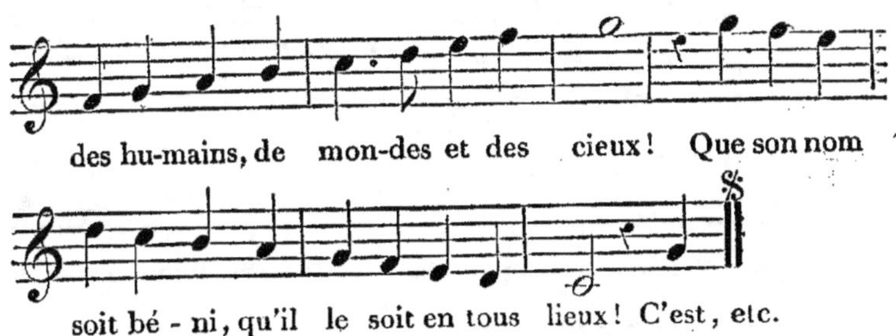

Nᵒ 3.

BÉNI SOIT DIEU.

Paroles de Mᵐᵉ Jules MALLET.

(Air connu.)

2.

Mais à ce Dieu qui lui donna la vie,
Dès son jeune âge un enfant peut penser ;
Ce Dieu puissant jamais ne nous oublie ;
Puissions-nous donc de plus en plus l'aimer !
N'offensons pas cette bonté si tendre ;
Fuyons le mal, évitons le méchant :
En quelque lieu que nous puissions nous rendre,
La nuit, le jour, Dieu nous voit, nous entend.

3.

Les anges saints, qui contemplent sa gloire,
Avec respect l'adorent dans les cieux ;
Imitons-les, et que notre mémoire
Sache garder des chants harmonieux !
Béni soit Dieu ! qui protége l'enfance
Et lui promet un éternel bonheur ;
Béni soit Dieu ! notre unique espérance,
Et que lui seul remplisse notre cœur !

CHANT DE L'ALPHABET.

CHANT DE L'ÉPELLATION.

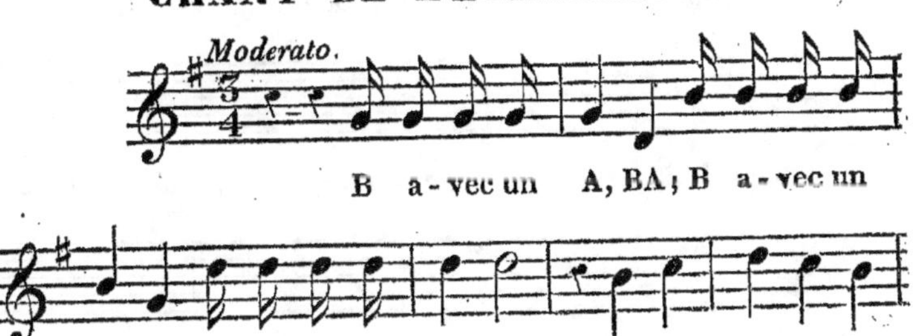

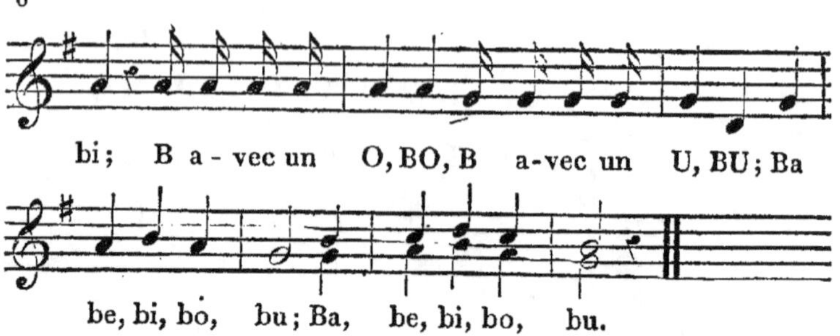

(*N. B.* Le même chant s'applique successivement à toutes les consonnes.)

N° 6.

LA NUMÉRATION.

Adaptée, par Mme MILLET, à un air connu.

(*N. B.* Par licence, en chantant ces nombres, on supprime souvent l'*e* muet,
comme : *onz'*, *douz'*, pour *onze*, *douze*, etc.)

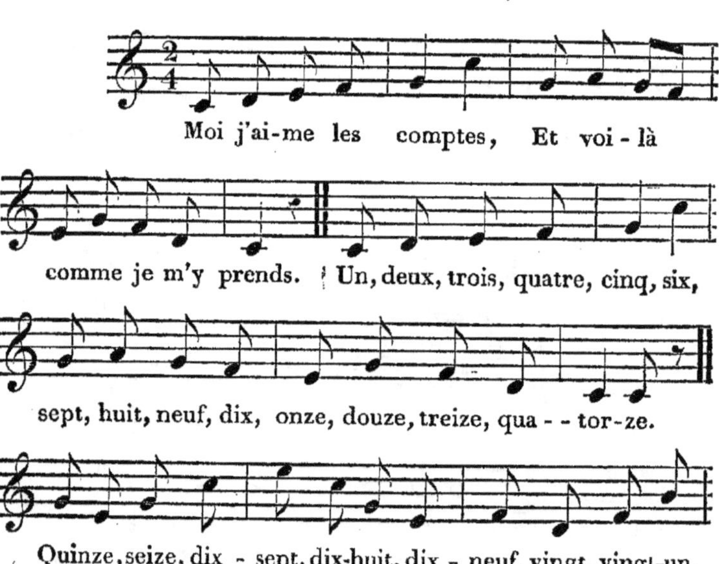

vingt-deux, vingt - trois,   vingt-quatre, vingt-cinq,
vingt-six, vingt-sept, vingt-huit, vingt-neuf,   trente.
Trent - un,   trent - deux,   trent-trois, trent - quatre,
trent - cinq, trent - six,   trent-sept, trent - huit,
trent - neuf, qua - rant,   qua - rante - un,   qua -
rant - deux,   qua - rant - trois.   Qua-rant-quatre, quarant-cinq,   qua - rant-six,   qua - - rant-sept, qua - rant-
huit, qua- rant - neuf,   cin-quant, cin-quante-un , cin-

quant-deux. Cin-quant-trois, cin-quant-quatre, cin-quant-
cinq, cin-quant-six, cin-quant-sept, cin-quant-huit, cin-quant-
neuf, soi - xant, soi - - xante - un, soi - xant - deux.
Soi-xant-trois, soi-xant-quatre, soi-xant-cinq, soi-xant-six,
soi-xant-sept, soi - xant-huit, soi-xant-neuf, soi-xant-dix,
soi - xan - te - dix - - neuf. Qua - tre-vingt, quatre-vingt-un, qua - tre-vingt-deux, qua - tre-vingt-trois, qua-
tre-vingt-quatre, qua-tre-vingt-cinq, qua - tre-vingt-six, qua-

N° 7

L'ADDITION.

Adaptée, par Mme Millet, au même air écrit en 6/8.

six et deux font huit. Huit et deux font dix et deux font
douze et deux qua - torze et deux font seize et deux dix-
huit et deux font vingt et deux vingt-deux. Vingt-
deux et deux vingt-quatre et deux vingt - six et deux vingt-
huit et deux font trente et deux trent - deux et deux trent-
quatre et deux trent - six. Trent - six et deux trent -
huit et deux qua - ran - te et deux qua - ran - te-
deux et deux qua - rant - quatre et deux qua - rant - six.

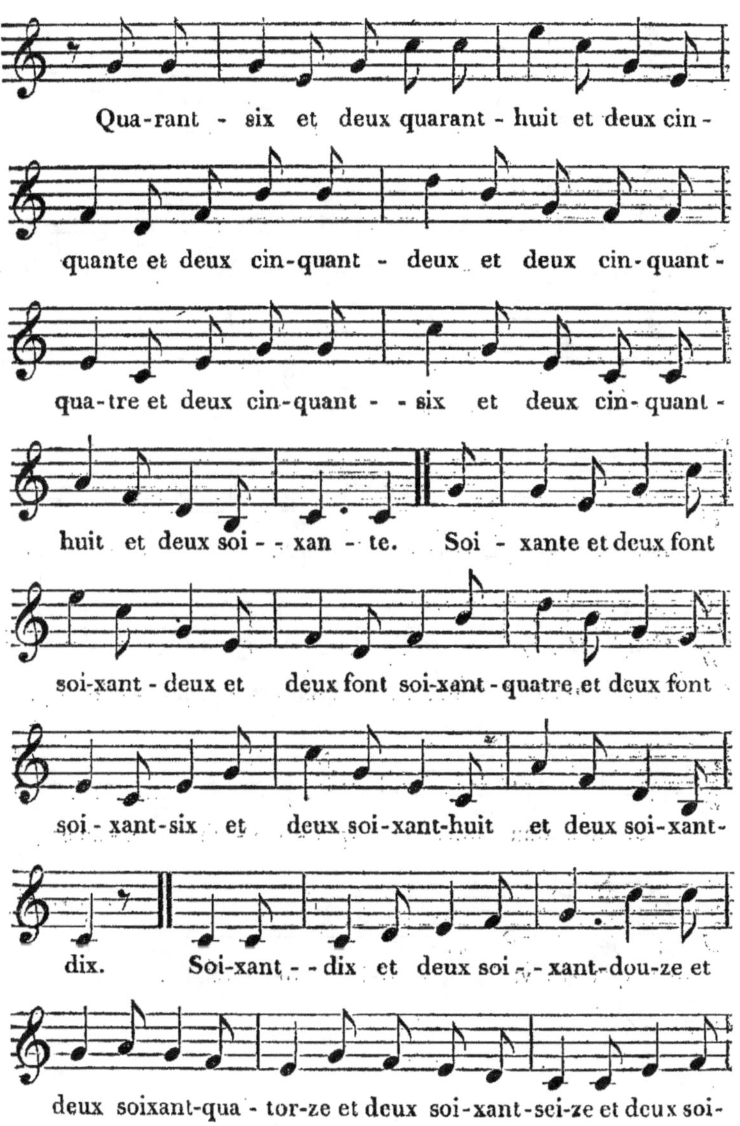
Qua-rant - six et deux quarant - huit et deux cin -
quante et deux cin -quant - deux et deux cin-quant-
qua-tre et deux cin-quant - - six et deux cin - quant -
huit et deux soi - - xan - te. Soi - xante et deux font
soi-xant - deux et deux font soi-xant - quatre et deux font
soi - xant-six et deux soi-xant-huit et deux soi-xant-
dix. Soi-xant - - dix et deux soi - - xant-dou-ze et
deux soixant-qua - tor-ze et deux soi-xant-sei-ze et deux soi-

xant-dix-huit   et deux qua-tre - vingt.   Qua-tre -
vingt et deux qua - tre-vingt-deux et   deux qua-tre-vingt-
quatre et deux qua - tre-vingt-six   et   deux qua-tre-vingt -
huit et deux qua - tre - - vingt-dix.   Qua-tre-vingt-
dix et deux font quatre-vingt-douze et deux quatre-vingt-qua-
tor-ze et deux font   qua - tre - vingt - sei - ze et
deux qua-tre-vingt-dix - -huit et deux font   cent.

CHANT DE LA TABLE DE PYTHAGORE,

PAR LE DOCTEUR G. CANY.

trois fois six dix-huit, trois fois cinq quinze, trois fois six
dix-huit, trois fois sept vingt-un, trois fois huit vingt-quatre,
trois fois neuf vingt-sept, trois fois dix tren-te.
Qua-tre fois un qua-tre, quatre fois deux huit,
quatre fois trois dou-ze, qua-tre fois quatre sei-ze,
qua-tre fois cinq vingt, qua-tre fois six vingt-qua-tre,
qua-tre fois cinq vingt, quatre fois six vingt-qua-tre,
qua-tre fois sept vingt-huit, qua-tre fois huit trent-deux,

quatre fois neuf trent-six, qua-tre fois dix qua--ran-te.
5.
Cinq fois un cinq, cinq fois deux dix,
cinq fois trois quin--ze, cinq fois qua-tre vingt,
cinq fois cinq vingt - -cinq, cinq fois six tren--te,
cinq fois cinq vingt--cinq, cinq fois six tren- -te,
cinq fois sept trent-cinq, cinq fois huit qua-ran- -te,
cinq fois neuf quarant-cinq, cinq fois dix cin-quan--te.

6.
Six fois un six, six fois deux dou-ze,
six fois trois dix--huit, six fois qua-tre vingt-qua-tre,
six fois cinq tren-te, six fois six tren-te-six, six fois cinq
tren-te, six fois six tren-te-six, six fois sept quarant-
deux, six fois huit quarant-huit, six fois neuf cinquant-
qua-tre, six fois dix soi--xan--te.
7.
Sept fois un sept, sept fois deux qua-tor-ze,
sept fois trois vingt-un, sept fois qua-tre vingt-huit,

sept fois cinq trent-cinq,   sept fois six qua - ran - te-deux,
sept fois cinq trent-cinq,   sept fois six qua - ran - te-deux,
sept fois sept qua-rant-neuf, sept fois huit cinquant-six, sept
fois neuf soixant-trois,   sept fois dix soi - xan - te - dix.
8 ·
Huit fois un   huit, huit fois deux sei - ze,
huit fois trois vingt-quatre, huit fois qua-tre trent-deux,
huit fois cinq qua-ran-te,   huit fois six qua - ran - te -huit,
huit fois cinq qua-ran-te, huit fois six qua-ran-te-huit, huit

fois sept cinquant-six, huit fois huit soi-xant-qua-tre, huit
fois neuf soixant-dou-ze, huit fois dix qua-tre - - vingt.
9.
Neuf fois un neuf, neuf fois deux dix - huit,
neuf fois trois vingt-sept, neuf fois qua-tre trent - six,
neuf fois cinq quarant-cinq, neuf fois six cinquant-qua-tre,
neuf fois cinq quarant-cinq, neuf fois six cinquant-quatre, neuf
fois sept soixant-trois, neuf fois huit soixant-douze, neuf fois
neuf quatre-vingt-un, neuf fois dix quatre-vingt-dix.

★

PAR LES PROCÉDÉS
DE E. DUVERGER,
RUE DE VERNEUIL, N° 4.

★

Prospect général.

Entrée en classe.

A B C D E F G H I K L M N O P Q
A DA   FA GA HA   KA LA LI   LU LU
E EB   BE GE PE
D DI   FF GT HI   MA ME MI
L UO   FO GY HO   MO AU
L OE   FU GU HU

Prière.

Épellation.

Écriture et Dessin.

Exercices du gradin.

Fig. 1.
Fig. 2.
Fig. 3.
Fig. 5.
Fig. 6.
Fig. 8.
N C P O
R S T U
V X Y Z
1 2 3 4 5
6 7 8 9 0
Fig. 4.
Fig. 7.
Fig. 9.

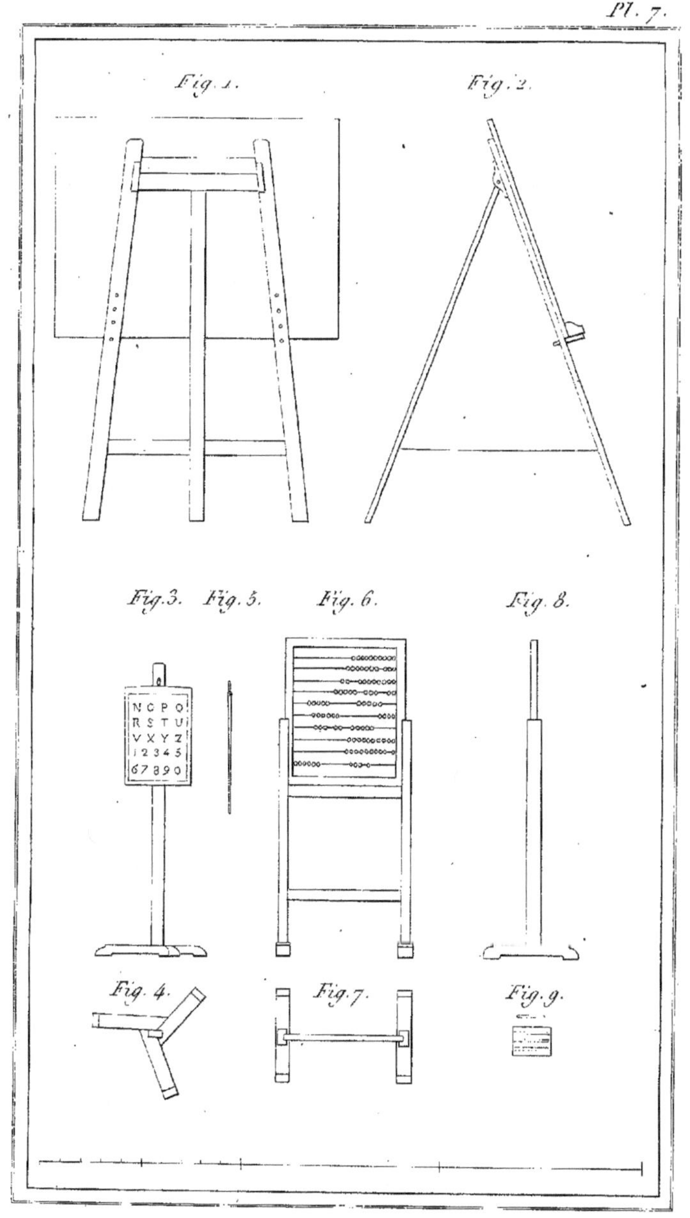

Mobilier.

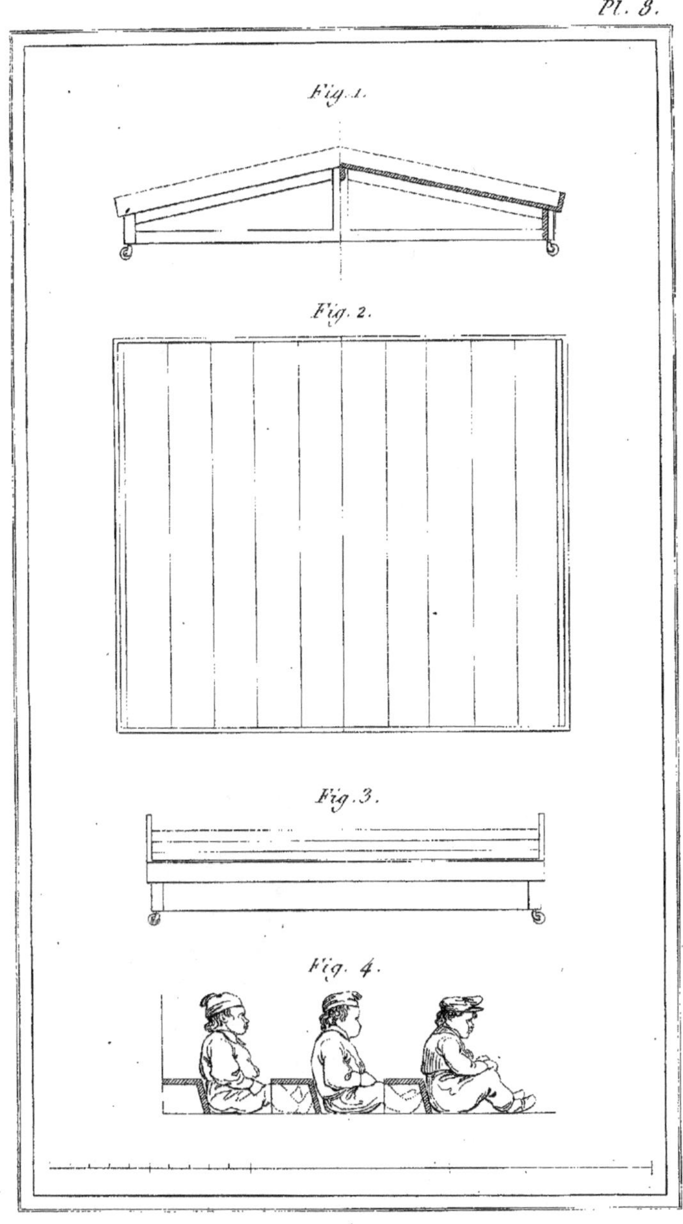

Mobilier.

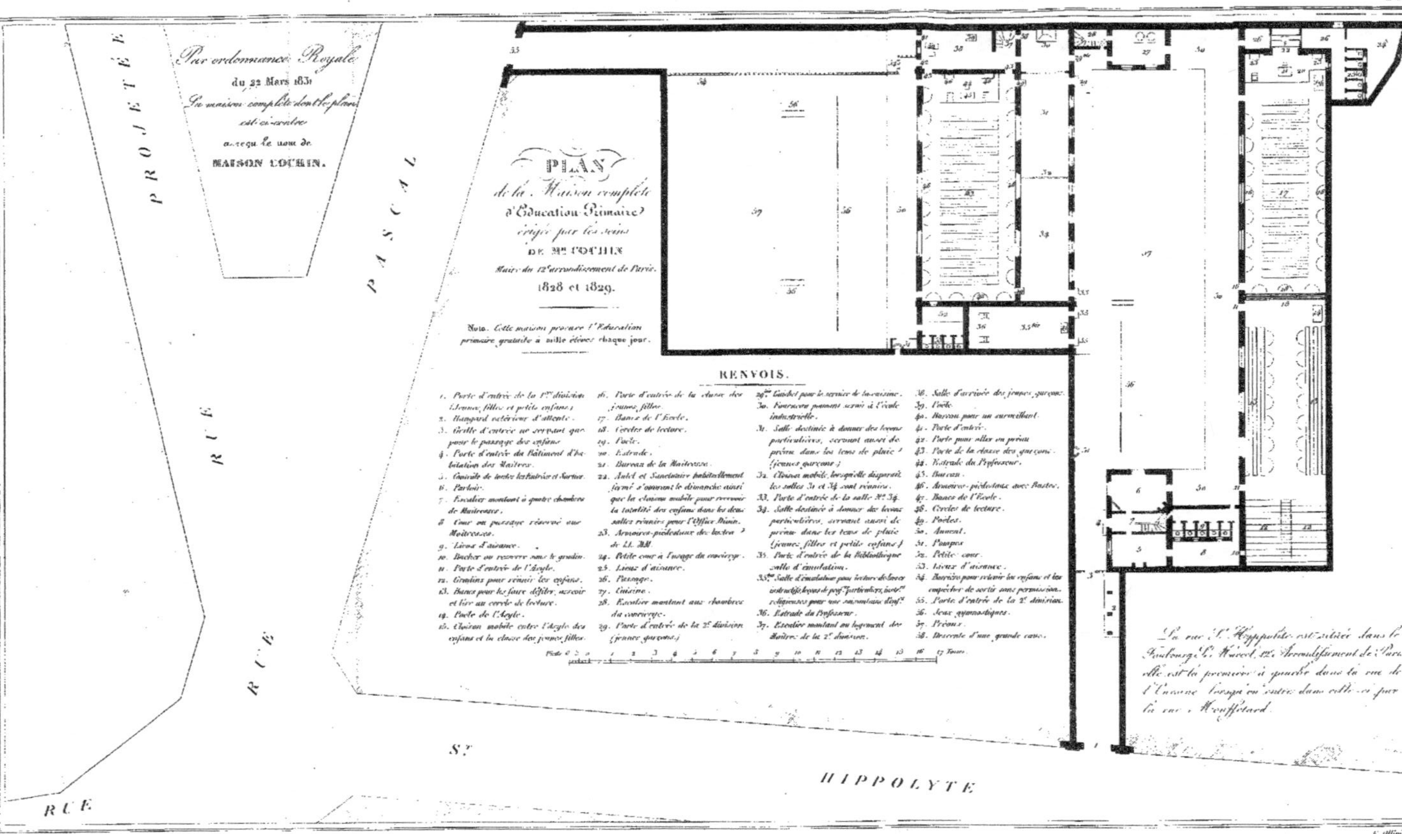

Pl. 9.

PROJETÉE
PASCAL
RUE
ST HIPPOLYTE
RUE

Par ordonnance Royale du 22 Mars 1831 La maison complète dont le plan est ci-contre a reçu le nom de MAISON COCHIN.

PLAN de la Maison complète d'Education Primaire érigée par les soins de Mr COCHIN Maire du 12e arrondissement de Paris. 1828 et 1829.

Nota. Cette maison procure l'Education primaire gratuite à mille élèves chaque jour.

RENVOIS.

1. Porte d'entrée de la 1re division (Jeunes filles et petits enfans.)
2. Hangard extérieur d'attente.
3. Grille d'entrée ne servant que pour le passage des enfans
4. Porte d'entrée du Bâtiment d'habitation des Maîtres.
5. Contrôle de toutes les Entrées et Sorties.
6. Parloir.
7. Escalier montant à quatre chambres de Maîtresses.
8. Cour ou passage réservé aux Maîtresses.
9. Lieux d'aisance.
10. Bucher ou remise sous le gradin.
11. Porte d'entrée de l'Asyle.
12. Gradins pour réunir les enfans.
13. Bancs pour les faire défiler, asseoir et lire au cercle de lecture.
14. Poele de l'Asyle.
15. Cloison mobile entre l'Asyle des enfans et la classe des jeunes filles.
16. Porte d'entrée de la classe des jeunes filles.
17. Bancs de l'Ecole.
18. Cercles de lecture.
19. Poele.
20. Estrade.
21. Bureau de la Maitresse.
22. Autel et Sanctuaire habituellement fermé s'ouvrant le dimanche ainsi que la cloison mobile pour recevoir la totalité des enfans dans les deux salles réunies pour l'Office Divin.
23. Armoires-piédestaux des textes de LL. MM.
24. Petite cour à l'usage du concierge.
25. Lieux d'aisance.
26. Passage.
27. Cuisine.
28. Escalier montant aux chambres du concierge.
29. Porte d'entrée de la 2e division (jeunes garçons.)
29bis. Guichet pour le service de la cuisine.
30. Fourneau pouvant servir à l'école industrielle.
31. Salle destinée à donner des leçons particulières, servant aussi de préau dans les tems de pluie (jeunes garçons)
32. Cloison mobile, lorsqu'elle disparaît les salles 31 et 34 sont réunies.
33. Porte d'entrée de la salle No. 34.
34. Salle destinée à donner des leçons particulières, servant aussi de préau dans les tems de pluie (jeunes filles et petits enfans)
35. Porte d'entrée de la Bibliothèque salle d'émulation.
35bis. Salle d'émulation pour lecture de livres instructifs, leçons de prof.rs particuliers, instruct.ns religieuses pour une cinquantaine d'inst.rs
36. Estrade du Professeur.
37. Escalier montant au logement des Maîtres de la 2e division.
38. Salle d'arrivée des jeunes garçons.
39. Poele.
40. Bureau pour un surveillant.
41. Porte d'entrée.
42. Porte pour aller au préau.
43. Porte de la classe des garçons.
44. Estrade du Professeur.
45. Bureau.
46. Armoires-piédestaux avec Bustes.
47. Bancs de l'Ecole.
48. Cercles de lecture.
49. Poeles.
50. Auvent.
51. Pompes.
52. Petite cour.
53. Lieux d'aisance.
54. Barrière pour retenir les enfans et les empêcher de sortir sans permission.
55. Porte d'entrée de la 2e division.
56. Jeux gymnastiques.
57. Préaux.
58. Descente d'une grande cave.

La rue St Hippolyte est située dans le Faubourg St Marcel, 12e Arrondissement de Paris; elle est la première à gauche dans la rue de l'Oursine lorsqu'on entre dans celle-ci par la rue Mouffetard.

F. Ollivier sc.